Annales

Sujets & corrigés

2025

Histoire Géographie EMC 3e

W0361283

Grégoire Pralon
Professeur certifié, collège Beaumarchais (Paris)
Laure Genet
Professeur certifié, Cité scolaire Henri-Wallon (Aubervilliers)
Pascal Jézéquel
Agrégé d'histoire et de géographie
INSPÉ de l'Académie de Créteil

Nathan

MODE D'EMPLOI

Ces Annales ABC du Brevet ont été conçues pour vous aider à réviser efficacement et progressivement l'épreuve d'histoire-géographie-enseignement moral et civique en 3e.

RÉUSSIR LE BREVET

Toutes les infos sur le **Brevet** et la **description des épreuves**.

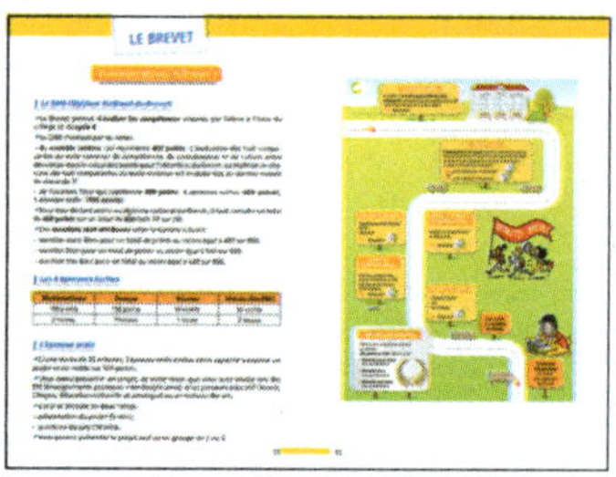

L'épreuve expliquée et les **astuces pour réussir** et apprendre à **bien mémoriser**.

S'ORGANISER POUR BIEN RÉVISER

La **méthode** pour analyser les différents documents du sujet avec des conseils pour réussir **étape par étape**.

Tous les types **de documents expliqués**, de l'article de journal à l'affiche **de propagande**.

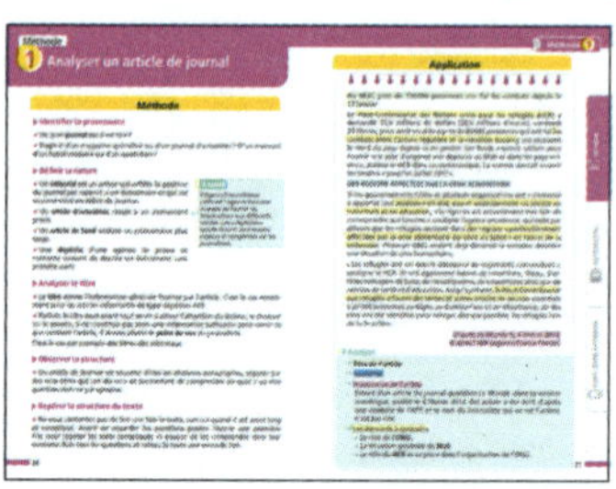

Toutes les étapes d'analyse expliquées, de la **méthode** à l'**application**.

RÉVISER ET PROGRESSER

Chaque **thème du programme** est traité de **manière progressive** pour **réviser son cours**, se tester et se préparer avec des **sujets guidés**.

Faire le point
Schémas bilans, cartes et frises.

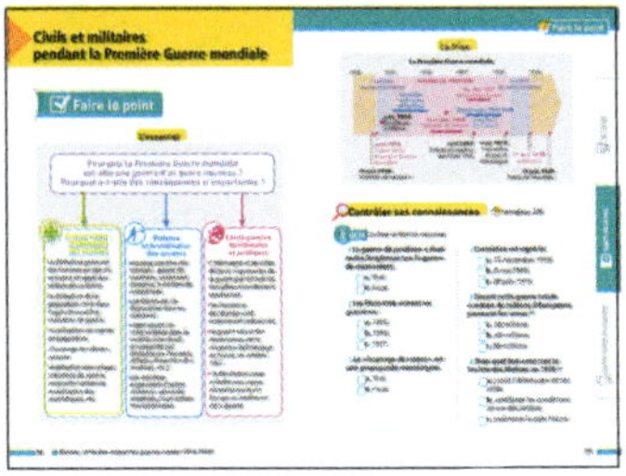

Quiz pour **contrôler vos connaissances.**

Sujets guidés
Des **sujets expliqués** avec une démarche pas à pas.

Méthode par étapes pour acquérir les **bons réflexes.**

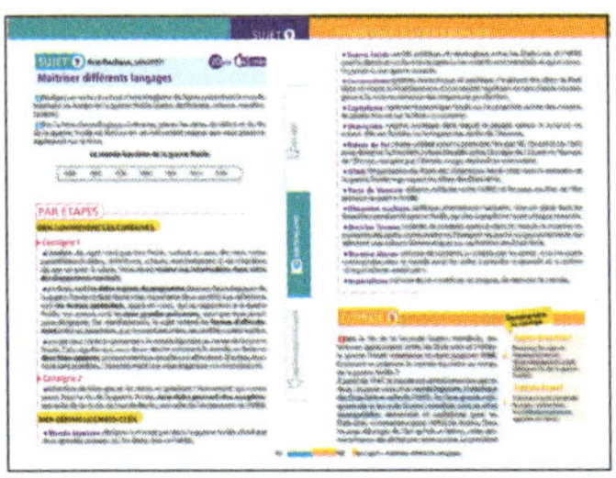

Corrigé commenté avec les **conseils et astuces** des **correcteurs.**

S'ENTRAÎNER POUR LE JOUR J

Des **sujets complets corrigés** conformes à l'épreuve.

Des **sujets avec minutage** pour mieux se préparer.

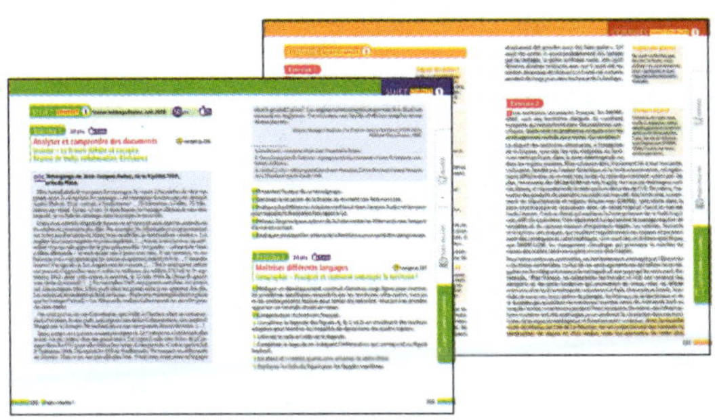

Dans les corrigés, **des astuces** pour **gagner des points et éviter les pièges** dans votre copie !

Crédits iconographiques

p. 24 : SIPA PRESS/Alfred ; **p. 31 :** AKG-Images ; **p. 37 :** Archives départementales de l'Ain ; **p. 42 :** BIS / Ph. L. L. © Archives Larbor ; **p. 66 bas :** Musée de la Résistance ; **p. 66 ht :** DR ; **p. 76 :** R. Hesse, Bundesarchiv, 1961 ; **p. 86 ht g :** BRIDGEMAN IMAGES ; **p. 86 bas :** BIS / Ph. Coll. Archives Larbor – DR ; **p. 86 m d :** BIS / Ph. Jean-Loup Charmet © Archives Bordas ; **p. 86 m g :** BIS / Ph. © E.C.P.A. / Coll Archives Bordas ; **p. 86 ht d :** BIS / Ph. Coll. Archives Larbor ; **p. 96 bas m :** Janine Niepce / ROGER-VIOLLET ; **p. 96 bas g :** Collection Dupondt/ AKG-Images ; **p. 96 ht d :** AKG-Images ; **p. 96 ht m :** BRIDGEMAN IMAGES ; **p. 96 ht :** Collection Dupondt / AKG-Images ; **p. 96 bas d :** AKG-Images ; **p. 141 :** ECTM ; **p. 153 :** FROBERT DAVID ; **p. 192 :** education.gouv.fr ; **p. 196 :** © France handicap - Yann Beauson ; **p. 200 :** DR/École Brassart campus de Tours - création : Léo DUPUY ; **p. 215 :** DR/Ville de Besançon ; **p. 221 :** Fotolia/Défenseur des droits ; **p. 225 :** service-civique.gouv.fr ; **p. 233** : United States Holocaust Memorial Museum, courtesy of Yad Vashem / Bernhardt Walter/Ernst Hofmann ; **p. 242** : Library of Congress ; **p. 244 :** Mairie de Margencel ; **p. 249 :** PETR du Pays du Gévaudan-Lozère/ DR ; **p. 252 :** Direction de la communication de la ville de Fontenay-sous-Bois ; **p. 258 :** LE MONDE, Une du 30 Octobre 1962-D.R.

Coordination éditoriale : Géraldine de Saint Palais
Conception graphique intérieur : Élise Launay
Couverture : Jean-Marc Denglos
Schémas : Coredoc, Pascal Marseaud, Carl Voyer
Compositeur : IGS-CP
Fabrication : Frédéric Bouly

ISBN : 978-2-09-503568-6

Code éditeur : 39082

SOMMAIRE

à revoir réussi

Le monde depuis 1945

Françaises et Français dans une République repensée

à revoir réussi

Sujets pas à pas GÉOGRAPHIE

Dynamiques territoriales de la France contemporaine

Pourquoi et comment aménager le territoire ?

La France et l'Union européenne

à revoir réussi

Sujets pas à pas EMC

Respecter autrui

Acquérir et partager les valeurs de la République

à revoir | réussi

Construire une culture civique

Sujets comme à l'examen

LE BREVET

Comment obtenir le Brevet ?

Le DNB (Diplôme National du Brevet)

- Le Brevet permet d'**évaluer les compétences** acquises par l'élève à l'issue du collège et du **cycle 4**.
- Le DNB s'obtient par les notes :
  - du **contrôle continu** ;
  - de **l'examen final**.
- Pour être déclaré admis au diplôme national du Brevet, il faut cumuler un total de **400 points** sur un total de **800** (soit 10 sur 20).
- Des **mentions peuvent être attribuées.**

Remarque
Pour vous tenir au courant des dernières actualités du Brevet, rendez-vous sur le site de l'Éducation nationale : https://www.education.gouv.fr.

Les 4 épreuves écrites

Mathématiques	Français	Sciences	Histoire-Géo-EMC
100 points	100 points	50 points	50 points
2 heures	3 heures	1 heure	2 heures

L'épreuve orale

- D'une durée de 15 minutes, l'épreuve orale évalue votre capacité à exposer un projet et est notée sur 100 points.
- Vous devez présenter un projet, de votre choix, que vous avez étudié lors des EPI (Enseignements pratiques interdisciplinaires), d'un parcours éducatif (Avenir, Citoyen, Éducation culturelle et artistique) ou en histoire des arts.
- L'oral se déroule en deux temps :
  - présentation du projet (5 min) ;
  - questions du jury (10 min).
- Vous pouvez présenter le projet seul ou en groupe de 2 ou 3.

Le contrôle continu

Évaluation des **huit composantes du socle commun** de connaissances, de compétences et de culture tout au long de l'année scolaire.

→ 400 points

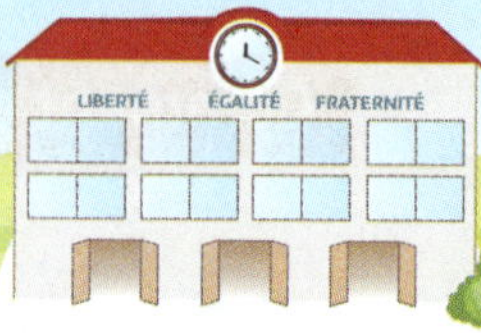

dès avril

L'épreuve orale

Présentation d'un projet mené en histoire des arts ou dans le cadre d'un EPI ou de l'un des parcours éducatifs (Avenir, Citoyen, Éducation culturelle et artistique). L'exposé est suivi d'un entretien.

→ oral individuel : 100 points (15 min)
ou
→ oral collectif : 100 points (25 min)

fin juin

L'épreuve d'Histoire, Géographie et EMC

Analyse et compréhension de documents.

→ 50 points (2h)

L'épreuve de Français

Travail sur un texte littéraire
Dictée
Rédaction

→ 100 points (3h)

L'épreuve de Mathématiques

Exercices, dont certains assortis de tableaux ou de schémas, et un exercice d'informatique.

→ 100 points (2h)

L'épreuve de Sciences

- Physique-Chimie
- SVT
- Technologie

→ 50 points (1h)

début juillet

Publication des résultats du Brevet

Diplôme et mentions

Admission au diplôme national du Brevet :
400 points sur 800 (soit 10 sur 20)

- **Mention assez bien** plus de 480 points
- **Mention bien** plus de 560 points
- **Mention très bien** plus de 640 points

septembre
octobre

Cérémonie républicaine de remise des diplômes du Brevet

L'ÉPREUVE EN BREF

L'épreuve d'Histoire, Géographie et EMC expliquée

- **Durée :** 2 heures
- **Notation :** une note globale sur 50 points est attribuée au candidat (20 points pour l'histoire, 20 points pour la géographie et 10 points pour l'enseignement moral et civique).
- **L'épreuve comporte trois parties obligatoires**, divisées en 3 exercices.

Exercice 1	Exercice 2	Exercice 3
• Histoire ou géographie • Analyser et comprendre des documents	• Histoire ou géographie • Maîtriser différents langages pour raisonner et se repérer	• Enseignement moral et civique • Questions sur des documents

Top chrono !

Pour vous organiser efficacement, prévoyez environ :

- **45 minutes pour** l'exercice 1
- **45 minutes pour** l'exercice 2
- **30 minutes pour** l'exercice 3

Quels sont les critères d'évaluation de ma copie de Brevet ?

On attend de vous que vous soyez capable de :

- **maîtriser les connaissances** du programme de 3e ;
- **savoir lire et comprendre** un document ;
- **lire, comprendre et utiliser différents langages** (textuel, iconographique, cartographique, graphique) ;
- **répondre aux questions posées** ou aux consignes ;
- **rédiger un développement construit** en réponse à l'une des questions d'histoire ou de géographie.

La méthode pour le Brevet

Bien s'organiser pour réviser

- **Révisez régulièrement votre cours**, n'attendez pas le dernier mois avant l'épreuve.
- **Les Brevets blancs** préparés dans votre collège tout au long de l'année vont vous aider à connaître les caractéristiques de l'épreuve finale.
- Fabriquez-vous des **fiches de révisions** comprenant le vocabulaire, les dates, les localisations, ainsi que les grandes questions possibles.
- **Entraînez-vous à répondre à des questions**; vous pouvez vous interroger mutuellement avec des camarades de classe.
- **Entraînez-vous à lire des documents** et à vous demander quel est le sens général du document.

Exercice 1 : Analyser et comprendre des documents

Histoire ou géographie

- **Un travail sur un ou plusieurs document(s)** vous est proposé dans une des deux matières. Vous devrez répondre à des questions ou des consignes permettant d'**identifier** le ou les document(s) proposé(s), d'en dégager le **sens**, de prélever des informations et éventuellement, de porter un regard **critique** sur ce ou ces document(s) en soulignant son intérêt ou ses limites.
- **Pensez à présenter le ou les document(s)**, même si on ne vous le demande pas spécifiquement.

Pour cela, identifiez la nature du ou des document(s), l'auteur, la date…

- **Vous devez également rattacher le ou les document(s) proposé(s) à un chapitre du programme** : ainsi vous comprendrez rapidement pourquoi on vous propose ce ou ces document(s).
- **Lisez attentivement** les intitulés des questions, des consignes et les documents, y compris les graphiques et les images, les photographies et les légendes des cartes. Analysez les **chiffres**, relevez les **détails** d'une photographie ou d'un dessin.

> **L'astuce du prof**
> Quand vous le pouvez, utilisez des connaissances personnelles qui permettent de comprendre le ou les document(s), sans réciter votre cours. L'objet d'analyse reste le ou les document(s).

• Certaines questions vous demandent de **prélever des informations** sur le ou les document(s), de **vous servir de vos connaissances** pour répondre à la question, ou bien encore **d'analyser les informations** données par le ou les document(s).

• **En histoire**: repérez à quel type de document vous êtes confronté. Est-ce un témoignage fait par quelqu'un ayant assisté à un événement historique, est-ce l'analyse d'un historien ? etc.

• **En géographie**: il faut identifier clairement l'espace étudié en s'interrogeant sur l'échelle à laquelle il est considéré: le document concerne-t-il un phénomène mondial, une situation nationale, régionale ou locale ?

Exercice 2 : Maîtriser différents langages

Histoire ou géographie

• **Un paragraphe argumenté** vous est demandé dans chacune des deux matières, sur un thème donné dans les consignes et d'une longueur correspondant aux attentes des correcteurs. Mettez en œuvre toutes vos connaissances et sélectionnez-les bien pour répondre le plus précisément possible au sujet donné.

• Vous devez tout d'abord **introduire votre développement** en expliquant de quoi il s'agit et en le situant dans le temps et dans l'espace.

• Vous devez ensuite **organiser vos idées** en deux ou trois parties qui correspondent à deux ou trois idées différentes. Là encore, utilisez un vocabulaire précis appris en cours. Quand vous avez fini d'exposer l'une de vos idées, **allez à la ligne** ou **sautez une ligne** pour montrer au correcteur que vous **passez à une autre idée**.

> **Conseil**
> Pour introduire un développement construit, posez-vous à chaque fois les questions suivantes : où ? Quand ? Qui ?

• **Un second exercice** faisant appel à un **autre langage** peut être préparé. Il s'agit par exemple de remplir une frise, un croquis ou un schéma, en respectant les consignes données: colorier une carte ou compléter un croquis en y ajoutant des flèches, des points ou des couleurs. Le but sera toujours de voir si vous avez compris l'**organisation** et le **fonctionnement** de l'espace représenté.

• **Pensez à toujours vous munir de crayons de couleur** car vous pouvez en avoir besoin.

• **Pensez à relire les croquis étudiés en classe** (en particulier le titre et la légende) et, éventuellement, à les reproduire en guise d'entraînement.

Exercice 3 : Enseignement moral et civique

EMC

• **Vous devez identifier** les documents proposés, en dégager le sens, prélever des informations et, éventuellement, porter un regard critique sur ces documents en indiquant leur intérêt ou leurs limites.

• **Vous devez rendre compte** du problème politique ou social mis en avant par les documents. Prenez des exemples qui montrent que vous suivez l'actualité et que vous vous intéressez au monde qui vous entoure. Ne vous limitez pas aux connaissances extraites de votre cours.

• Certaines questions vous demandent de **prélever des informations** sur les documents, de **vous servir de vos connaissances** pour répondre à la question, ou **d'analyser les informations données** par les documents.

• **Une situation pratique** vous sera proposée ainsi qu'un ensemble de questions en relation avec la situation. Vous devrez comprendre le cas décrit mais aussi mettre à profit toutes les connaissances acquises tout au long de l'année pour répondre correctement.

Le jour J

• **N'oubliez pas d'apporter une trousse complète** avec des stylos bleu, rouge et vert, une règle, un crayon à papier, une gomme et des crayons de couleur.

• **Commencez par la matière que vous maîtrisez le mieux,** cela vous mettra en confiance pour la suite.

• **Ne perdez pas de temps** en détaillant trop votre brouillon ; si vous en faites un, limitez-vous aux questions longues, en particulier celles qui demandent un développement construit.

Comment bien présenter votre copie ?

• Dans la maîtrise de la langue, sont prises en compte la **rédaction**, la **grammaire**, l'**orthographe** et la **lisibilité** de votre copie.

• **Soignez votre écriture** et aérez votre copie.

• **Écrivez bien sur les lignes** et n'écrivez pas trop petit, même si vous devez respecter le nombre de lignes imposé par les cadres.

• **Toutes vos réponses doivent être rédigées** : évitez les tirets, le style télégraphique ou les abréviations.

• **Évitez le « je »** dans la rédaction.

• Le **nombre de lignes** laissé pour chaque question est à respecter. Il vous donne une indication sur la longueur maximale attendue par le correcteur (toutes les lignes ne seront pas nécessairement remplies).

• **Prenez impérativement du temps pour vous relire,** surtout si vous n'avez pas fait de brouillon.

Le programme

ATTENTION

- Les indications qui suivent sont conformes aux textes publiés dans les Bulletins Officiels de l'Éducation nationale du 26 novembre 2015 pour l'histoire et la géographie et du 26 juillet 2018 pour l'EMC. Les nouveaux programmes sont entrés en vigueur à la rentrée 2016 à l'exception du programme d'EMC qui est entré en vigueur en septembre 2018.
- La réforme du collège impose un enseignement par cycles.
- Le cycle 4 correspond aux trois classes de collège : 5e, 4e et 3e.
- Il existe en histoire, géographie, enseignement moral et civique un programme pour chaque niveau.

Le programme d'Histoire

Thèmes	Sous-thèmes
L'Europe, un théâtre majeur des guerres totales (1914-1945)	Civils et militaires dans la Première Guerre mondiale
	Démocraties fragilisées et expériences totalitaires dans l'Europe de l'entre-deux-guerres
	La Seconde Guerre mondiale, une guerre d'anéantissement
	La France défaite et occupée. Régime de Vichy, collaboration, Résistance
Le monde depuis 1945	Indépendance et construction de nouveaux États
	Un monde bipolaire au temps de la guerre froide
	Les étapes et les enjeux de la construction européenne
	Enjeux et conflits dans le monde après 1989
Françaises et Français dans une République repensée	1944-1947 : refonder la République, redéfinir la démocratie
	La Ve République, de la république gaullienne à l'alternance et à la cohabitation
	Femmes et hommes dans la société des années 1950 aux années 1980 : nouveaux enjeux sociaux et culturels, réponses politiques

- Chaque thème de cycle 4 est approfondi dans chaque niveau de cycle.

Le programme de Géographie

Thèmes	Sous-thèmes
Dynamiques territoriales de la France contemporaine	Les aires urbaines, une nouvelle géographie d'une France mondialisée
	Les espaces productifs et leurs évolutions
	Les espaces de faible densité (espaces ruraux, montagnes, secteurs touristiques peu urbanisés) et leurs atouts
Pourquoi et comment aménager le territoire ?	Aménager pour répondre aux inégalités croissantes entre territoires français, à toutes les échelles
	Les territoires ultra-marins français : une problématique spécifique
La France et l'Union européenne	L'Union européenne, un nouveau territoire de référence et d'appartenance
	La France et l'Europe dans le monde

Le programme d'Enseignement moral et civique

Thèmes	Sous-thèmes
Respecter autrui	Construire le respect de soi
	Respect d'autrui
	La morale et l'éthique
	Le rôle de la loi dans une société
Acquérir et partager les valeurs de la République	Connaître les principes, valeurs et symboles de la citoyenneté française et de la citoyenneté européenne
	Comprendre les grands principes des sociétés démocratiques
	Reconnaître les grandes caractéristiques d'un État démocratique
Construire une culture civique	Le vote, un droit fondamental en démocratie
	L'élection, la représentation citoyenne dans une démocratie
	La Défense et la sécurité
	L'engagement ou les engagements

Méthode pour le **BREVET**

1 Analyser un article de journal

Méthode

▶ Identifier la provenance

- De quel **journal** est-il tiré ?
- S'agit-il d'un magazine spécialisé ou d'un journal d'actualités ? D'un mensuel, d'un hebdomadaire ou d'un quotidien ?

▶ Définir la nature

- Un **éditorial** est un article qui reflète la position du journal par rapport à un événement et qui est souvent situé en début de journal.
- Un **article d'actualités** réagit à un événement précis.
- Un **article de fond** analyse un phénomène plus large.
- Une **dépêche** d'une agence de presse se contente souvent de décrire un événement sans prendre parti.

À Savoir

L'Agence France Presse (AFP) est l'agence française chargée de fournir les informations aux différents médias. Les « dépêches » qu'elle fournit sont ensuite reprises et complétées par les journalistes.

▶ Analyser le titre

- Le **titre** donne l'information générale fournie par l'article. C'est le cas notamment pour les articles informatifs de type dépêches AFP.
- Parfois, le titre peut avant tout servir à attirer l'attention du lecteur, le choquer ou le divertir. Il ne constitue pas alors une information suffisante pour savoir ce que contient l'article, il donne plutôt le **point de vue** du journaliste.

C'est le cas par exemple des titres des éditoriaux.

▶ Observer la structure

- Un article de journal est souvent divisé en plusieurs paragraphes, séparés par des sous-titres qui ont du sens et permettent de comprendre de quoi il va être question dans ce paragraphe.

▶ Repérer la structure du texte

- Ne vous contentez pas de lire une fois le texte, surtout quand il est assez long et compliqué. Avant de regarder les questions posées, lisez-le une première fois pour repérer les mots compliqués et essayer de les comprendre dans leur contexte. Puis lisez les questions et relisez le texte une seconde fois.

Application

Au Mali, près de 130 000 personnes ont fui les combats depuis le 17 janvier

Le Haut-Commissariat des Nations unies pour les réfugiés (HCR) a demandé 35,6 millions de dollars (26,5 millions d'euros), vendredi 24 février, pour venir en aide à près de 85 000 personnes qui ont fui les combats entre l'armée régulière et la rébellion touareg qui secouent le nord du pays depuis la mi-janvier. Les fonds « seront utilisés pour fournir une aide d'urgence aux déplacés au Mali et dans les pays voisins », précise le HCR dans un communiqué. La somme devrait couvrir les besoins « jusqu'en juillet 2012 ».

DES RÉGIONS AFFECTÉES PAR LA CRISE ALIMENTAIRE

Si les gouvernements hôtes et plusieurs organisations ont commencé à apporter une assistance en abri, eau et assainissement ou encore en nourriture et en éducation, « la réponse est actuellement très loin de correspondre aux besoins », souligne l'agence onusienne, qui note par ailleurs que les réfugiés arrivent dans des régions « particulièrement affectées par la crise alimentaire qui sévit au Sahel » en raison de la sécheresse. Plusieurs ONG avaient déjà dénoncé la semaine dernière une situation de crise humanitaire.

« Les réfugiés ont un besoin désespéré de logements convenables », souligne le HCR. Ils ont également besoin de nourriture, d'eau, d'articles ménagers de base, de moustiquaires, de couvertures ainsi que de services de santé et d'éducation. Jusqu'à présent, le Haut-Commissariat aux réfugiés a fourni des tentes et autres articles de secours essentiels à 22 000 personnes au Niger, au Burkina Faso et en Mauritanie, où des sites ont été identifiés pour reloger, dès que possible, les réfugiés loin de la frontière.

D'après *Le Monde*.fr, 4 février 2012,
d'après l'AFP (Agence France Presse).

▶ Analyse

- **Titre de l'article**
- Sous-titre
- Provenance de l'article

  Extrait d'un article du journal quotidien *Le Monde*, dans sa version numérique, publié le 4 février 2012. Cet article a été écrit d'après une dépêche de l'AFP, et le nom du journaliste qui en est l'auteur n'est pas cité.
- Les éléments à connaître
  - Le rôle de l'**ONU**.
  - La situation générale du **Mali**.
  - Le rôle du **HCR** et sa place dans l'organisation de l'ONU.

Les méthodologies à maîtriser	à revoir	réussi	Les points méthode en contexte
Identifier la provenance	☐	☐	Sujet 8 → p. 76 Sujet 8 → p. 76
Définir la nature	☐	☐	Sujet 13 → p. 102
Analyser le titre	☐	☐	Sujet 22 → p. 152 Sujet 23 → p. 157
Observer la structure	☐	☐	Sujet 24 → p. 164
Repérer la structure du texte	☐	☐	Sujet 35 → p. 215 Sujet 37 → p. 221

Analyser une photographie d'actualité

Méthode

Identifier la photographie

- Qui est **l'auteur** de la photographie ?
- **Quand** a-t-elle été prise ? **Où** a-t-elle été prise ?
- Quel est son **titre** ?
- De quel **type** de photographie s'agit-il ? (Photographie de presse ou d'actualités, photomontage, photographie d'art, etc.)

Présenter les techniques utilisées par le photographe

- Quelles sont les **couleurs** utilisées par le photographe ? (Noir et blanc, couleurs naturelles, couleurs retravaillées.)
- Quel est le **cadrage** choisi par le photographe ? (Gros plan, plan large ou serré, photo aérienne, etc.)

À Savoir

N'oubliez pas qu'une photographie n'est jamais prise au hasard : le photographe choisit ce qu'il veut mettre en avant. La photographie n'est donc pas une représentation neutre de la réalité, mais un **point de vue** sur un événement, une personne ou un paysage.

Décrire la photographie

- Dans quel **décor** a été prise la photographie ? Vous pouvez ici utiliser le découpage **en plan** : premier plan, arrière-plan, surtout s'il s'agit d'un paysage.
- Quelles sont les **personnes** ou **groupes de personnes** présentes sur la photographie ? Décrivez leurs attitudes, leurs vêtements, leurs gestes.

À Savoir

En géographie, ce sont les activités, les infrastructures présentes dans le paysage que vous devez associées à vos connaissances pour dégager le sens de la photographie.

Dégager le sens de la photographie

Pour comprendre l'événement illustré par une photographie vous devez, bien sûr, vous appuyer sur la photographie elle-même, mais également sur son titre et sa légende s'il y en a une. Cependant, pour en dégager l'intérêt historique, vous devez impérativement connaître votre cours et le contexte dans lequel cet événement a eu lieu. Ce sont vos connaissances qui vont vous permettre de comprendre le point de vue du photographe et vous permettre de mettre en lumière le sens de sa photographie.

Application

La destruction du mur de Berlin, le 19 novembre 1989 ①

▶ Analyse

1. Identifier

Ce document est une photographie d'actualité prise par un journaliste le 19 novembre 1989 à Berlin, au moment de la chute du mur.

2. Présenter les techniques utilisées

Cette photographie couleur est prise au cœur de l'événement, le journaliste étant au milieu de la foule. Il fait un plan large ou d'ensemble pour essayer de saisir les différents acteurs présents lors de cette journée.

3. Décrire

On distingue trois groupes de personnes qui se pressent autour du mur, seul élément de décor présent : la foule des manifestants joyeux et enthousiastes, les policiers en uniforme qui laissent faire et semblent ne pas savoir comment réagir et des journalistes en train de prendre des photos, soulignant l'importance de l'événement.

4. Dégager le sens

C'est l'élément central du décor qui donne son sens à la photo : il symbolise la chute rapide et sans violence du bloc de l'Est et donc la fin de la guerre froide.

Les méthodologies à maîtriser	à revoir	réussi	Les points méthode en contexte
▶ Identifier la photographie	☐	☐	Sujet 6 → p. 66 Sujet 8 → p. 76
▶ Présenter les techniques utilisées par le photographe	☐	☐	
▶ Décrire la photographie	☐	☐	
▶ Dégager le sens de la photographie	☐	☐	

3 Analyser un graphique

Méthode

▶ Identifier le type de graphique

- **En barre** : il permet le plus souvent de comparer différentes informations.
- **Linéaire ou en courbe** : il représente toujours une ou des évolutions sur une durée.
- **Circulaire ou semi-circulaire** : pour ce type de graphique, n'utilisez pas le terme « camembert » qui est familier. Il représente une répartition souvent donnée en %.

À Savoir

Les résultats des élections sont presque toujours représentés avec un graphique semi-circulaire, qui permet de bien représenter l'organisation d'une assemblée, répartie de l'extrême gauche à l'extrême droite.

▶ Observer et prélever les informations du graphique

- **Le titre** : un graphique comporte toujours un titre qui vous aide à l'interpréter.
- **Les couleurs** : elles permettent de différencier les informations données par le graphique. Celui-ci peut parfois comporter une courte légende.
- **Les chiffres** : les courbes ou les barres se lisent à l'aide de l'axe horizontal (abscisses) et de l'axe vertical (ordonnées). Les chiffres sont souvent à trouver ou plutôt à estimer par vous-mêmes.
- **Les unités** : attention les chiffres des deux axes ont souvent des unités différentes. Il faut toujours repérer l'unité avant de citer un chiffre. En effet, dans une réponse un chiffre donné sans son unité n'est pas une information valable.
- Des informations supplémentaires peuvent vous être données par des flèches ou des points.

▶ Interpréter le graphique

Les chiffres permettent de mesurer des **évolutions** ou d'établir des **comparaisons** entre les différentes informations. Vous devez pouvoir montrer que vous savez lire le graphique en faisant des opérations simples et indiquer ainsi ce qu'il vous apprend.

À Savoir

Répondre « ça évolue » n'est pas une interprétation. Il faut parler « d'augmentation », de « stagnation » ou de « diminution » pour décrire une évolution.

Application

Les résultats des élections législatives de 1936

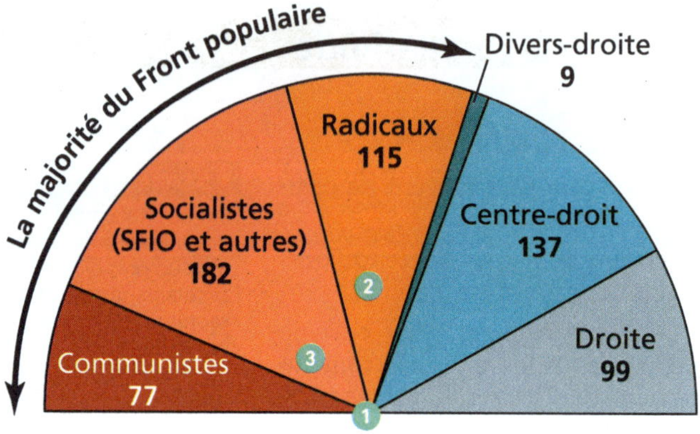

▶ Analyse

1. **Identifier**
Il s'agit d'un graphique semi-circulaire qui figure la Chambre des députés organisée depuis l'extrême gauche (Parti communiste) jusqu'à la droite et qui permet de représenter les résultats aux élections législatives de 1936 de chacun de ces partis.

2. **Observer et prélever les informations**
Les chiffres présents sur le graphique représentent le nombre de députés élus pour chaque parti politique lors des élections législatives d'avril-mai 1936. Les couleurs évoquent les partis politiques (rouge/rose : communiste/ socialiste et bleu : droite).

3. **Interpréter**
La majorité du Front populaire est constituée de l'addition des députés des trois partis de gauche placés sous la flèche. Avec 374 députés (182 + 115 + 77) sur 619 sièges au total, le Front populaire a bien une majorité absolue à l'Assemblée nationale.

Les méthodologies à maîtriser	à revoir	réussi	Les points méthode en contexte
▶ Identifier le type de graphique	☐	☐	
▶ Observer et prélever les informations du graphique	☐	☐	Sujet 34 → p. 211
▶ Interpréter le graphique	☐	☐	

Méthode

4 Analyser une carte en Géographie

Méthode

▶ Identifier la carte

• **Une carte** est une représentation graphique qui respecte les contours et les superficies de l'espace étudié et qui permet de localiser des lieux ou des phénomènes (carte routière, carte de densités, carte de la francophonie, etc.).

À Savoir

Le croquis est l'équivalent d'un développement construit : sa légende est ainsi organisée en 2 ou 3 parties avec des titres comme les deux ou 3 paragraphes du développement.

• **Un croquis** est une représentation graphique simple qui met en relation plusieurs données géographiques pour répondre à une question précise.

Exemple : « l'organisation du territoire français ».

• **Une carte par anamorphose** est une carte qui donne à une région, un pays ou un continent, une taille proportionnelle au phénomène étudié. Elle permet de rendre visible tout de suite les différences entre les espaces représentés et de mesurer des inégalités (de richesse, de population, de temps de transports, etc.).

▶ Prélever des informations

• **L'espace** représenté.

• **Le titre** : il indique le thème général de la carte.

• **La légende** : elle est toujours composée à partir de trois types de figurés.

→ **Les figurés ponctuels** (points, triangles, etc.) indiquent un lieu précis.

→ **Les aplats de couleur** sont là pour représenter des espaces, donc des régions ayant des caractéristiques communes. Les couleurs ont souvent une signification : les couleurs chaudes indiquent des espaces attractifs, tandis que les couleurs froides sont utilisées pour des espaces moins dynamiques. La couleur verte est utilisée de préférence pour tout ce qui touche à l'agriculture, la nature, la forêt, etc. Tandis que la couleur bleue est associée à l'eau, la mer, etc.

→ Les **figurés linéaires** (traits, flèches) sont utilisés pour représenter des mouvements, des échanges, des flux…

▶ Interpréter les informations

Confrontez les différents éléments donnés par la légende à leur localisation sur la carte ou le croquis pour pouvoir établir des informations précises.

Application

L'organisation du territoire français

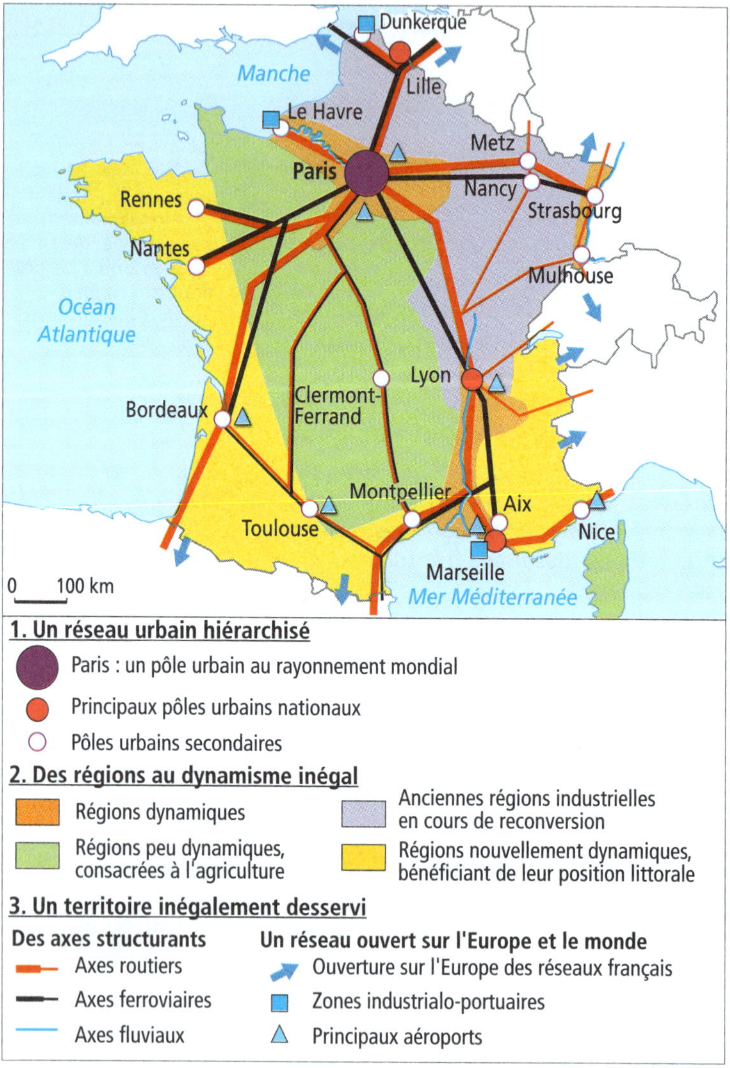

1. Un réseau urbain hiérarchisé

- Paris : un pôle urbain au rayonnement mondial
- Principaux pôles urbains nationaux
- Pôles urbains secondaires

2. Des régions au dynamisme inégal

- Régions dynamiques
- Régions peu dynamiques, consacrées à l'agriculture
- Anciennes régions industrielles en cours de reconversion
- Régions nouvellement dynamiques, bénéficiant de leur position littorale

3. Un territoire inégalement desservi

Des axes structurants

- Axes routiers
- Axes ferroviaires
- Axes fluviaux

Un réseau ouvert sur l'Europe et le monde

- Ouverture sur l'Europe des réseaux français
- Zones industrialo-portuaires
- Principaux aéroports

▶ Analyse

1. Identifier la carte

Il s'agit d'**un croquis** qui montre l'organisation du territoire français à partir de plusieurs données : les grandes métropoles, les régions dynamiques ou non, les grands axes de transports.

2. Prélever des informations

- **Une région dynamique** est une région qui attire les activités et la population. Grâce aux aplats de couleur, vous pouvez repérer deux types d'espaces dynamiques : les « espaces dynamiques » et les « nouveaux espaces dynamiques ».
- **Un axe** désigne une voie de communication majeure par la route, l'autoroute, le train ou l'avion.

3. Interpréter les informations

Sur la carte, une seule région réunit la métropole principale et un espace dynamique. On peut également remarquer que plusieurs figurés linéaires forment un réseau en étoile autour de la métropole principale.

Les méthodologies à maîtriser	à revoir	réussi
▶ Identifier la carte	☐	☐
▶ Prélever des informations	☐	☐
▶ Interpréter les informations	☐	☐

Les points méthode en contexte

Sujet 23 → p. 157
Sujet 24 → p. 164
Sujet 25 → p. 170
Sujet 26 → p. 176
Sujet 27 → p. 192

5 Analyser une affiche de propagande

Méthode

▶ Identifier l'affiche et son contexte

- Que ou qui **représente** cette affiche ? Que dit-elle ? Y a-t-il un **slogan** politique ?
- Quand a-t-elle été réalisée ? Sous quel **régime politique** ? À l'occasion de quel **événement** ? De quelle **guerre** ? De quelle **élection** ? De quelle arrivée au pouvoir ?
- De quel type d'affiche s'agit-il (photographie officielle, photographie presse, dessin, photomontage...) ?
- Qui a donné l'ordre de diffuser l'affiche ? À qui est-elle **destinée** ?

À Savoir

Vous devez savoir repérer les affiches de propagandes émises par les régimes totalitaires et utilisez le vocabulaire attendu pour les décrire.

▶ Décrire l'affiche

- Quels **personnages** sont représentés ? Comment sont-ils représentés ? Il faut décrire l'attitude, la position, le regard, les gestes...
- Comment est composée l'affiche ? Que voit-on au **premier plan**, au **second plan** et en **arrière-plan** ?
- Dans quel **décor** la scène se déroule-t-elle ?
- Comment les personnages sont-ils éclairés ? Quelles sont les couleurs utilisées ?
- S'il y a un slogan ou un **message**, quel lien peut-on faire avec l'image ?

▶ Dégager le sens de l'affiche

- **Une affiche de propagande** a pour objectif de **délivrer un message politique**, de **susciter l'adhésion** du plus grand nombre. Quel est le message envoyé par cette affiche ? Qu'est-ce que son commanditaire cherche à provoquer chez ceux qui la regardent ?
- Enfin, mobilisez vos connaissances personnelles pour expliquer le message de l'affiche. En effet, la propagande déforme la réalité et il faut pouvoir relever ce que cache ou ce que déforme l'affiche.

À Savoir

La critique du document est ici plus attendue que pour un autre type de document. Vous devez montrer que vous pouvez remettre en cause le message de l'affiche avec des connaissances précises.

Application

▶ Analyse

1. Identifier l'affiche et son contexte

Ce document est une affiche de propagande qui représente un portrait d'Adolf Hitler datant de 1938. Ce portrait est un portrait officiel, c'est-à-dire qu'il a été commandé par Hitler pour être placé dans tous les lieux publics.

2. Décrire

Sur cette affiche, Hitler est debout en costume militaire, le regard tourné vers la droite (procédé souvent utilisé dans ce genre d'affiche pour représenter l'avenir). Il est représenté en contre-plongée, c'est-à-dire qu'il apparaît comme étant au-dessus du spectateur. Son bras droit sur la hanche montre sa détermination. La lumière l'éclaire alors que tout est sombre autour de lui. Au bas de l'affiche, on peut lire un slogan, « Ein Volk, ein Reich, ein Führer », qui signifie « Un peuple, un empire, un guide ».

3. Dégager le sens de l'affiche

Cette affiche a pour but de montrer la grandeur du Führer, le guide de la nation allemande. L'affiche participe donc du culte de la personnalité organisé autour d'Hitler, présenté comme le sauveur du peuple allemand qui va redonner au pays sa gloire passée.

Le slogan « Ein Volk, ein Reich, ein Führer » est un résumé de l'idéologie nazie, nationaliste et raciste. « Ein Reich » évoque le nationalisme d'Hitler qui veut refonder l'empire allemand détruit par le traité de Versailles.

Depuis 1934, l'Allemagne est redevenue un empire, le IIIe Reich et, en 1938, Hitler commence ses coups de force en Europe, notamment avec l'annexion de l'Autriche (l'*Anschluss*). Ainsi, il va étendre l'« espace vital » nécessaire, selon lui, à la survie du peuple allemand. Ce peuple (« Ein Volk ») est également unifié par la mise à l'écart des autres « races » jugées inférieures dans l'idéologie raciste et antisémite nazie. Les Juifs et les Tziganes sont visés par des politiques de plus en plus discriminatoires et violentes.

En 1938 a lieu la nuit de Cristal, lors de laquelle des synagogues sont brûlées, des magasins juifs sont pillés et détruits, des centaines de Juifs sont agressés, brutalisés et certains assassinés.

Cette affiche, publiée la même année, cherche donc à mobiliser le peuple allemand derrière son chef pour le faire adhérer à la politique de conquête de l'Europe de l'Est qu'il est en train d'organiser, politique qui va conduire à la Seconde Guerre mondiale.

Les méthodologies à maîtriser	à revoir	réussi	Les points méthode en contexte
▶ Identifier l'affiche et son contexte	☐	☐	
▶ Décrire l'affiche	☐	☐	Sujet 1 → p. 36
▶ Dégager le sens de l'affiche	☐	☐	

Sujets pas à pas

Civils et militaires pendant la Première Guerre mondiale

Faire le point

L'essentiel

Pourquoi la Première Guerre mondiale est-elle une guerre d'un genre nouveau ? Pourquoi a-t-elle des conséquences si importantes ?

Guerre totale : mobilisation des sociétés

- mobilisation générale des hommes en âge de se battre et appel aux soldats des colonies
- mobilisation de la population civile dans l'agriculture et les industries de guerre
- mobilisation des esprits : propagande et « bourrage de crânes », censure
- mobilisation économique : industries de guerre, emprunts nationaux, mobilisation des scientifiques, etc.

Violence et brutalisation des sociétés

- violence extrême des combats : guerre de tranchées, armement moderne, 9 millions de soldats tués
- conditions de vie déplorables dans les tranchées
- répercussion de cette violence dans la société civile (deuil, propagande qui déshumanise l'ennemi, difficile réinsertion des invalides, etc.)
- ces violences engendrent d'autres violences : génocide arménien, insurrections révolutionnaires

Conséquences territoriales et politiques

- l'Allemagne et ses alliés déclarés responsables de la guerre par le traité de Versailles et lourdement sanctionnés
- les frontières de l'Europe sont entièrement redessinées
- la guerre est un des déclencheurs de la révolution bolchévique en Russie, en octobre 1917
- la Révolution russe entraîne une vague révolutionnaire en Europe au lendemain de la guerre

La frise

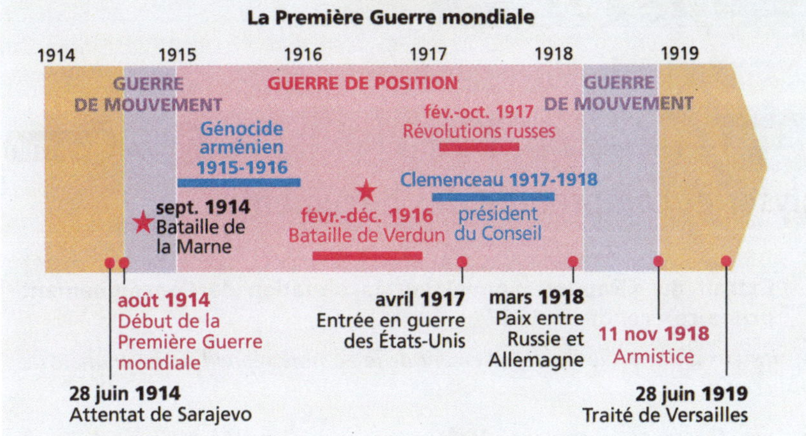

Contrôler ses connaissances

corrigés p. 229

QCM *Cochez la bonne réponse.*

1. La guerre de position a duré moins longtemps que la guerre de mouvement.

- ☐ **a.** Vrai
- ☐ **b.** Faux

2. Les États-Unis entrent en guerre en :

- ☐ **a.** 1915.
- ☐ **b.** 1916.
- ☐ **c.** 1917.

3. Le « bourrage de crânes » est une propagande mensongère.

- ☐ **a.** Vrai
- ☐ **b.** Faux

4. L'armistice est signé le :

- ☐ **a.** 11 novembre 1918.
- ☐ **b.** 8 mai 1918.
- ☐ **c.** 28 juin 1919.

5. Durant cette guerre totale combien de millions d'Européens prennent les armes ?

- ☐ **a.** 50 millions
- ☐ **b.** 65 millions
- ☐ **c.** 80 millions

6. Dans quel but a été créé la Société des Nations en 1919 ?

- ☐ **a.** punir l'Allemagne et ses alliés
- ☐ **b.** améliorer les conditions de vie des soldats
- ☐ **c.** maintenir la paix future

Sujets guidés

SUJET 1 Antilles-Guyane, juin 2019

20 pts 45 min

Analyser et comprendre des documents

DOC. 1 Extrait du « Rapport annuel sur la situation de l'enseignement primaire » rendu en 1917

Un instituteur d'une école du département de la Somme répond à une enquête de son inspecteur.

[Questions] Comment avez-vous adapté votre enseignement aux circonstances ?

L'emploi du temps n'a pas été modifié, et les programmes ont été respectés. Mais chaque matière enseignée a reçu un caractère se rapportant aux événements actuels.

En morale et en instruction civique : la Patrie, l'amour de la patrie, le devoir militaire, les qualités du soldat, obéissance, courage, patience, bonne humeur ; le devoir des civils : travail, économie, versement de l'or, souscriptions aux emprunts, aux Bons de la Défense nationale, ont été illustrés par des faits d'actualité. Le récit des souffrances endurées par les malheureuses populations des pays occupés, les dévastations de l'ennemi ont ému les enfants qui comprennent toute la reconnaissance qu'ils doivent à nos soldats et à nos alliés.

L'étude de l'histoire a permis de montrer le rôle de la France dans le monde ; des comparaisons entre les événements passés et les événements actuels ont montré l'unité de notre tradition nationale[1].

En géographie, les nations alliées ont été étudiées avec intérêt ; de même les régions envahies de France si prospères autrefois, aujourd'hui dévastées par un ennemi sans conscience. L'importance de l'agriculture a été particulièrement mise en relief.

Dans l'enseignement du français, les textes de dictées, les morceaux de récitation, les exercices de rédaction ont été empruntés aux événements de guerre actuels ou de la guerre de 1870[2]. Les enfants ont écrit à leur père mobilisé. Les autres matières du programme, sciences, dessin, arithmétique, ont été étudiées dans leurs rapports avec la guerre aussi souvent que possible […].

« Rapport annuel sur la situation de l'enseignement primaire », Archives départementales de la Somme, 1917.

1. L'instituteur fait par exemple allusion à la défense des droits de l'homme par la France depuis la Révolution française.

2. Guerre qui a opposé les Français et les Allemands et qui s'est terminée par la défaite de la France.

DOC. 2 Carte postale de la Première Guerre mondiale

Les cartes postales sont d'un usage très fréquent pendant la Première Guerre mondiale. Elles sont utilisées dans la correspondance entre l'arrière et le front, ou entre civils. La série « Graine de Poilu » met en scène des enfants dans des photographies réalisées en studio, puis colorisées ou retouchées.

Carte postale réalisée par Georges Morinet, conservée aux Archives départementales de l'Ain, Éditions Patriotic, non datée.

1 Quelle est la situation de la France quand ce rapport (document 1) est publié ?

2 Relevez trois exemples dans le document 1 montrant que, selon l'instituteur, la guerre est très présente dans l'enseignement comme dans les activités proposées aux élèves.

3 Décrivez la carte postale.

4 Montrez que cette image est une image de propagande.

5 En vous appuyant sur vos réponses et sur vos connaissances, montrez que les civils, y compris les enfants, sont impliqués et mobilisés dans le cadre d'une guerre totale.

PAR ÉTAPES

BIEN LIRE LES DOCUMENTS

Identifier leur nature

• **Le document 1** est un extrait du « Rapport annuel sur la situation de l'enseignement primaire » rendu en 1917. Il provient des Archives départementales de la Somme, **l'un des départements les plus touchés par la guerre** et où s'était tenue, en 1916, l'une des batailles les plus sanglantes du conflit.

Comme le précise le document, cet extrait fait partie de la réponse d'un instituteur à une enquête menée par son inspecteur pour savoir **quelle place avait la guerre dans son enseignement**. C'est notamment cette enquête, menée auprès de nombreux instituteurs, qui a permis aux inspecteurs de l'éducation nationale de faire un état de la situation de l'enseignement primaire dans un rapport national, c'est-à-dire à l'échelle de la France.

• **Le document 2** est une carte postale conservée aux Archives départementales de l'Ain. Elle fait partie d'une série de **cartes éditées pendant la guerre** sous le titre « Graine de Poilus ». Comme l'indique le texte au-dessus de la reproduction de la carte postale, cette série mettait en scène des enfants dans des **scènes patriotiques**. Le but était ainsi de **soutenir le moral de la population**.

Repérer les éléments importants

• **Dans le document 1 :** le texte introductif qui nous explique le dialogue entre un instituteur et son inspecteur à l'occasion d'une enquête.

• La date du document : 1917.

• Au début du texte, la question posée par l'inspecteur à l'instituteur.

• Chaque paragraphe du texte qui correspond à une **matière enseignée** par l'instituteur.

• Les notes en bas de texte qui expliquent des références faites par le maître.

• **Dans le document 2 :** le titre de la série de cartes postales, « Graine de Poilu ».

• Cette carte postale a été utilisée pendant la **Grande guerre**.

• L'uniforme, les armes et la posture de l'enfant.

• La phrase prononcée par l'enfant habillé en Poilu, « Comme Papa ! », qui fait écho au titre de la série de cartes postales « Graine de Poilu ».

• Le minuscule **soldat allemand** sous le pied droit de l'enfant.

BIEN COMPRENDRE LES QUESTIONS

Question 1

• Il faut expliquer la **situation de la France** au moment où ce rapport a été publié. Ne vous contentez pas de montrer que la France est en guerre. Soyez le plus précis possible en indiquant à quel moment de la guerre on est à cette date et quelle est la situation particulière de certaines régions françaises.

- À l'opposé, ne racontez pas tout le déroulement de la guerre, ni le détail des batailles que vous avez étudiées en cours.

Question 2

- Les exemples montrant que la guerre est très présente dans l'enseignement comme dans les activités sont nombreux. Vous pouvez **citer plusieurs extraits du texte**, en évitant d'en recopier l'intégralité.
- Veillez aussi à citer au moins une « activité » faite par les élèves, comme mentionné dans la question.

Question 3

- Cette question ne porte que sur le document 2. Quand on vous demande de « décrire » une image, il vous faut **citer tout ce que vous voyez sur le document**, aussi bien les personnages que les mots présents sur la carte.

Question 4

- Pour répondre à la question, vous devez connaître la **définition de « propagande »**. Il vous faut aussi expliquer à qui s'adressait ce type de cartes postales et quel était leur but.

Question 5

- La dernière question est une sorte de question-bilan. Vous devez utiliser vos réponses aux questions précédentes, mais aussi vos connaissances personnelles sur le sujet.
- On vous demande d'expliquer comment les civils étaient « impliqués et mobilisés » dans le conflit, « y compris les enfants ». Les termes « y compris » induisent que vous devez parler du rôle et de la place des enfants, notamment dans la propagande d'État, mais pas seulement des enfants.
- Vous pouvez commencer par **montrer que les civils étaient mobilisés dans le conflit** en utilisant vos connaissances (et également les quelques allusions faites dans le document 1) ; **puis vous pouvez vous arrêter sur la situation particulière des enfants** (en vous aidant des réponses aux questions précédentes).

BIEN DÉFINIR LES MOTS-CLÉS

- **Guerre totale :** guerre dans laquelle toutes les forces humaines, économiques et scientifiques sont mobilisées par les États.
- **Civils :** personnes qui ne font pas partie de l'armée.
- **Patriotisme :** attachement, dévouement à sa patrie.
- **Propagande :** ensemble des méthodes de communication utilisées pour faire accepter des idées à une population.
- **Bons de la Défense nationale :** emprunts auprès de la population civile organisés par les États pour financer la guerre.

- **Mobilisé :** pendant la Première Guerre mondiale, en France et dans de nombreux pays en guerre, tous les hommes en âge de se battre ont l'obligation de prendre l'uniforme et d'aller se battre ; c'est la mobilisation générale.
- **Poilus :** surnom donné aux soldats français de la Première Guerre mondiale, sans doute en partie à cause des conditions de vie des soldats dans les tranchées qui ne leur permettaient pas de se raser souvent.
- **Archives :** institutions où sont conservées les documents historiques.

CORRIGÉ 1

Comprendre le corrigé

1 Au moment où ce rapport est publié, en 1917, la France est engagée depuis trois ans dans la Première Guerre mondiale qui l'oppose aux Allemands et à leurs alliés. Envahis dès le début de la guerre, l'Est et le Nord de la France sont particulièrement touchés : certaines régions sont occupées par les Allemands et c'est là que se situe la ligne de front où ont lieu les combats. En effet, la guerre est devenue une guerre de position : depuis trois ans, le front est au même endroit, malgré des batailles sanglantes comme celle de Verdun…

Gagnez des points !
Expliquez précisément quelles régions françaises sont les plus touchées par la guerre.

2 On peut trouver de nombreux exemples qui montrent que la guerre est très présente dans l'enseignement de cet instituteur.

– Tout d'abord en « morale et instruction civique », les écoliers étudient « la Patrie, l'amour de la patrie, le devoir militaire (…), le devoir des civils » afin de mobiliser les enfants dans la guerre.

– Ensuite, certaines activités sont adaptées au contexte de guerre : « dans l'enseignement du français, les textes de dictées, les morceaux de récitation, les exercices de rédaction ont été empruntés aux événements de guerre actuels ».

L'astuce du prof
N'oubliez de mettre des guillemets lorsque vous citez le texte.

– Enfin, « les autres matières du programme, sciences, dessin, arithmétique, ont été étudiées dans leurs rapports avec la guerre aussi souvent que possible… ».

La guerre est donc omniprésente dans le quotidien des écoliers français.

3 Sur la carte postale, on voit un jeune enfant portant l'uniforme du « Poilu », c'est-à-dire du soldat français de la Première Guerre mondiale : il a un képi sur la tête, un sabre à la ceinture et un fusil à baïonnette à l'épaule. Il sourit et fait le salut militaire.

Sous son pied droit, on reconnaît un minuscule soldat allemand avec le casque à pointe prussien, en train d'être écrasé. Cette carte postale fait partie d'une série intitulée « Graine de Poilu » dont on peut voir le titre en haut à gauche, à côté de la phrase : « Comme Papa ! ».

Gagnez des points !
Décrivez bien chaque élément de la carte postale : les personnages, leurs costumes, leurs postures, mais aussi ce qui est écrit.

4 Cette image est une image de propagande, car elle cherche à mobiliser la population, notamment les enfants, dans la guerre. Tout est mis en scène pour que le lecteur comprenne que toute la population est derrière les soldats : la guerre est totale. Ce genre d'image tente aussi de maintenir le moral de la population, civils comme militaires, après trois longues années de guerre. Le texte introductif met l'accent sur la mise en scène de ces cartes postales, « réalisées en studio, puis coloriées ou retouchées ».

Gagnez des points !
Essayez d'expliquer quel est le but de ce genre d'image.

5 La Première Guerre mondiale est une guerre totale : toute la population et toute la société sont mobilisées dans la guerre.

Gagnez des points !
Utilisez l'expression « guerre totale » apprise en cours.

Les civils sont impliqués de différentes manières : ceux qui sont restés à l'arrière, notamment les femmes, doivent travailler pour remplacer les hommes partis au front. On demande aussi aux civils de souscrire à des emprunts destinés à financer la guerre. Les enfants sont également mobilisés : à l'école, leurs instituteurs leur parlent constamment du conflit et chaque matière est étudiée dans son rapport à la guerre. Ainsi, on forme les futurs soldats-citoyens et on préserve le moral des populations civile et militaire.

SUJET 2 **France métropolitaine, septembre 2017** 20 pts 45 min

Maîtriser différents langages

1 Rédigez un développement construit d'environ vingt lignes décrivant les violences subies par les combattants et les civils au cours de la Première Guerre mondiale. Vous prendrez appui sur des exemples étudiés en classe.

2 Les conflits du XXe siècle

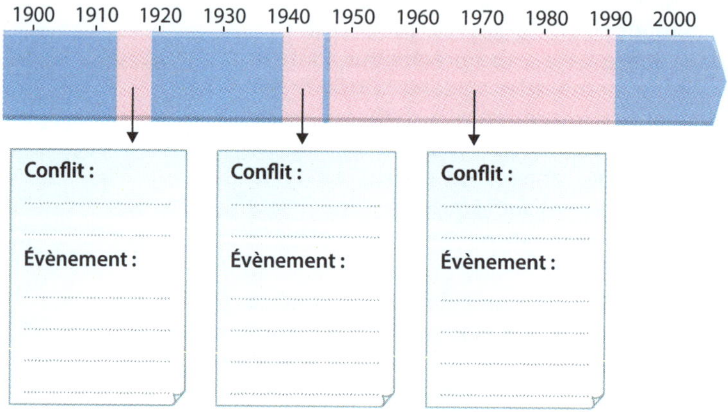

a. Sur cette frise chronologique, placez convenablement ces trois périodes de conflit : la guerre froide, la Première Guerre mondiale, la Seconde Guerre mondiale.

b. Choisissez un évènement pour chaque période de conflit. Nommez-le et datez-le.

c. Associez le personnage suivant à un conflit et justifiez votre choix en quelques mots :

Philippe Pétain

PAR ÉTAPES

BIEN COMPRENDRE LES QUESTIONS

Question 1

- La question vous demande de décrire les violences subies par les combattants et les civils dans un développement construit d'une vingtaine de lignes. Il vous faut être méthodique et réussir à **organiser vos connaissances pour les présenter de manière structurée et cohérente**. Faites un brouillon avant de vous mettre à rédiger votre copie.
- Le sujet vous invite à commencer votre description par **les violences subies par les combattants, puis à détailler celles subies par les civils**. Il faut donc organiser votre paragraphe en deux parties distinctes.
- N'oubliez pas de toujours **dater et localiser votre description** et de vous appuyer sur le **vocabulaire historique** propre au chapitre.

Question 2

- Lisez bien l'énoncé qui vous demande de répondre à la question en trois étapes.
- **Première étape :** les dates des trois conflits sont indiquées par des flèches sur la frise chronologique. Leur nom est indiqué dans la consigne. Vous devez simplement placer ces trois noms dans les cases prévues à cet effet, là où est indiqué « Conflit : ».
- **Deuxième étape :** on vous demande de choisir un évènement à l'intérieur de chacun de ces conflits et de le dater. Un évènement signifie un fait historique marquant, une bataille, un armistice, une entrée en guerre…

  Selon l'évènement que vous choisissez, la date peut être plus ou moins précise. Par exemple, pour un armistice, on attend de vous la date exacte, tandis que pour une bataille on peut se contenter d'une année. Conformez-vous aux dates que vous avez apprises en cours. Ne multipliez pas les évènements : on en attend de vous un seul par conflit.
- **Troisième étape :** Philippe Pétain peut être relié à la Première comme à la Seconde Guerre mondiale. C'est à vous de bien justifier votre choix.

BIEN DÉFINIR LES MOTS-CLÉS

- **Armement industriel :** armement construit à la chaîne en grande quantité dans les usines ; désigne surtout les obus, les canons et les mitrailleuses puis les tanks et les avions.
- **Obus :** bombe lancée par un canon.
- **Gaz toxiques :** gaz utilisés dans les combats pendant la Première Guerre mondiale comme le gaz moutarde, gaz asphyxiant destiné à empêcher ou à gêner l'assaut d'une position par les troupes ennemies.
- **Mobilisation :** utiliser toutes les ressources disponibles.

- **Tranchées :** fossés creusés dans le sol pour se protéger des tirs ennemis. Les soldats y vivent et y lancent des assauts contre l'ennemi.
- **Guerre d'usure :** stratégie qui consiste à parier sur l'épuisement de l'adversaire en lançant de nombreuses offensives meurtrières.
- **Mutilés :** personne ayant perdu un membre ou une partie de celui-ci.
- **Poilus :** expression familière qui désigne les soldats français pendant la Première Guerre mondiale.
- **Pénuries :** manque d'un produit, d'une ressource qui n'est plus disponible pour la population.
- **Génocide :** destruction systématique d'un peuple pour le faire disparaître.
- **Guerre totale :** guerre dans laquelle toutes les forces humaines, économiques, techniques et scientifiques sont mobilisées par les États, (grâce à la propagande, etc.).
- **Veuve :** femme qui a perdu son mari.
- **Orphelins :** enfant qui a perdu ses parents ou un de ses parents.

CORRIGÉ 2

Comprendre le corrigé

1 La Première Guerre mondiale, qui se déroule de 1914 à 1918, voit se dérouler des violences inconnues jusqu'alors. Comment les combattants et les civils les ont-ils subies ?

Ce sont d'abord les combattants qui subissent des violences extrêmes sur les champs de bataille. L'industrialisation des sociétés européennes en 1914 permet la mise au point de nouvelles armes meurtrières : les gaz toxiques, les mitrailleuses et les obus. Pour s'en protéger, les combattants, tous les citoyens mobilisés dans les pays en guerre, creusent des abris et des tranchées. C'est une guerre d'usure où il s'agit d'empêcher l'ennemi d'avancer. Dans ces tranchées, les violences subies sont extrêmes, car les soldats sont sommés de lancer quotidiennement des assauts lors desquels ils reçoivent des pluies d'obus qui les tuent ou les mutilent en masse. C'est le cas lors des grandes batailles comme celle de Verdun en 1916, qui fait environ un million de victimes françaises et allemandes. De plus, les conditions de vie des soldats dans les tranchées sont très difficiles. Ils souffrent de la faim, du froid, de la fatigue et d'un grand manque d'hygiène. C'est pourquoi, en France, la population surnomme ses combattants les « Poilus ». Les soldats

> **Gagnez des points !**
> Organisez votre paragraphe en deux parties. Essayez de faire une ou deux phrases d'introduction qui situent rapidement le contexte et qui posent le sujet sous forme de question.

> **Gagnez des points !**
> Les conditions de vie des soldats témoignent aussi de la violence de la guerre. N'oubliez pas de les décrire.

survivants reviennent traumatisés physiquement et moralement de la « Grande guerre ».

Les civils sont aussi la cible de violences extrêmes. Quand ils sont proches de la ligne de front, ils subissent, comme les soldats, des bombardements massifs qui n'épargnent rien : villes, hôpitaux et villages sont touchés, parfois complètement rasés, surtout dans le nord-est de la France. Dans les zones occupées, les violences touchent aussi les populations civiles, victimes de confiscations, de viols et de déplacements forcés. Sur tous les territoires en guerre, les pénuries alimentaires rendent la vie des civils très pénible. Dans l'Empire ottoman, dans un contexte de guerre totale, une forme de violence extrême touche la population arménienne à partir de 1915. Le gouvernement ottoman subit de lourdes défaites contre l'Empire russe. Il accuse alors les Arméniens de trahison, ce qui lui fournit un prétexte pour éliminer cette population et commettre un génocide : les soldats sont fusillés et les autres sont déportés dans le désert où la plupart meurent de soif et de fatigue. Plus d'un million d'Arméniens sont victimes de ce génocide.

Gagnez des points !
N'oubliez pas le génocide arménien qui est l'acte de violence le plus extrême subi par des civils pendant cette guerre.

Les violences extrêmes de la Première Guerre mondiale ont provoqué la mort d'environ dix millions de personnes, combattants et civils. Des millions de soldats sont mutilés et traumatisés. La guerre laisse des millions de veuves et d'orphelins dans une Europe meurtrie.

2 a. et **b.**

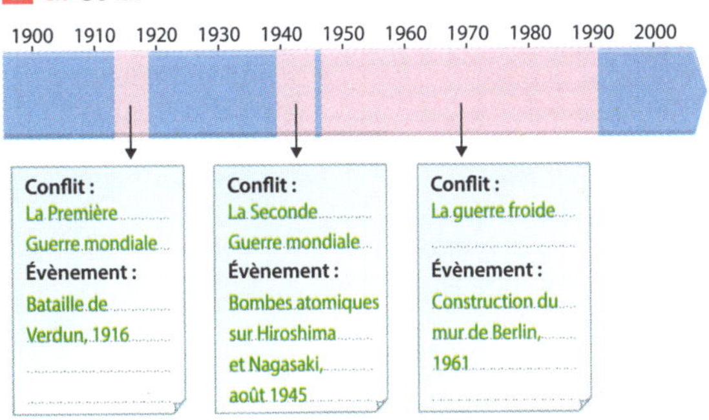

c. Le maréchal Pétain est associé à la Seconde Guerre mondiale car, chef de l'État français, il signe l'armistice avec l'Allemagne nazie et engage la France dans une politique de collaboration, jusqu'à la Libération en 1944.

Gagnez des points !
Pour la dernière étape de la consigne, rédigez bien votre réponse, sans développer trop précisément le rôle de Philippe Pétain dans le conflit que vous avez choisi.

Démocraties fragilisées et expériences totalitaires dans l'Europe de l'entre-deux-guerres

Faire le point

L'essentiel

L'URSS de Staline, un régime totalitaire

- **Dictature personnelle…**
  - Staline
  - le Parti communiste
- **… qui vise à imposer le communisme…**
  - collectivisation
  - planification
  - égalitarisme et société sans classe
- **… en encadrant et enterrorisant la population**
  - école et Jeunesses communistes
  - culte de la personnalité autour de Staline, propagande pour la collectivisation
  - NKVD et goulags

L'Allemagne nazie, un régime totalitaire

- **Dictature personnelle…**
  - Hitler
  - le Parti nazi
- **… qui vise à imposer une idéologie raciste et nationaliste…**
  - mythe de la « race aryenne »
  - persécutions des juifs
  - espace vital
- **… en encadrant et enterrorisant la population**
  - école et Jeunesses hitlériennes
  - culte de la personnalité autour d'Hitler, propagande antisémite
  - SS, Gestapo et camps de concentration

La France : une démocratie fragilisée

- **Démocratie parlementaire…**
  - Parlement élu par les citoyens
  - plusieurs partis politiques
  - libertés garanties
- **…qui doit faire face à des difficultés…**
  - crise économique et sociale
  - agitation politique des ligues d'extrême droite
- **… mais qui triomphe**
  - victoire du Front populaire en 1936
  - mesures sociales qui améliorent la vie des classes populaires

Les frises

Les régimes totalitaires en URSS et en Allemagne

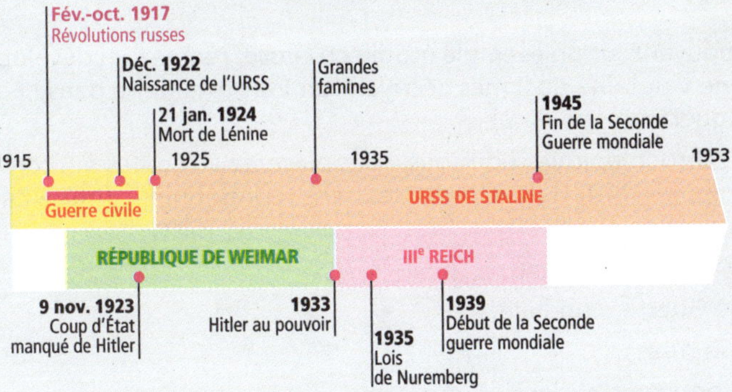

La France, une démocratie fragilisée

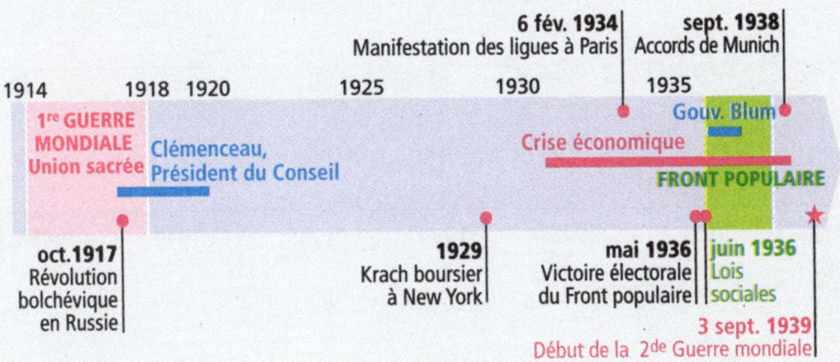

Contrôler ses connaissances

corrigés p. 229

QCM *Cochez la bonne réponse.*

1. Que sont les « goulags » ?

- ☐ **a.** Des camps de travail forcé
- ☐ **b.** Des riches paysans russes
- ☐ **c.** Des exploitations agricoles collectivisées

2. Hitler est élu chancelier en :

- ☐ **a.** 1929.
- ☐ **b.** 1933.
- ☐ **c.** 1937.

MÉTHODE
SUJETS PAS À PAS
SUJETS COMME À L'EXAMEN

SUJET 3 Asie-Pacifique, juin 2018

20 pts · 45 min

Maîtriser différents langages

1 En vous appuyant sur un exemple étudié en classe, rédigez un développement construit d'une vingtaine de lignes décrivant un État totalitaire dans l'Europe de l'entre-deux-guerres.

2 Sur la frise chronologique ci-dessous, vous placerez aux dates qui conviennent les quatre repères historiques proposés, en représentant différemment les périodes et les évènements :

– la Première Guerre mondiale ;
– la Deuxième Guerre mondiale ;
– la Révolution russe ;
– l'arrivée au pouvoir d'Hitler.

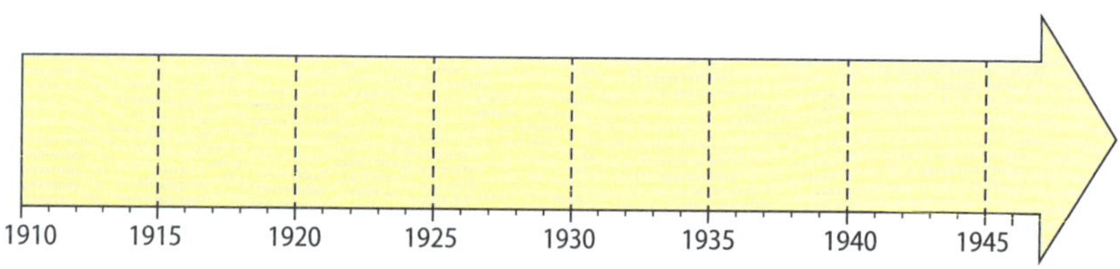

PAR ÉTAPES

BIEN COMPRENDRE LES CONSIGNES

Consigne 1

- Vous devez rédiger un texte structuré. Votre paragraphe doit donc comporter **une introduction** qui reprend les termes du sujet, **plusieurs parties et une conclusion**. Au brouillon, organisez vos connaissances et vos exemples, sans nécessairement rédiger.
- Vous avez le choix entre les deux régimes totalitaires de l'entre-deux-guerres étudiés en classe : **l'URSS de Staline** (ce que nous avons choisi) et **l'Allemagne nazie**.
- Dans les deux cas, il s'agit de montrer que ces États sont des régimes totalitaires. Attention de ne pas traiter les deux États totalitaires dans le même sujet : on attend de vous que vous fassiez un **choix**.
- Ce sujet est classique, mais très large. Il ne faut donc pas partir dans des détails trop précis sur l'URSS de Staline. Le but est de **prouver que le régime mis en place est totalitaire**, ce qui revient à trouver des arguments allant dans ce sens.

- Montrez d'abord que l'URSS de Staline est une dictature, mais ne vous limitez pas à cela. Il faut aussi **montrer comment le régime impose l'adhésion de toute la société** par différents moyens.

Consigne 2

- Il s'agit, dans cette consigne, de placer des **repères historiques** sur une frise.
- Deux de ces repères durent plusieurs années : il faut donc **représenter un intervalle** sur la frise. Pour les deux autres, il suffit d'indiquer une année.
- Dans tous les cas, ce ne sont pas des dates précises qui sont attendues mais des années, à indiquer sur la frise par des petits traits verticaux. En reliant l'un de ces traits au nom d'un évènement que vous écrirez en dessous, vous indiquerez ainsi son année.
- Tracez des traits **le plus proprement possible** en essayant de ne pas se faire chevaucher les noms des différents repères.

BIEN DÉFINIR LES MOTS-CLÉS

- **Staline :** Révolutionnaire russe, dirigeant du Parti communiste, puis de l'URSS qu'il gouverne de 1924 à 1953. Il installe un régime totalitaire qui fait des millions de victimes.
- **Parti communiste :** parti politique et économique s'inspirant des idées de Karl Marx et visant à l'établissement d'une société égalitaire et sans classes sociales, grâce à la mise en commun des moyens de production.
- **Dictature :** gouvernement d'un seul homme et d'un seul parti.
- **Régime totalitaire :** régime politique dans lequel l'État dictatorial encadre la population par la propagande, l'embrigadement et la terreur, dans le but de la faire adhérer totalement à son idéologie.
- **Propagande :** ensemble des méthodes utilisées pour faire accepter des idées à une population.
- **Parti unique :** seul parti autorisé dans une dictature.
- **Censure :** contrôle de l'information par l'État.
- **Jeunesses hitlériennes :** mouvement du parti nazi destiné à embrigader la jeunesse allemande.
- **NKVD :** police politique de l'URSS.
- **Terreur :** moyen de contrôle de la population par la violence qui vise à empêcher toute opposition.
- **Idéologie :** ensemble d'idées et de croyances sur lesquelles s'appuie un régime politique.
- **Embrigadement :** recrutement de la population dans des organisations destinées à la mobiliser en faveur du régime.
- **Goulag :** ensemble de camps de travail forcé principalement situés en Sibérie où les conditions de vie et de travail terribles mènent souvent à la mort.

CORRIGÉ 3

Comprendre le corrigé

1 Dans l'entre-deux-guerres, plusieurs régimes totalitaires apparaissent en Europe. En quoi l'URSS de Staline, qui succède à Lénine en 1924, est-il un État totalitaire ?

Staline établit une dictature personnelle en éliminant très vite ses rivaux au sein du Parti communiste qui devient un parti unique, c'est-à-dire le seul parti politique autorisé. Toutes les libertés individuelles sont supprimées. Par exemple, les Soviétiques n'ont plus le droit de circuler librement en dehors du pays. Enfin, l'information est contrôlée et censurée.

> **Gagnez des points !**
> Organisez votre paragraphe selon les différents aspects et les principales caractéristiques de l'État totalitaire : dictature, idéologie obligatoire, propagande, encadrement, terreur...

Staline, concentrant tous les pouvoirs entre ses mains, peut encadrer toute sa population. Il impose ainsi une propagande incessante autour de sa personne : le culte de la personnalité. Il se présente comme le « petit père des peuples ». Des défilés sont organisés en son honneur, son portrait est placardé partout et tous les artistes doivent le célébrer. La propagande est également mise au service de l'idéologie commu niste qui doit donner naissance à « un homme nouveau » et une société nouvelle, sans classes sociales et sans inégalités. Pour ce faire, les populations sont encadrées par des organisations destinées à les mobiliser en faveur du régime. Ainsi, l'école et les Jeunesses communistes éduquent et encadrent les enfants tout en les embrigadant.

> **Gagnez des points !**
> Utilisez le vocabulaire spécifique de la leçon pour décrire un État totalitaire. Servez-vous d'exemples précis.

L'encadrement de la société s'accompagne enfin d'une surveillance de tous les instants organisée par une police politique, le NKVD, et d'une répression féroce destinée à éliminer toute opposition dans la population. Des millions d'opposants, ou personnes supposées l'être, sont arrêtés, mis à mort ou déportés dans des camps de travail forcé : le Goulag. La terreur touche même, entre 1936 et 1938, le Parti communiste, l'armée rouge et les proches du régime accusés, lors de faux procès mis en scène à Moscou, de « saboter » les réformes mises en œuvre par Staline.

Dictature absolue, organisation de la société mise au service de l'idéologie communiste, encadrement de la population par la propagande, l'embrigadement et la terreur, l'URSS de Staline est donc bien un État totalitaire.

> **Gagnez des points !**
> Dans votre conclusion, résumez tous les éléments qui font de l'URSS de Staline un État totalitaire.

2

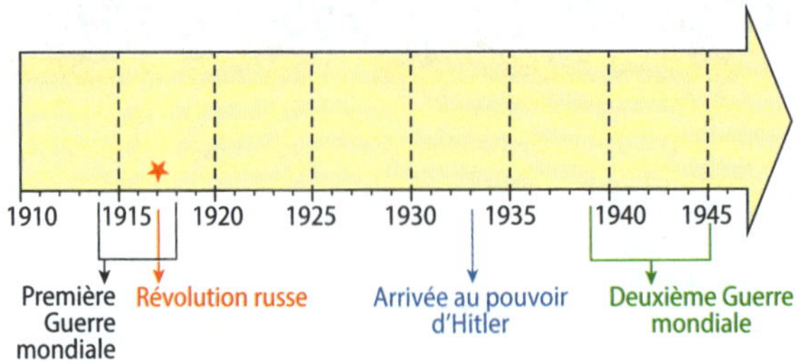

Gagnez des points !

Distinguez chaque repère historique par différentes couleurs.

La Seconde Guerre mondiale, une guerre d'anéantissement (1939-1945)

Faire le point

L'essentiel

La Seconde Guerre mondiale : une rupture majeure

Une guerre d'anéantissement aux dimensions planétaires

- guerre totale et mondiale
- choc des idéologies
- destruction de masse avec des villes entières détruites
- crimes contre l'humanité et Shoah
- plus de 50 millions de morts

La domination nazie sur l'Europe conduit à la barbarie

- différents modes d'occupation, de l'annexion à la collaboration
- pillage économique et humain
- répression et terreur
- mise en œuvre de la « solution finale »

La Seconde Guerre mondiale fait naître un nouvel ordre international

- l'Europe est affaiblie
- les colonies réclament plus ouvertement leur indépendance
- les États-Unis et l'URSS apparaissent comme les deux grands vainqueurs de la guerre
- l'ONU est créée pour « développer entre les nations des relations amicales » et maintenir la paix dans le monde

La frise

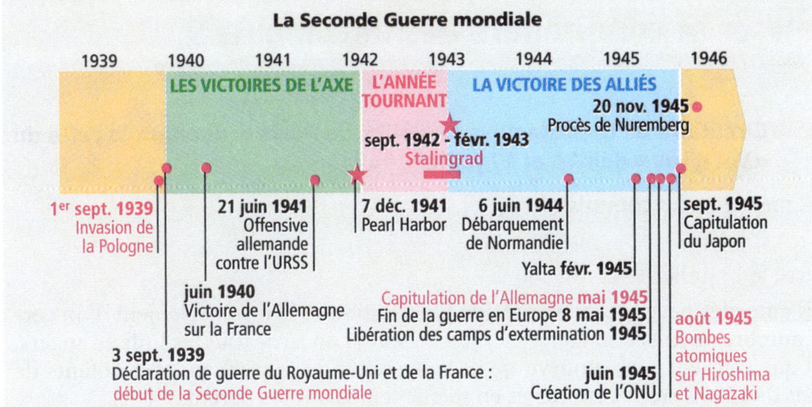

Contrôler ses connaissances

corrigés p. 229

QCM *Cochez la bonne réponse.*

1. Les forces de l'Axe comprennent :

- ☐ **a.** l'Allemagne, l'Italie et l'Espagne.
- ☐ **b.** l'Allemagne, l'Italie et l'URSS.
- ☐ **c.** l'Allemagne, l'Italie et le Japon.

2. Les États-Unis entrent en guerre en :

- ☐ **a.** 1939.
- ☐ **b.** 1940.
- ☐ **c.** 1941.

3. Stalingrad est le lieu d'une victoire allemande sur l'Armée rouge.

☐ **a.** Vrai ☐ **b.** Faux

4. La Shoah est le nom donné au génocide juif.

☐ **a.** Vrai ☐ **b.** Faux

5. La conférence de Yalta réunit :

- ☐ **a.** les États-Unis, le Royaume-Uni et l'URSS.
- ☐ **b.** l'Allemagne, l'Italie et le Japon.
- ☐ **c.** le Royaume-Uni, la France et l'Allemagne.

6. La Seconde Guerre mondiale s'achève totalement en :

- ☐ **a.** août 1944.
- ☐ **b.** mai 1945.
- ☐ **c.** septembre 1945.

SUJET 4 **France métropolitaine, juillet 2019** 20 pts 45 min

Analyser et comprendre des documents

DOC. 1 Circulaire de la préfecture de police de Paris ordonnant la rafle du « Vel d'Hiv » des 16 et 17 juillet 1942

« À messieurs les commissaires [...].

Paris, le 13 juillet 1942.

Les autorités occupantes ont décidé l'arrestation et le rassemblement d'un certain nombre de Juifs étrangers. [...] [La mesure] concerne tous les Juifs étrangers, quel que soit leur sexe, pourvu qu'ils soient âgés de 16 à 60 ans. Les enfants de moins de 16 ans seront emmenés en même temps que les parents.* [...]

Vous constituerez des équipes d'arrestation. Chaque équipe sera composée d'un gardien en tenue et d'un gardien en civil ou d'un inspecteur des Renseignements Généraux ou de la Police Judiciaire. [...]

Les équipes chargées des arrestations devront procéder avec le plus de rapidité possible, sans paroles inutiles et sans commentaire. [...] Des autobus seront mis à disposition. Lorsque vous aurez un contingent suffisant pour remplir un autobus, vous dirigerez :

a) Sur le Camp de Drancy les individus ou familles n'ayant pas d'enfant de moins de 16 ans.

b) Sur le Vélodrome d'Hiver, les autres.

En ce qui concerne le Camp de Drancy, le contingent prévu doit être de 6000. [...]

La garde du Vélodrome d'Hiver sera assurée, tant à l'intérieur qu'à l'extérieur, par la gendarmerie de la région parisienne et sous sa responsabilité.

Le directeur de la police municipale, Hennequin. »

Archives de la police, sorties à l'occasion d'une exposition organisée par la mairie du IIIe arrondissement de Paris en 2012.

* En réalité, la rafle s'est portée sur tous les Juifs, français comme étrangers et de tout âge.

DOC. 2 Principaux itinéraires des convois de déportation à destination d'Auschwitz durant la Seconde Guerre mondiale

Mémorial de la Shoah.

1 À l'aide de l'expression soulignée dans le document 1, présentez la situation de la France en 1942.

2 Identifiez les personnes visées par cette circulaire.

3 Décrivez ce qu'est une rafle à l'aide du document 1.

4 Montrez, grâce au document 1, comment les services de l'État français collaborent avec l'occupant.

5 À l'aide du document 2, expliquez pourquoi la rafle du « Vel d'Hiv » n'est qu'une étape dans la politique nazie mise en place en Europe durant la Seconde Guerre mondiale.

PAR ÉTAPES

BIEN LIRE LES DOCUMENTS

Identifier leur nature

• **Le document 1** est un texte tiré des archives de la police de Paris, sorties à l'occasion d'une exposition organisée par la mairie du IIIe arrondissement de Paris en 2012. Ces archives regroupent les **documents administratifs de la police** et donnent donc un aperçu précis de **la manière dont les ordres ont été donnés sous l'occupation allemande** pendant la Seconde Guerre mondiale en France. Ici, cet extrait est écrit par le directeur de la police municipale, donc un policier français qui obéit aux ordres donnés par les Allemands et qui collabore avec eux.

• **Le document 2** est une carte de l'Europe occupée par les Allemands pendant la Seconde Guerre mondiale qui montre les **principaux itinéraires des convois de déportation** à destination du principal camp d'extermination durant la Seconde Guerre mondiale : Auschwitz-Birkenau. Cette carte a été faite par le Mémorial de la Shoah français, un lieu de mémoire du génocide des Juifs situé à Paris.

Repérer les éléments importants

• **Dans le document 1**, la **personne qui signe la circulaire** (lettre interne à la police) : Hennequin, le directeur de la police municipale de Paris.

• La **date et le lieu** en début de circulaire.

• **L'en-tête du texte** : « À messieurs les commissaires » qui montre que le directeur de la police s'adresse à tous les commissaires de police parisiens.

• Le début de **phrase souligné** qui permet de comprendre la situation de la France en 1942.

• Le **premier paragraphe** qui explique quelle population est concernée par cette mesure.

• Les **deux lieux d'internement** indiqués en a) et b) de la circulaire.

• La **mention du « Vélodrome d'Hiver »** qui permet d'expliquer le nom de cette rafle (« Vel d'Hiv »).

• **Dans le document 2**, la première colonne de la légende qui identifie **trois types de pays et leurs relations avec l'Allemagne** nazie.

• La deuxième colonne qui distingue **trois types de camps**.

• La troisième colonne qui liste les **différents convois de prisonniers juifs** vers Drancy et vers Auschwitz.

BIEN COMPRENDRE LES QUESTIONS

Question 1

• Pour cette première question, vous devez **expliquer la situation de la France en 1942**. Même si le groupe nominal souligné dans le texte (« Les autorités occupantes ») vous donne une indication, vous avez besoin de **connaissances personnelles** pour expliquer le contexte de l'occupation en France.

- Ne racontez pas tout ce que vous savez sur la France pendant la guerre, mais **expliquez en quoi consiste l'occupation** de la France par l'Allemagne.

Question 2

- Vous devez **« identifier » les personnes visées** par cette circulaire. C'est dans le premier paragraphe que vous pouvez trouver ces personnes.
- N'oubliez pas la **note en bas de texte** qui élargit la population concernée !

Question 3

- Pour cette question, il s'agit de **définir ce qu'est une rafle à l'aide du texte**. C'est encore une fois la première phrase de la circulaire (après l'indication de lieu et la date) qui permet de trouver les deux mots importants de cette définition. Vous pouvez ensuite préciser votre réponse à l'aide des paragraphes suivants.

Question 4

- Vous devez d'abord **identifier les deux services de l'État** cités dans le texte.
- Une fois cela fait, **montrez que ces différents services ont aidé les Allemands** à mener leur politique raciste en France. Pour cela, dites concrètement ce qu'ils ont fait.

Question 5

- La dernière question porte sur la carte du document 2. Il vous faut **montrer que la rafle n'est qu'une étape dans la politique nazie** mise en place en Europe durant la Seconde Guerre mondiale. Pour cela, vous devez **faire appel à vos connaissances** sur la politique raciale des nazis, notamment à l'égard des Juifs.
- **Lisez attentivement la légende de la carte**, surtout la deuxième colonne qui indique les lieux d'internement des prisonniers, et la troisième colonne qui montre les étapes dans la déportation des Juifs habitant en France.

BIEN DÉFINIR LES MOTS-CLÉS

- **Rafle :** arrestation massive, agressive et rapide d'une population, et son rassemblement dans un lieu de détention.
- **Occupation allemande :** après la défaite de la France en 1940 et la signature de l'armistice par le maréchal Pétain, l'armée allemande occupe le territoire français, d'abord en partie (jusqu'en 1942), puis en entier pour contrôler ses frontières, sa population et piller ses ressources.
- **Juifs étrangers :** Juifs réfugiés en France avant et au début de la guerre, souvent venus d'Allemagne et d'Europe de l'Est. Ce sont les premiers à être arrêtés et déportés par les nazis avec l'aide de l'État français.

- **Camp de Drancy:** camps d'internement français, en région parisienne. La majorité des Juifs habitant en France ont transité par Drancy avant d'être déportés dans les camps de la mort en Allemagne et surtout en Pologne.
- **Vélodrome d'Hiver:** stade destiné aux courses de vélo, il était situé dans le XVe arrondissement de Paris. Familièrement appelé le « Vel d'Hiv », il est devenu tristement célèbre après la rafle des 16 et 17 juillet 1942 qui porte son nom. Plus de 13 000 personnes juives y ont été internées à cette occasion (dont un tiers d'enfants); moins d'une centaine en reviendront.
- **Pays annexés par l'Allemagne:** pays qui ont été intégrés à l'Allemagne après leur invasion.
- **Pays alliés de l'Allemagne:** pays ayant combattu aux côtés de l'Allemagne nazie pendant la Seconde Guerre mondiale.
- **Camps d'internement:** camps destinés à regrouper les populations juives et tziganes avant leur déportation vers les camps de la mort.
- **Camps de concentration:** camps de travail forcé, situés principalement en Allemagne, où les conditions de vie menèrent la plupart du temps à la mort.
- **Camps ou centres d'extermination:** camps dont le but est d'exterminer le plus grand nombre de prisonniers dans un minimum de temps. Cette extermination industrielle s'est faite au moyen des chambres à gaz; les corps étaient ensuite brûlés dans d'immenses fours crématoires.
- **Auschwitz:** principal ensemble concentrationnaire nazi. C'est à la fois un camp de concentration et un camp d'extermination. À lui seul, Auschwitz a fait plus d'un million de victimes.
- **Convois de déportés:** trains emmenant des prisonniers juifs vers les camps de la mort. Environ 79 convois sont partis de France vers l'Est, et notamment Auschwitz.

CORRIGÉ 4

1 En 1942, la France, battue par l'Allemagne en 1940, est occupée par les nazis. Dans la zone nord, l'Allemagne occupe directement le territoire, tandis que la zone sud est administrée par le gouvernement de Vichy, un régime autoritaire dirigé par le maréchal Pétain et qui collabore avec les Allemands.

2 Cette circulaire vise avant tout les Juifs étrangers réfugiés en France, hommes et femmes âgés de 16 à 60 ans. Pourtant, le texte précise que « les enfants de moins de 16 ans seront emmenés en même temps que les parents ». En réalité, comme l'indique la note

Comprendre le corrigé

Gagnez des points!

Ne vous contentez pas d'une présentation générale de la situation de la France, mais essayez d'être le plus précis possible, par exemple en citant le gouvernement de Vichy ou la ligne de démarcation séparant la zone libre et la zone occupée jusqu'en novembre 1942.

en bas de texte, cette rafle « s'est portée sur tous les Juifs, français comme étrangers et de tout âge ».

3 Une rafle est l'arrestation massive, agressive et rapide d'une population, et son rassemblement dans un lieu de détention. Lors de la rafle du « Vel d'Hiv », des équipes de policiers ont été constituées avec « un gardien en tenue et [...] un gardien en civil » à qui on demande d'arrêter les familles juives « avec le plus de rapidité possible ». Ensuite, des autobus sont mis à disposition pour emmener les prisonniers dans le camp de Drancy ou au Vélodrome d'Hiver où ils sont gardés par la gendarmerie.

4 Lors de la rafle du Vel d'Hiv, les autorités françaises collaborent avec l'occupant allemand. En effet, selon Hennequin, le directeur de la police municipale, ce sont « les autorités occupantes », donc les Allemands, qui ont décidé de la rafle. Ce sont pourtant les policiers et les gendarmes français qui procèdent aux arrestations et au rassemblement des Juifs à Drancy et au Vélodrome d'Hiver. Les autorités françaises ont obéi aux ordres donnés par les Allemands, allant même plus loin que ce qu'on leur demandait, puisque la mesure ne devait porter que sur les personnes âgées de 16 à 60 ans. L'État français a donc activement participé à l'internement et à la déportation des Juifs habitant en France.

5 La rafle du Vel d'Hiv n'est qu'une étape dans la politique nazie mise en place en Europe durant la Seconde Guerre mondiale. En effet, les Juifs internés dans des camps d'internement en France ou dans les autres pays européens occupés sont ensuite déportés dans des camps de concentration en Allemagne ou des centres d'extermination en Pologne. Dans les camps de concentration, les prisonniers juifs, tziganes ou résistants étaient forcés à travailler dans des conditions telles qu'elles conduisaient la plupart du temps à la mort. Dans les camps d'extermination comme Auschwitz ou Sobibor, les déportés étaient dans la plupart des cas mis à mort dès leur arrivée. À Auschwitz, environ un million de personnes ont été tuées pendant la guerre. Au total, entre 1941 et 1945, le génocide des Juifs, la « Shoah », a fait entre 5 et 6 millions de victimes, et celui des Tziganes environ 300 000.

L'astuce du prof

Attention, les personnes « visées » par cette circulaire sont celles qui seront les victimes des mesures annoncées !

Gagnez des points !

Indiquez chaque étape de la rafle depuis l'arrestation jusqu'à l'internement.

Gagnez des points !

Montrez que l'État français a non seulement obéi aux ordres donnés par l'occupant allemand, mais est même allé plus loin que ce qu'on lui demandait.

Gagnez des points !

Citez des chiffres appris en cours pour appuyer votre propos. Utilisez également le vocabulaire historique spécifique appris.

SUJET 5 **Pondichéry, mai 2018** 20 pts 45 min

Analyser et comprendre des documents

DOC. Témoignage d'une déportée

Simone Veil (1927-2017) est arrêtée par la Gestapo à Nice en mars 1944, avec sa mère et sa sœur. Elles sont conduites au camp de transit de Drancy en région parisienne et déportées ensemble en avril 1944.

Le 13 avril 1944, nous[1] avons été embarquées à cinq heures du matin, pour une nouvelle étape dans cette descente aux enfers qui semblait sans fin. Des autobus nous ont conduits à la gare de Bobigny[2], où l'on nous a fait monter dans des wagons à bestiaux formant un convoi aussitôt parti vers l'Est. [...] Nous étions effroyablement serrés, une soixantaine d'hommes, de femmes, d'enfants, de personnes âgées, mais pas de malades. Tout le monde se poussait pour gagner sa place. [...] Le voyage a duré deux jours et demi; du 13 avril à l'aube au 15 au soir à Auschwitz-Birkenau[3]. C'est une des dates que je n'oublierai jamais, avec celle du 18 janvier 1945, jour où nous avons quitté Auschwitz et celle du retour en France, le 23 mai 1945. Ces dates demeurent attachées à mon être le plus profond, comme le tatouage du numéro 78651 sur la peau de mon bras gauche. [...]

Plus tard le soir de l'arrivée au camp, dans un baraquement surveillé par des kapos[4].

Celles qui avaient été séparées des leurs commençaient à s'inquiéter, se demandant où étaient passés leurs parents ou leurs enfants. [...] Les kapos montraient par la fenêtre la cheminée des crématoires et la fumée qui s'en échappait. <u>Nous ne comprenions pas, nous ne pouvions pas comprendre</u>. [...] Une kapo qui se tenait dans un coin de la pièce se mettait à crier ou menaçait certaines d'entre nous de son fouet. [...] Puis les kapos nous ont fait lever et mettre en rang par ordre alphabétique et nous sommes passées l'une après l'autre devant des déportés qui nous ont tatouées. [...] Ensuite nous sommes passées au sauna. Les Allemands étaient obsédés par les microbes [...] la folie de la pureté les hantait. [...] Peu leur importait que par la suite, celles d'entre nous qui ne mourraient pas à la tâche survivent dans la vermine et les conditions d'hygiène épouvantables. [...]

Au printemps de 1944, les autorités du camp avaient décidé de prolonger la rampe de débarquement des convois pour la rapprocher des chambres à gaz. [...] Nous nous faisions à l'effroyable ambiance qui régnait dans le camp, la pestilence des corps brûlés, la fumée qui obscurcissait le ciel, la boue partout, l'humidité pénétrante des marais. [...]

À partir de début mai, les trains chargés de déportés hongrois se sont succédé de jour comme de nuit, remplis d'hommes, de femmes, d'enfants et de vieillards.

[...] Une épouvantable tristesse m'étreignait en voyant, éparpillés au sol, les vêtements des personnes qui venaient d'être gazées.

S. Veil, *Une Vie*, © Éditions Stock, 2007.

1. « Nous » désigne Simone Veil, sa mère Yvonne et sa sœur Madeleine.
2. Nom d'une ville proche de Drancy d'où partaient les convois de déportés.
3. Plus grand centre de mise à mort du Reich, situé en Pologne.
4. Déportés choisis pour faire régner l'ordre dans le camp.

1 Relevez cinq étapes de la déportation de Simone Veil à Auschwitz-Birkenau.

2 Relevez deux éléments du texte montrant que les déportés sont « déshumanisés », c'est-à-dire qu'ils ne sont plus considérés comme des êtres humains.

3 Dans ce témoignage, relevez au moins trois éléments montrant que les déportés sont arrivés dans un centre de mise à mort.

4 Quels éléments de l'idéologie nazie expliquent les génocides des Juifs et des Tziganes ?

5 Expliquez la phrase soulignée dans le texte.

PAR ÉTAPES

BIEN LIRE LES DOCUMENTS

Identifier les documents

- Ce document est composé d'extraits de textes tirés d'*Une Jeunesse au temps de la Shoah*, **ouvrage écrit par Simone Veil en 2017**. L'auteure est une **femme importante de l'histoire de France au XXe siècle**. Issue d'une famille juive, elle est déportée dans le camp d'Auschwitz à l'âge de 16 ans. Elle survit à son séjour dans ce camp de concentration, ainsi que sa sœur, mais elle perd ses deux parents et son frère.
- Simone Veil est également une **femme politique importante de la Ve République**. Ministre de la Santé de Valéry Giscard d'Estaing, elle défend courageusement à l'Assemblée nationale le projet de légalisation de l'avortement en 1974. Elle devient également la première présidente du Parlement européen en 1979.
- En 2007, elle publie son **autobiographie sous le titre *Une Vie***, dont sont issus les extraits présentés ici.

Repérer les éléments importants

- Le **petit texte de présentation en italique** explique rapidement qui est Simone Veil et comment elle a été arrêtée et déportée.

- Le **premier paragraphe** raconte la déportation de Simone Veil.
- Le **second** raconte son arrivée à Auschwitz, ainsi que sa stupéfaction face à la dureté du camp qu'elle découvre et subit.
- Les **derniers paragraphes** décrivent les horreurs dont elle est témoin.

BIEN COMPRENDRE LES QUESTIONS

Question 1

- Pour cette question, vous devez **vous appuyer sur le texte d'introduction** (2 étapes), ainsi que **sur le premier paragraphe du témoignage de Simone Veil** (3 étapes). Essayez de bien **rédiger vos réponses** sans vous contenter d'uniquement citer l'extrait, car même s'il vous est demandé de « relever » ces étapes dans le texte, il convient de **les expliquer**.

Question 2

- Dans cette question, on attend de vous que vous **trouviez deux éléments qui montrent que les prisonniers sont « déshumanisés »**, c'est-à-dire traités presque comme des animaux. Vous pouvez trouver **trois éléments** dans le second paragraphe (l'un est déjà cité dans le premier paragraphe).

Question 3

- **Relevez tout au long du texte**, les informations qui montrent qu'Auschwitz est aussi un centre de mise à mort où sont assassinés, dès leur arrivée, les déportés qui ne peuvent pas travailler.

Question 4

- Pour cette question, vous devez **utiliser vos connaissances personnelles sur le régime nazi et son idéologie**. Attention de ne pas vous lancer dans une longue description de ce régime. On attend de vous que vous **expliquiez rapidement les éléments de son idéologie** qui ont conduit à la mise en place de la Shoah et de l'extermination des Tziganes.

Question 5

- Pour expliquer la phrase soulignée dans le texte, il faut **vous demander pourquoi l'auteure la prononce**. Montrez que Simone Veil voit quelque chose, mais qu'elle ne sait pas ce que c'est. Elle pense être dans un camp de travail et aucun déporté ne peut imaginer ce que les Nazis ont mis en place pour organiser le génocide des populations juives et tziganes d'Europe.

BIEN DÉFINIR LES MOTS-CLÉS

Baraquement • Camp de transit • Chambre à gaz • Déportation • Fours crématoires • Gestapo • Pestilence • Rampe de débarquement • Sauna • Vermine • Wagons à bestiaux

CORRIGÉ 5

Comprendre le corrigé

1 Simone Veil décrit ici différentes étapes de sa déportation dans le camp d'extermination d'Auschwitz-Birkenau :

– elle est d'abord arrêtée par la Gestapo, à Nice, avec sa mère et sa sœur ;

– puis elle est conduite au camp de transit de Drancy en région parisienne ;

– elle est ensuite emmenée en autobus à la gare de Bobigny ;

– de Bobigny, elle est déportée vers l'Est dans des wagons à bestiaux ;

– après deux jours et demi de voyage, elle arrive finalement au camp d'Auschwitz.

> **L'astuce du prof**
> Les étapes de la déportation sont les différents moments du voyage qui conduit Simone Veil et sa famille depuis Nice, où elles sont arrêtées, jusqu'au camp d'Auschwitz. Ne décrivez pas encore ce qui lui arrive dans le camp.

2 Dans les camps, les prisonniers sont déshumanisés : on les tatoue sur la peau du bras et on les menace d'un fouet s'ils n'obéissent pas ; on leur impose un travail forcé qui les fait mourir « à la tâche ».

> **Gagnez des points !**
> Vous pouvez citer des phrases du texte, mais également rédiger avec vos propres mots à partir des éléments trouvés dans le document.

3 Auschwitz est un centre de mise à mort : la plupart des prisonniers sont envoyés, dès leur arrivée, dans des « chambres à gaz ». Simone Veil fait aussi référence aux « vêtements des personnes qui venaient d'être gazées ». Enfin les prisonniers voient « la cheminée des crématoires et la fumée qui en échappait ».

> **L'astuce du prof**
> N'oubliez pas les guillemets si vous citez le texte.

4 L'idéologie nazie est une idéologie raciste et antisémite. **Les Juifs et les Tziganes sont considérés comme une « race inférieure » dont il faut se débarrasser pour ne pas nuire à la « race aryenne », la « race pure » des Allemands.**

> **Gagnez des points !**
> Ne vous contentez pas de citer les termes « raciste » et « antisémite ». Expliquez rapidement ce que vous connaissez de cette idéologie.

5 Par cette phrase, Simone Veil explique qu'en voyant la fumée sortir des cheminées des crématoires, elle « ne compren[ait] pas » que cette fumée était celle émise par les corps brûlés des prisonniers. En effet, les déportés pensent être dans un camp de travail mais Auschwitz est un double camp.

Ils ne comprennent pas qu'en fait tous ceux qui ne peuvent pas travailler ont été assassinés dans des chambres à gaz, installées dans une autre partie du camp. Par ailleurs, elle ajoute que les déportés « ne pouvaient pas comprendre » car l'horreur de cette mort industrielle est alors inimaginable.

> **Gagnez des points !**
> Utilisez ici vos connaissances personnelles sur le fonctionnement d'Auschwitz.

La France défaite et occupée. Régime de Vichy, collaboration, Résistance.

Faire le point

L'essentiel

	La France de Vichy	La France de la Résistance
Face à la défaite	• Pétain annonce qu'il demande l'armistice le 17 juin 1940 • Pétain accepte des conditions d'armistice très défavorables à la France • il prend les pleins pouvoirs, mettant fin à la IIIe République et met en place un régime autoritaire opposé aux valeurs républicaines	• le général de Gaulle lance un appel à la résistance le 18 juin 1940 • de Gaulle organise la France libre pour continuer la guerre aux côtés des Alliés • de Gaulle incarne la continuité républicaine et est reconnu par les Alliés comme chef de la France libre
Face aux Allemands	• le gouvernement de Vichy collabore avec l'occupant nazi : il organise le STO, met en place une législation antisémite et participe à la déportation des Juifs • la milice traque les résistants et les livres à la Gestapo	• la France libre participe aux combats aux côtés des Alliés • les mouvements, réseaux et maquis de la Résistance intérieure mènent une lutte politique et militaire contre les nazis et les collaborateurs
Face à la Libération	• le procès de Pétain et de la collaboration s'ouvre à la Libération. Pétain est condamné à mort, puis sa peine est commuée en prison à vie • les collaborateurs sont considérés comme des criminels et jugés	• le programme du CNR prépare la Libération et la refondation de la République • de Gaulle devient le chef du GPRF dès juin 1944 • en 1946, une nouvelle Constitution est adoptée : c'est la IVe République

La frise

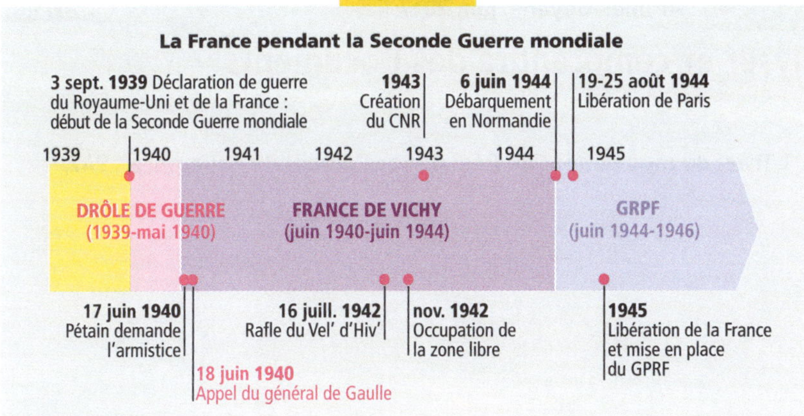

Contrôler ses connaissances

corrigés p. 229

QCM *Cochez la (ou les) bonne(s) réponse(s).*

1. L'appel à la résistance lancé par le général de Gaulle a lieu :

- ☐ **a.** le 17 juin 1940.
- ☐ **b.** le 18 juin 1940.
- ☐ **c.** le 14 juillet 1940.

2. Le Gouvernement de Vichy est un régime :

- ☐ **a.** autoritaire.
- ☐ **b.** parlementaire.
- ☐ **c.** antisémite.

3. Pour unifier la Résistance intérieure, Jean Moulin a fondé :

- ☐ **a.** le CNR.
- ☐ **b.** le FTP.
- ☐ **c.** la France libre.

4. De Gaulle a dirigé :

- ☐ **a.** la France libre.
- ☐ **b.** le GPRF.
- ☐ **c.** la IVe République.

5. Quelle est la date du débarquement des alliés et FFL en Normandie ?

- ☐ **a.** 6 juin 1944
- ☐ **b.** 6 juillet 1944
- ☐ **c.** 6 août 1944

6. Pétain obtient lors de la signature de l'armistice le retour des prisonniers de guerre.

- ☐ **a.** Vrai
- ☐ **b.** Faux

SUJET 6 **Antilles-Guyane, juin 2017** 20 pts 45 min

Analyser et comprendre des documents

DOC. 1 Tract du mouvement de Résistance Combat de novembre 1942

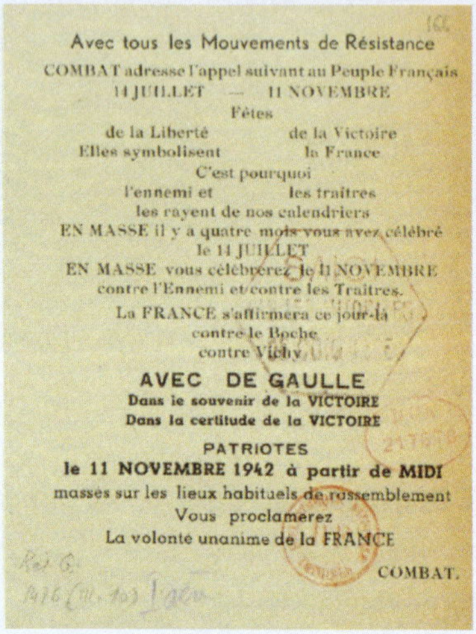

Avec tous les Mouvements de Résistance
COMBAT adresse l'appel suivant au Peuple Français
14 JUILLET — 11 NOVEMBRE
Fêtes
de la Liberté de la Victoire
Elles symbolisent la France
C'est pourquoi
l'ennemi et les traitres
les rayent de nos calendriers
EN MASSE il y a quatre mois vous avez célébré
le 14 JUILLET
EN MASSE vous célébrerez le 11 NOVEMBRE
contre l'Ennemi et contre les Traitres.
La FRANCE s'affirmera ce jour-là
contre le Boche
contre Vichy
AVEC DE GAULLE
Dans le souvenir de la VICTOIRE
Dans la certitude de la VICTOIRE
PATRIOTES
le 11 NOVEMBRE 1942 à partir de MIDI
massés sur les lieux habituels de rassemblement
Vous proclamerez
La volonté unanime de la FRANCE
COMBAT.

Source : *www.memoiredeshommes.sga.defense.gouv.fr/*

DOC. 2 Le défilé du 11 novembre 1943 des maquisards de l'Ain à Oyonnax

Source : *www.maquisdelain.org/*

1 Identifiez la nature et l'auteur du document 1.

2 Identifiez et expliquez qui est « l'Ennemi » et qui sont « les Traîtres » évoqués dans le document 1.

3 Relevez dans les documents trois acteurs engagés dans la Résistance.

4 Pourquoi les dates du 14 juillet et du 11 novembre ont-elles été choisies par les mouvements de résistance pour appeler le peuple à défiler ?

5 Présentez en quelques lignes deux exemples d'actions menées par la Résistance en France.

PAR ÉTAPES

BIEN LIRE LES DOCUMENTS

Identifier leur nature

- Le dossier vous propose deux documents. Le document 1 est un tract, c'est-à-dire un papier que l'on distribue pour informer ou mobiliser la population. Ici, ce tract est **clandestin** : il est donc distribué à la population française en cachette des autorités. Ses auteurs risquent d'être arrêtés par la police française ou la Gestapo, la police politique de l'Allemagne nazie.
- Le document 2 est une photographie prise lors du **défilé du 11 novembre 1943** à Oyonnax dans l'Ain.

Repérer les éléments importants

- Les **deux dates célébrées** par les deux documents.
- Le **nom du mouvement** de résistance « Combat ».
- Le **début du tract** qui explique pourquoi ces dates sont importantes.
- Les **ennemis et les traîtres** : le Boche (Allemand) et Vichy (le gouvernement collaborateur).
- Le **nom de de Gaulle** en gras au centre, avec le mot « victoire » répété deux fois.
- La **jeunesse des maquisards** sur la photo, ainsi que leurs fusils qui montrent qu'ils sont des combattants.

BIEN COMPRENDRE LES QUESTIONS

Question 1

- Lorsqu'on vous demande de trouver la nature d'un document, il s'agit en fait d'expliquer **de quel type de document il s'agit** : une carte, un extrait de texte… Ici, l'auteur n'est pas une personne en particulier, mais un **mouvement de Résistance**, dont vous devez trouver le nom.

- Les deux documents sont des **documents historiques** pour lesquels la source est citée, mais on ne vous demande pas de la mentionner dans votre réponse.

Question 2

- Attention de **bien distinguer « l'Ennemi »**, celui qui a envahi le territoire français et que l'on combat lors de cette guerre, **du « Traître »** qui collabore avec cet ennemi. Les deux sont mentionnés dans le tract, mais vous avez besoin de connaissances pour expliquer qui ils sont précisément.

Question 3

- Vous pouvez trouver deux acteurs engagés dans la Résistance à l'intérieur du document 1 et un autre dans le document 2. Ces acteurs peuvent être **des personnes, des groupes de personnes** ou **des mouvements politiques**.

Question 4

- Pour répondre à cette question, quelques indications sont données dans le document 1, mais vous devez aussi mobiliser **vos connaissances personnelles** sur ces deux dates. Pensez surtout **aux valeurs qu'elles symbolisent**.

Question 5

- C'est la consigne qui rapporte le plus de points, car c'est celle qui demande le développement le plus important. Vous pouvez partir de la réponse à la consigne 3 (celle sur les acteurs de la Résistance), et vous interroger sur ce que ces acteurs ont mené comme actions pendant la guerre.
- Choisissez deux types d'action réellement différents pour montrer au correcteur que vous avez compris **les différentes formes, civiles et militaires, que pouvait prendre la Résistance**.

BIEN DÉFINIR LES MOTS-CLÉS

- **Boche :** surnom péjoratif donné aux Allemands pendant la guerre.
- **Gouvernement de Vichy :** Gouvernement français pendant la Seconde Guerre mondiale. Dirigé par le maréchal Pétain, il collabore avec les Allemands.
- **Maquisards :** résistants cachés dans les maquis, des endroits reculés difficiles d'accès, d'où ils mènent des actions armées.
- **Résistance :** actions clandestines menées contre l'Allemagne nazie. En France, la Résistance lutte aussi contre le régime de Vichy. Cette Résistance française s'organise en réseaux, mouvements et maquis.

CORRIGÉ 6

Comprendre le corrigé

1 Le document 1 est un tract clandestin du mouvement résistant « Combat » diffusé en novembre 1942.

> **Gagnez des points !** Indiquez la date de diffusion de ce tract qui permet de mieux comprendre le contexte dans lequel il a été écrit.

2 Pour les résistants du mouvement « Combat », « l'Ennemi » désigne les Allemands qui occupent la France depuis 1940. Les « Traîtres » sont les collaborateurs du régime de Vichy dirigé par le maréchal Pétain.

> **Gagnez des points !** Citez le nom du régime qui gouverne la France de 1940 à 1944 et de son dirigeant.

3 Dans les deux documents, on peut repérer plusieurs acteurs engagés dans la Résistance : le mouvement de résistance « Combat », l'un des plus importants mouvements de la Résistance en France ; le Général de Gaulle, chef de la France libre à Londres ; et enfin de jeunes maquisards de l'Ain, c'est-à-dire de jeunes combattants se cachant dans la montagne.

> **Gagnez des points !** Donnez quelques précisions sur chacun de ces acteurs pour montrer que vous les connaissez.

4 Les mouvements de la Résistance ont appelé à défiler aux dates du 14 juillet et du 11 novembre car ce sont les « fêtes de la Liberté et de la Victoire » et qu'« elles symbolisent la France ». Le 14 juillet célèbre la prise de la Bastille en 1789 lors de la Révolution française : cette date est donc synonyme de liberté. Le 11 novembre est la date de la signature de l'armistice de la Première Guerre mondiale en 1918 : elle rappelle donc la victoire de la France sur l'Allemagne.

> **L'astuce du prof** Utilisez vos connaissances d'EMC et du chapitre d'histoire sur la Première Guerre mondiale pour bien expliquer la portée des dates citées dans le texte.

5 En France, pendant la Seconde Guerre mondiale, la Résistance mène diverses actions pour lutter contre l'occupation allemande et le Gouvernement collaborateur de Vichy. Ainsi les maquisards, cachés dans les montagnes ou des endroits reculés, sont souvent de jeunes Français qui refusent de partir travailler en Allemagne dans le cadre du STO. Ils prennent donc les armes contre l'occupant et Vichy : ils attaquent des convois, assassinent des responsables, défient leur autorité en défilant le jour du 14 juillet ou du 11 novembre. Par ailleurs, d'autres résistants se regroupent en mouvements pour mener une lutte politique grâce à des journaux clandestins et des tracts, afin de préparer le retour de la République et d'aider les Alliés à libérer la France.

> **L'astuce du prof** Soyez précis sur les actions que vous décrivez. Vous pouvez vous appuyer sur les exemples cités par les documents, mais aussi sur vos connaissances personnelles sur le sujet.

SUJET 7 Polynésie, septembre 2020

20 pts – 45 min

Maîtriser différents langages

1 Sous la forme d'un développement construit d'une vingtaine de lignes et en vous appuyant sur des exemples étudiés en classe, décrivez le régime de Vichy et expliquez sa politique de collaboration entre 1940 et 1944.

2 Placez et datez sur la frise chronologique ci-dessous les événements suivants :
- la Grande Guerre (début et fin) ;
- le bombardement de Papeete ou la bataille de Verdun ;
- le Front Populaire ;
- la Seconde Guerre mondiale (début et fin).

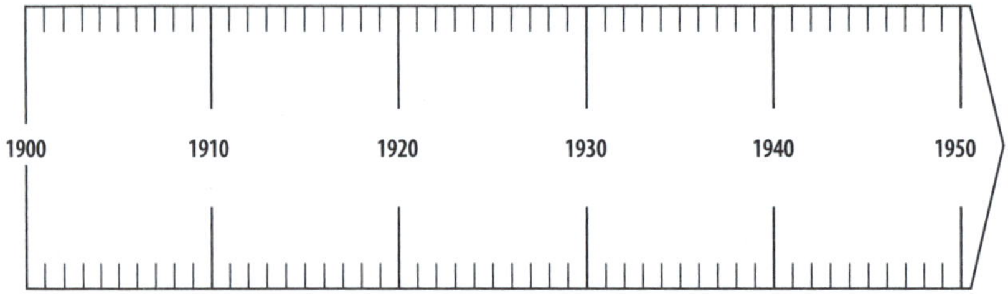

PAR ÉTAPES

BIEN COMPRENDRE LES QUESTIONS

Question 1

- Vous devez rédiger un **développement construit**, donc un **texte structuré**. Votre paragraphe doit donc comporter une **introduction** qui reprend les termes du sujet, **plusieurs parties** et une **conclusion**. Au brouillon, organisez vos connaissances et vos exemples, sans rédiger.
- Dans l'introduction, pensez à bien **situer le contexte** : posez-vous les questions « où » et « quand » ?
- **Analysez également les termes importants du sujet :** « régime de Vichy » et « collaboration ».
- Pensez aussi à **analyser les verbes** utilisés dans l'énoncé : on vous demande d'abord de **décrire**, c'est-à-dire de donner toutes les caractéristiques de ce régime.
- Puis vous devez **expliquer** la politique de collaboration du gouvernement de Vichy, ce qui revient à dire pourquoi on utilise ce terme de « collaboration ».
- Essayez de vous appuyer sur des **exemples précis**, en utilisant bien le **vocabulaire** appris en cours (voir la rubrique « mots-clés »).

- **Attention de ne pas être hors-sujet:** tout ce qui concerne la Résistance et le général de Gaulle ou un trop long développement sur la libération du pays en 1944-1945 serait hors-sujet.
- Expliquez rapidement, dans la conclusion, ce qui amène la fin de ce régime.

Question 2

- Il s'agit de **placer des repères historiques sur une frise**. Deux de ces repères durent **plusieurs années**: il faut représenter un **intervalle.** Pour les deux autres, il suffit d'indiquer une année par une flèche.
- Dans tous les cas, **ce ne sont pas des dates précises qui sont attendues mais des années**, à indiquer sur la frise par des petits traits verticaux ou des flèches. En reliant l'un de ces traits au nom d'un événement que vous écrirez en dessous, vous indiquerez ainsi son année.
- Tracez des traits **le plus proprement possible** en essayant de ne pas faire se chevaucher les noms des différents repères.
- Nous avons choisi de modifier légèrement le sujet en le complétant. En effet ce sujet a été posé en Polynésie française et c'est pourquoi il demande l'année du bombardement de Papeete. Pour les élèves qui ne sont pas Polynésiens, nous avons décidé de laisser le choix de placer l'année de la bataille de Verdun. L'une ou l'autre des réponses est donc acceptée.

BIEN DÉFINIR LES MOTS-CLÉS

- **Maréchal Pétain:** Maréchal de France après la Première Guerre mondiale, il devient le chef du Gouvernement de Vichy qui collabore avec l'Allemagne de 1940 à 1944. Condamné à mort en 1945, il est ensuite gracié.
- **Gouvernement (ou régime) de Vichy:** gouvernement français pendant la Seconde Guerre mondiale. Dirigé par le maréchal Pétain, il collabore avec les Allemands. C'est un régime autoritaire et antisémite.
- **Régime autoritaire:** régime politique qui fait appel à la censure et à la propagande pour contrôler la population.
- **Antisémite:** racisme, hostilité envers les juifs.
- **Dictature:** gouvernement d'un seul homme et d'un seul parti.
- **Armistice:** accord conclu entre des pays en guerre pour suspendre les combats.
- **Culte de la personnalité:** propagande destinée à faire aimer le dictateur.
- **«État français»:** nom donné au nouveau gouvernement qui remplace la IIIe République, dirigé par Pétain.
- **«Révolution nationale»:** programme antirépublicain du régime de Vichy fondé sur la devise «Travail, Famille, Patrie».
- **«Statut des juifs»:** lois antisémites qui exclue le peuple juif de la société française.

- **Collaboration :** politique de coopération avec l'Allemagne nazie mise en place par le maréchal Pétain, mais aussi comportement de ceux qui, pendant la Seconde Guerre mondiale, ont aidé les occupants nazis.
- **STO :** Service du Travail Obligatoire, imposé en France par Hitler en 1942 pour fournir de la main d'œuvre à l'Allemagne nazie.
- **Milice :** organisation de volontaires qui collaborent avec les Allemands pour traquer les ennemis du régime de Vichy.
- **Rafle :** arrestation massive, agressive et rapide d'une population, et son rassemblement dans un lieu de détention.
- **Génocide :** destruction systématique d'un peuple pour le faire disparaître.

CORRIGÉ 7

Comprendre le corrigé

1 Après la défaite de la France contre l'Allemagne en juin 1940, au début de la Seconde Guerre mondiale, le maréchal Pétain est appelé au pouvoir et remplace la République par un régime autoritaire et antisémite : le « régime de Vichy ». Quelles sont les caractéristiques de ce régime et comment collabore-t-il avec les Allemands entre 1940 et 1944 ?

L'astuce du prof

L'énoncé vous invite à organiser votre développement en deux parties : l'une sur la description du régime et l'autre sur sa politique de collaboration.

Le régime de Vichy est un régime autoritaire et antisémite. Après la signature de l'armistice par le maréchal Pétain, les pleins pouvoirs lui sont donnés par l'Assemblée nationale et le gouvernement s'installe à Vichy, le nord de la France étant occupé par les Allemands. C'est donc une dictature, dans laquelle un culte de la personnalité est organisé : des portraits de Pétain fleurissent partout et tous les écoliers apprennent la chanson « Maréchal, nous voilà ! ». La IIIe République est remplacée par « l'État français » et la devise républicaine par « Travail, famille patrie », servant de base à la l'idéologie du régime de Vichy, la « Révolution nationale ». Les libertés sont fortement limitées, les partis et syndicats sont interdits, les opposants sont arrêtés, les journaux et la radio sont censurés. De plus, dès octobre 1940, le gouvernement de Vichy instaure des lois antisémites, le « statut des juifs », qui les exclue de la société française.

Le régime de Vichy met également en place une

politique de collaboration avec l'occupant allemand. Le gouvernement de Vichy participe ainsi à l'effort de guerre allemand en versant de l'argent au Reich pour payer l'occupation et en mettant sa production industrielle au service de l'occupant. Ainsi, en 1943, 100 % de la production aéronautique française est destinée à l'Allemagne. De même Vichy instaure le Service du Travail Obligatoire (STO) qui oblige tous les jeunes Français de 20 à 23 ans à aller travailler en Allemagne. La « Milice française », sorte de police politique créée par Vichy, aide les Allemands à traquer les résistants. Enfin, dès 1941, la police de Vichy rafle les juifs, étrangers et français, et les livre aux Allemands pour qu'ils soient déportés vers les camps de la mort. La plus grande de ces rafles est la « Rafle du Vel d'hiv » à Paris en juillet 1942 où plus de 13 000 personnes sont arrêtées, dont seulement une centaine reviendra. La France et le gouvernement de Vichy sont ainsi les complices des nazis dans le génocide des juifs.

Gagnez des points !

Citez la rafle du Vel d'hiv, qui est la plus grande arrestation de juifs en France organisée par la police française.

Le régime de Vichy est donc un régime autoritaire, antisémite et collaborationniste, dirigé par le maréchal Pétain pendant la Seconde Guerre mondiale. En 1944, la libération de la France marque sa fin et le retour de la République.

2 Voir frise ci-dessous.

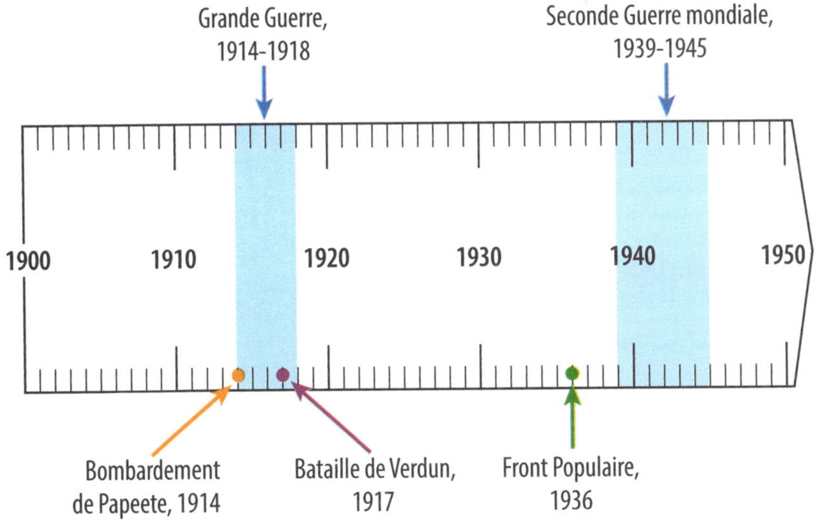

Un monde bipolaire au temps de la guerre froide

Faire le point

L'essentiel

La formation d'un monde bipolaire (1945-1949)

- après la victoire, l'armée soviétique occupe les territoires qu'elle a libéré en Europe de l'Est et y installe des gouvernements communistes
- 1946 : mise en place parle « d'un rideau de fer » en Europe
- 1947 : les États-Unis proposent une aide à la reconstruction de l'Europe pour contrer l'influence communiste : « le plan Marshall »
- 1947 : un monde bipolaire se forme autour des États-Unis et de la « doctrine Truman » et de l'URSS et de « la doctrine Jdanov »
- 1949 : la Chine devient communiste

Un affrontement planétaire aux formes multiples (1947-1963)

- un affrontement idéologique et politique qui oppose la démocratie libérale au communisme
- un affrontement militaire qui prend la forme de deux alliances : l'OTAN (États-Unis) et le pacte de Varsovie (l'URSS) dotées de l'arme nucléaire : c'est l'équilibre de la terreur
- cet affrontement militaire se traduit par des crises et conflits par pays interposés : en Corée (guerre de Corée), en Allemagne (Berlin), ou encore à Cuba (crise des missiles)
- un affrontement sportif, culturel, scientifique et technologique : par exemple la course à l'espace

Vers la détente et la fin de la guerre froide (1963-1991)

- volonté de détente et de dialogue des deux puissances après la crise des missiles de Cuba
- 1972 : accords SALT entre les États-Unis et l'URSS : fin de la course à l'armement et limitation des armes nucléaires
- persistance cependant de conflits périphériques (guerre du Vietnam, invasion de l'Afghanistan) mais le risque de guerre nucléaire s'éloigne
- 1989 : chute du mur de Berlin et fin de nombreuses démocraties populaires en Europe
- 1991 : effondrement de l'URSS ; indépendances de nombreuses républiques socialistes soviétiques

La frise

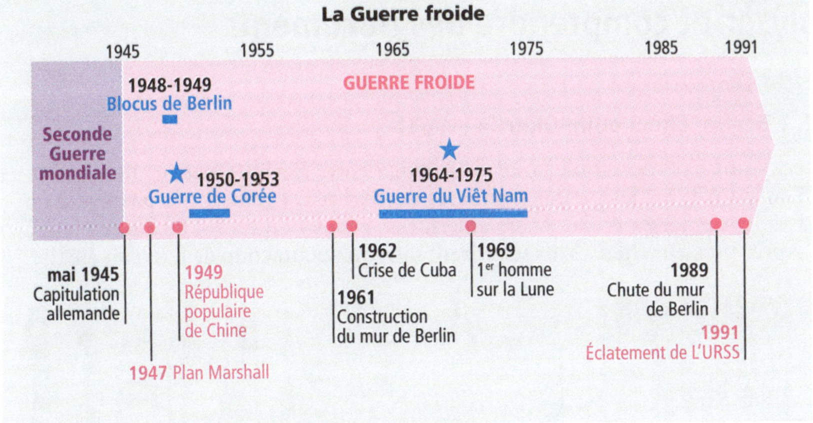

Contrôler ses connaissances

corrigés p. 229

QCM *Cochez la bonne réponse.*

1. Quel nom donne-t-on à la délimitation qui sépare l'Europe en deux à la fin de la guerre ?

- ☐ **a.** Le « rideau de fer »
- ☐ **b.** le « mur de pierre »
- ☐ **c.** la « barrière en fer »

2. Qu'est-ce qui empêche les deux blocs de s'affronter directement ?

- ☐ **a.** La crise économique
- ☐ **b.** La menace nucléaire
- ☐ **c.** La conquête spatiale

3. La RDA correspond à l'Ouest et la RFA à l'Est de l'Allemagne.

- ☐ **a.** Vrai
- ☐ **b.** Faux

4. Le mur de Berlin a été construit et détruit en :

- ☐ **a.** 1954 et 1980.
- ☐ **b.** 1959 et 1979.
- ☐ **c.** 1961 et 1989.

5. La détente correspond à un ralentissement de la course à l'armement après 1965.

- ☐ **a.** Vrai
- ☐ **b.** Faux

6. L'URSS s'effondre et redevient la Russie en quelle année ?

- ☐ **a.** 1980
- ☐ **b.** 1985
- ☐ **c.** 1991

MÉTHODE
SUJETS PAS À PAS
SUJETS COMME À L'EXAMEN

SUJET 8 **Amérique du Nord, juin 2018** 20 pts 45 min

Analyser et comprendre des documents

DOC. 1 Berlin, Checkpoint Charlie (1961)

Checkpoint Charlie est un point de passage entre Berlin-Ouest et Berlin- Est. Le 25 octobre 1961, les gardes-frontières de Berlin-Est refusent le passage d'un ambassadeur américain. Des chars américains et soviétiques se retrouvent face à face. Après plusieurs heures, ils se retirent sans qu'aucun coup de feu n'ait été tiré.

© R.Hesse, Bundesarchiv, 1961.

DOC. 2 L'Allemagne au temps de la guerre froide

Au cours de la guerre froide, la famille Berdau (composée de quatre sœurs – Käthe, mariée à Heinz, Traute, Rose-Marie et Anneliese – ainsi que leurs parents) est séparée par les évènements.

En 1959, en RDA, Heinz et Käthe Krause sont arrêtés, accusés d'avoir voulu fuir à l'Ouest. Le jeune géologue est condamné à douze mois de prison, elle [Käthe, sa femme] est détenue vingt-quatre heures et perd son travail.

[…] Heinz et Käthe sont décidés. Ils vivent « avec une valise sous le lit ». Le jeune couple demande l'autorisation de partir en vacances sur la presqu'île de Hela, en Pologne. En réalité ils vont à Berlin. En 1960, le mur n'a pas encore été construit et un train régional circule entre deux destinations de l'Est, avec quelques arrêts très surveillés dans Berlin- Ouest. « Mon mari était très courageux, il a pris l'initiative », raconte Käthe, les yeux brillants. Au premier arrêt dans le district ouest, il dit à sa femme : « On sort ! ». Ils descendent sans rien dire, attendant qu'on les arrête, mais on ne les remarque pas. […]

Quand le Mur est construit en 1961, Traute vit à Hambourg (RFA), Rose-Marie en Autriche, Käthe à Waiblingen (RFA), seule Anneliese est restée à Greifswald (RDA) avec leur mère. « On était séparés, peut-être pour toujours ». Anneliese et Käthe restent très proches. « On échangeait des photos, mais les lettres étaient contrôlées. On ne pouvait pas parler de nos vies. Les paquets étaient fouillés. En trente ans, les visites se comptent sur les doigts d'une main. […] En 1989, on n'avait pas idée que le Mur pouvait tomber. On ne se rendait pas compte que c'était proche. »

N. Lacube, « En Allemagne, les sœurs Berdau ont vécu au rythme de l'histoire », *La Croix*, 15 janvier 2011.

1 D'après le document 1, quelles sont les deux principales puissances rivales au cours de la guerre froide ?

2 D'après le document 2, qu'ont décidé Heinz et Käthe ? En quoi cela permet-il d'expliquer la construction du mur de Berlin ?

3 Montrez que la guerre froide a rendu difficile la vie quotidienne des Allemands (au moins deux éléments attendus).

4 Relevez dans le document 2, en indiquant sa date, l'événement qui correspond à la fin de la guerre froide.

5 Montrez, à l'aide des deux documents, que la situation à Berlin et en Allemagne illustre les tensions entre l'Est et l'Ouest pendant la guerre froide.

PAR ÉTAPES

BIEN LIRE LES DOCUMENTS

Identifier leur nature

- **Le document 1** est une photographie de Checkpoint Charlie à Berlin, accompagnée d'un petit texte qui explique la situation particulière de la journée du 25 octobre 1961.
- **Le document 2** est un témoignage recueilli par une journaliste du journal *La Croix* en 2011 sur la vie de quatre sœurs en Allemagne pendant la guerre froide.

Repérer les éléments importants

- La **présentation de la photographie**, qui permet ensuite de comprendre la scène et notamment le face-à-face des chars américains et russes en plein cœur de Berlin.
- La **présentation du document 2**, qui permet d'identifier les personnages mentionnés dans le texte.
- Le **premier paragraphe du texte**, qui contient l'information essentielle pour comprendre le document 2.
- Le **deuxième paragraphe**, qui explique comment on pouvait passer de Berlin-Est à Berlin-Ouest avant la construction du Mur.
- Le **dernier paragraphe**, qui rappelle les difficultés rencontrées par cette famille pour rester unie et en contact, malgré la guerre froide et ses conséquences pour l'Allemagne.

BIEN COMPRENDRE LES QUESTIONS

Question 1

- Ces deux grandes puissances sont mentionnées dans la présentation du document 1, car elles s'affrontent et se menacent au moyen de leurs chars d'assaut. **Vos connaissances** doivent par ailleurs vous permettre de répondre à cette question très facile.

Question 2

- La décision de Heinz et Käthe est expliquée dans le premier paragraphe. Vous devez ici **montrer votre capacité à faire le lien** entre vos connaissances et l'exemple du document, en mettant en relation les raisons de la construction du Mur et le témoignage de Heinz et Käthe.

Question 3

- Vous devez ici vous appuyer essentiellement sur le document 2 pour répondre à cette question. Attention toutefois de **ne pas paraphraser le document** en vous contentant d'en recopier des extraits : vous devez rédiger vous-même la réponse ou citer le texte en utilisant des guillemets.

Question 4

- Vous devez ici relever la date qui vous est donnée dans le texte, et **faire le lien avec un événement** que vous devez trouver dans vos connaissances personnelles.

Question 5

- Il s'agit ici de rédiger une réponse assez développée, car elle est notée sur 8 points. Vous devez **exposer vos connaissances** de manière détaillée en respectant le sujet donné. En effet, la consigne vous demande de montrer que Berlin et l'Allemagne ont été des lieux de tensions pendant la guerre froide entre les deux grandes puissances rivales de ce conflit. Il ne faut donc pas raconter la guerre froide, ce qui serait hors sujet, mais **centrer votre dévelop-**

pement sur Berlin et l'Allemagne. Exposez d'abord **leur situation**, héritée de la Seconde Guerre mondiale, puis décrivez **les principales tensions ou crises** qui s'y sont déroulées.

BIEN DÉFINIR LES MOTS-CLÉS

- **Checkpoint :** point de passage militarisé entre Berlin-Est et Berlin-Ouest avant la construction du Mur. Checkpoint Charlie était le plus important et le plus célèbre d'entre eux.
- **Monde bipolaire :** désigne la situation géopolitique du monde pendant la guerre froide, divisé en deux blocs par la rivalité entre deux grandes puissances : les États-Unis et l'URSS.
- **Ouest :** désigne l'Allemagne de l'Ouest et, plus généralement, les pays qui appartiennent au bloc allié derrière les États-Unis.
- **RDA :** République démocratique d'Allemagne (Allemagne de l'Est), république communiste sous contrôle de l'URSS.
- **RFA :** République fédérale d'Allemagne (Allemagne de l'Ouest), république libérale sous l'influence des États-Unis.

CORRIGÉ 8

Comprendre le corrigé

1 Les deux puissances rivales au temps de la guerre froide sont l'URSS et les États-Unis.

2 Heinz et Käthe ont décidé de quitter la RDA pour passer à l'Ouest, c'est-à-dire en RFA. Pour cela, ils décident de passer par Berlin. Ils prennent un train à Berlin-Est et descendent, malgré la surveillance, au premier arrêt dans Berlin-Ouest. Ce témoignage permet d'expliquer la construction du mur de Berlin en 1961. En effet, il nous montre que comme la frontière, « le rideau de fer », entre la RDA et la RFA était infranchissable, environ 3 millions d'Allemands de l'Est, comme Heinz et Käthe, avaient choisi Berlin pour passer à l'Ouest entre 1949 et 1961.

Gagnez des points !

Utilisez vos connaissances pour développer votre réponse et montrer la portée historique de ce témoignage.

3 La guerre froide a rendu la vie quotidienne des Allemands difficile pour plusieurs raisons. Tout d'abord, les Allemands n'étaient pas libres de se déplacer et de circuler comme ils le voulaient. En RDA, ils étaient surveillés et pouvaient, comme Käthe et Heinz, être emprisonnés ou perdre leur travail s'ils voulaient se rendre à l'Ouest. Ensuite,

L'astuce du prof

Montrez votre bonne compréhension des documents en donnant plus de deux exemples de difficultés quotidiennes rencontrées par les Allemands.

les liens de famille étaient rendus compliqués en raison de la situation politique de la région. Les familles ne pouvaient plus se voir, ou difficilement, quand elles étaient dispersées entre l'Est et l'Ouest, comme c'est expliqué dans le témoignage. Enfin, les familles ne pouvaient pas même correspondre ou communiquer comme elles le voulaient, car elles savaient que leurs courriers seraient lus et fouillés, notamment en RDA.

4 L'événement qui correspond à la fin de la guerre froide dans le texte est la chute du mur de Berlin en novembre 1989.

Gagnez des points !
Préciser le mois de la chute du mur de Berlin pour valoriser vos connaissances personnelles.

5 La situation à Berlin et en Allemagne illustre les tensions entre l'Est et l'Ouest pendant la guerre froide. En effet, en 1945, l'Allemagne et la ville de Berlin sont coupées en deux: les deux grands vainqueurs de la Seconde Guerre mondiale, l'URSS et les États-Unis, se les partagent. En 1949, la partie occupée par l'URSS devient la RDA et adopte le communisme sur le modèle soviétique, tandis que la partie occupée par les États-Unis devient la RFA et adopte la démocratie libérale sur le modèle américain, reflétant la rivalité idéologique entre les deux grandes puissances de la guerre froide.

Dès lors, la ville de Berlin, qui se trouve au milieu du territoire de la RDA, devient une source régulière de tensions entre les deux puissances rivales qui s'y font face. En 1948, l'URSS tente un blocus de Berlin-Ouest; les États-Unis démontrent leur force et leur détermination en organisant un pont aérien pour le contourner. En 1961, l'URSS construit un mur en quelques jours, pour isoler Berlin-Est et stopper une émigration massive. Kennedy, président des États-Unis, en fait le « mur de la honte », transformant le coup de force de l'URSS en victoire idéologique pour les États-Unis.

Enfin, c'est la chute du mur de Berlin en novembre 1989 qui marque la fin de la guerre froide. Celui-ci tombe sans aucune réaction de l'URSS, au grand étonnement des Allemands, comme nous le montre le document 2. Il symbolise l'écroulement du bloc de l'Est et la victoire incontestée des États-Unis dans ce long conflit larvé.

Gagnez des points !
Utilisez vos connaissances pour rédiger une réponse développée sur la situation de Berlin et les différentes crises qu'elle a connues, sans oublier de faire référence aux documents proposés.

SUJET 9 Asie-Pacifique, juin 2017

20 pts — 45 min

Maîtriser différents langages

1 Rédigez un texte structuré d'une vingtaine de lignes présentant le monde bipolaire au temps de la guerre froide (dates, définitions, acteurs, manifestations).

2 Sur la frise chronologique ci-dessous, placez les dates de début et de fin de la guerre froide et donnez-en un événement majeur que vous placerez également sur la frise.

Le monde bipolaire de la guerre froide

PAR ÉTAPES

BIEN COMPRENDRE LES CONSIGNES

Consigne 1

- L'analyse du sujet n'est pas très facile, surtout à cause des mots entre parenthèses (« dates, définitions, acteurs, manifestations »). Ce n'est bien sûr pas un plan à suivre. Vous devez **insérer ces informations dans votre développement construit**.
- Les dates sont les **dates repères du programme** (bornes chronologiques de la guerre froide et date d'une crise importante de ce conflit). Les définitions sont **les termes particuliers**, appris en cours, qui se rapportent à la guerre froide. Les acteurs sont les **deux grandes puissances**, ainsi que leurs principaux dirigeants. Par manifestations, le sujet entend les **formes d'affrontement** entre les deux blocs, que ce soient des crises, des conflits ou des rivalités.
- Le sujet vous invite à « présenter » le monde bipolaire au temps de la guerre froide. Cela signifie que vous devez décrire comment le monde se divise en **deux blocs opposés**, puis comment ces deux blocs s'affrontent. D'autres structures sont possibles, l'essentiel étant que vous organisiez vos connaissances.

Consigne 2

- Attention de bien placer les dates en précisant l'événement qui correspond. Pour la fin de la guerre froide, **deux dates peuvent être acceptées** : soit celle de la chute du mur de Berlin, soit celle de l'éclatement de l'URSS.

BIEN DÉFINIR LES MOTS-CLÉS

- **Monde bipolaire :** désigne le monde pendant la guerre froide divisé par deux grandes puissances : les États-Unis et l'URSS.

- **Guerre froide :** conflit politique et idéologique entre les États-Unis et l'URSS pour la domination du monde après la Seconde Guerre mondiale et qui n'aboutit jamais à une guerre ouverte.
- **Communisme :** système économique et politique s'inspirant des idées de Karl Marx et visant à l'établissement d'une société égalitaire et sans classes sociales grâce à la mise en commun des moyens de production.
- **Capitalisme :** système économique fondé sur la propriété privée des moyens de production et sur la libre concurrence.
- **Démocratie :** régime politique dans lequel le peuple exerce le pouvoir en votant. Elle est fondée sur le respect des droits de l'Homme.
- **Rideau de fer :** image utilisée pour la première fois par W. Churchill en 1945 pour désigner la frontière infranchissable entre l'Europe de l'Ouest et l'Europe de l'Est qui, occupée par l'Armée rouge, deviendra communiste.
- **OTAN :** Organisation du Traité de l'Atlantique Nord créée dans le contexte de la guerre froide regroupant les Alliés des États-Unis.
- **Pacte de Varsovie :** alliance militaire entre l'URSS et les pays du bloc de l'Est pendant la guerre froide.
- **Dissuasion nucléaire :** politique d'armement nucléaire, mise en place dans les deux blocs pendant la guerre froide, qui vise à empêcher toute attaque ennemie.
- **Doctrine Truman :** volonté de contenir partout dans le monde la montée en puissance des partis communistes en finançant les partis ou gouvernements qui adhèrent aux valeurs démocratiques ou capitalistes des États-Unis.
- **Doctrine Jdanov :** volonté de soutenir, y compris par les armes, tous les partis communistes dans le monde pour les aider à prendre le pouvoir et à contrer « l'impérialisme américain ».
- **Impérialisme :** volonté de se constituer un empire, de dominer le monde.

CORRIGÉ 9

Comprendre le corrigé

1 Dès la fin de la Seconde Guerre mondiale, des tensions apparaissent entre les États-Unis et l'URSS : la guerre froide commence et dure jusqu'en 1989. Comment se présente le monde bipolaire au temps de la guerre froide ?

À partir de 1947, le monde est véritablement coupé en deux. On parle alors d'un monde bipolaire. L'idéologie des États-Unis et celle de l'URSS, les deux grands vainqueurs de la Seconde Guerre mondiale, sont en effet incompatibles : démocratie et capitalisme pour les États-Unis ; communisme pour l'URSS de Staline. Dans les pays d'Europe de l'Est qu'elle a libérés, cette dernière impose des dictatures communistes. Le président américain, Harry Truman, réagit en proposant l'aide

Gagnez des points !

Présentez le sujet et donnez les bornes chronologiques du sujet (début et fin de la guerre froide).

L'astuce du prof

Comme vous le demande le sujet, utilisez bien les définitions précises apprises en classe.

économique du Plan Marshall pour insérer dans sa zone d'influence les pays d'Europe de l'Ouest. L'Europe est donc divisée par un « rideau de fer », une frontière infranchissable. Chacun des deux Grands cherche en fait à étendre sa zone d'influence en tentant de limiter celle du camp opposé. Deux blocs d'alliance militaire opposés se mettent en place à l'échelle mondiale : l'OTAN pour le bloc de l'Ouest et le Pacte de Varsovie pour le bloc de l'Est. En 1949, la victoire des communistes de Mao Zedong semble renforcer encore le bloc communiste.

Malgré ces tensions très fortes, les États-Unis et l'URSS ne s'affrontent jamais directement. C'est une guerre « froide ». À partir de 1949, l'URSS se dote à son tour de l'arme atomique. Un « équilibre de la terreur » se met en place grâce à la dissuasion nucléaire : aucun des deux Grands n'ose déclencher un conflit qui risquerait de les détruire en même temps que leur ennemi. Parfois cependant, on est proche de l'affrontement : c'est le cas à Berlin lors de la construction du mur en 1961 ou lors de la crise de Cuba en 1963. En dehors de ces crises, le conflit prend d'autres formes. Les États-Unis et l'URSS rivalisent dans tous les domaines. Ils mènent une guerre idéologique et culturelle à travers tous les arts qui deviennent des outils de propagande. Ils mènent aussi une guerre technologique, notamment avec la conquête spatiale : en 1959, l'URSS envoie le premier homme dans l'espace, mais ce sont les États-Unis qui marchent les premiers sur la Lune dix ans plus tard. Enfin les deux Grands s'affrontent également indirectement lors de conflits locaux comme lors de la guerre de Corée de 1950 à 1953 ou de la guerre du Vietnam dans les années 1960.

Pendant la guerre froide, le monde bipolaire voit donc s'affronter deux grands blocs d'alliance menés par les États-Unis et l'URSS. Après la chute du mur de Berlin en 1989, le bloc de l'Est se disloque peu à peu jusqu'à l'éclatement de l'URSS en 1991.

L'astuce du prof
Ne racontez pas en détail les crises de la guerre froide, car ce n'est pas le sujet.

Gagnez des points !
Expliquez rapidement comment s'est terminée la guerre froide.

2 Le monde bipolaire de la guerre froide

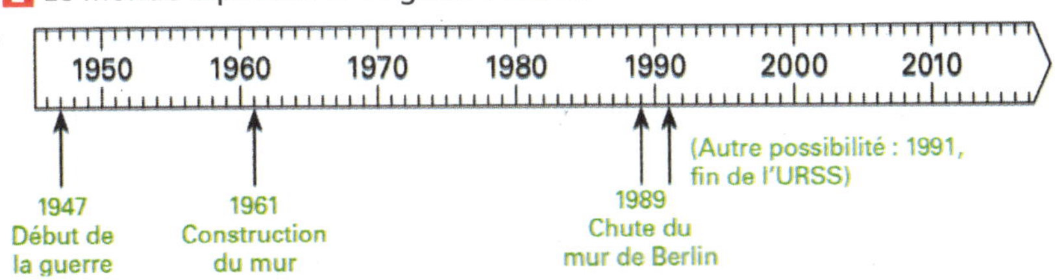

Indépendances et construction de nouveaux États

Faire le point

L'essentiel

Un contexte favorable après 1945

- affaiblissement des métropoles européennes
- revendications des colonisés légitimées par leur participation, au côté des Alliés, à la défense des valeurs démocratiques
- monde dominé par les États-Unis et l'URSS favorables aux indépendances
- création de l'ONU qui, dans sa charte, réaffirme le droit des peuples à disposer d'eux-mêmes

Des processus d'accession à l'indépendance contrastés

- 1947-1962 : principale phase de décolonisation en Asie puis en Afrique
- accession à l'indépendance de manière négociée comme pour les Indes britanniques en 1947 ou pour l'AOF et l'AEF en 1960
- accession à l'indépendance par la guerre comme en Indochine (1946-1954) et en Algérie (1954-1962)

Construction de nouveaux États

- création de nombreux États en Afrique et en Asie
- conférence de Bandung en Indonésie et naissance du Tiers-Monde : les États issus de la décolonisation, connaissant un faible niveau de développement, décident de s'unir pour mieux faire entendre leurs revendications
- fondation du mouvement des non-alignés qui refusent la logique d'un monde bipolaire

La frise

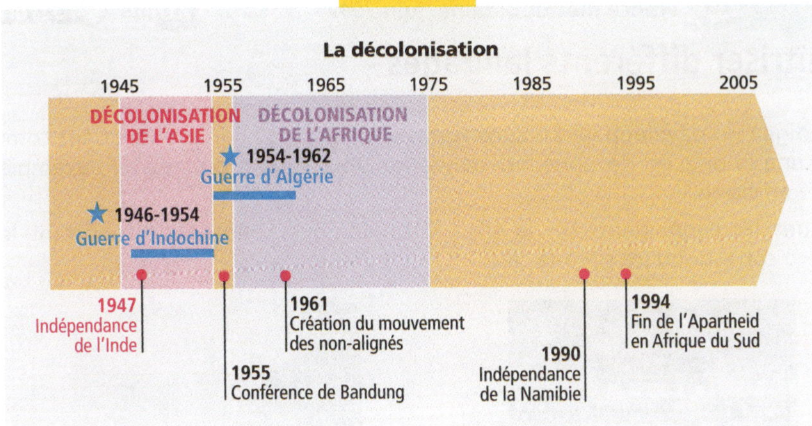

Contrôler ses connaissances

corrigés p. 229

QCM *Cochez la bonne réponse.*

1. Où se situent principalement les nouveaux États indépendants ?
- ☐ **a.** Asie et Afrique
- ☐ **b.** Amérique du Sud et Afrique
- ☐ **c.** Asie et Amérique du Sud

2. Combien de temps a duré la guerre d'Algérie ?
- ☐ **a.** 5 ans
- ☐ **b.** 9 ans
- ☐ **c.** 12 ans

3. La Tunisie, le Maroc et l'Afrique sub-saharienne obtiennent l'indépendance à la suite de violents affrontements avec la France.
- ☐ **a.** Vrai ☐ **b.** Faux

4. En quelle année l'Inde obtient-elle son indépendance ?
- ☐ **a.** 1947
- ☐ **b.** 1954
- ☐ **c.** 1962

5. Gandhi a obtenu l'indépendance de l'Inde grâce à une désobéissance civile de masse.
- ☐ **a.** Vrai ☐ **b.** Faux

6. À quoi fait référence le terme tiers-monde ?
- ☐ **a.** Ensemble de pays colonisés souhaitant l'indépendance
- ☐ **b.** Ensemble de pays pauvres en voie de développement
- ☐ **c.** Ensemble de pays possédant un tiers des richesses du monde

MÉTHODE
SUJETS PAS À PAS
SUJETS COMME À L'EXAMEN

SUJET 10 France métropolitaine, juin 2017 — 20 pts — 45 min

Maîtriser différents langages

1 Rédigez un développement construit d'environ vingt lignes expliquant comment une colonie est devenue indépendante. Vous vous appuierez sur l'exemple étudié en classe.

2 Situez les événements sur la frise chronologique ci-après, en reportant le numéro correspondant dans la case.

1. La chute du mur de Berlin

2. La libération de la France

3. La naissance de la Ve République

4. La Première Guerre mondiale

5. L'arrivée d'Hitler au pouvoir

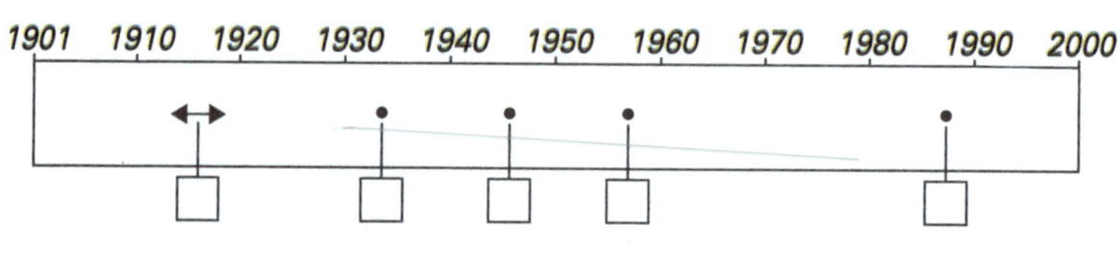

3 Sur les pointillés, vous indiquerez la date de deux événements de votre choix.

4 À partir de la frise chronologique, trouvez l'événement en lien avec la guerre froide et justifiez votre choix en quelques mots.

PAR ÉTAPES

BIEN COMPRENDRE LES CONSIGNES

Consigne 1

- Cette consigne vous demande de rédiger un **développement construit** expliquant comment **une colonie est devenue indépendante**. Vous avez le choix de vous appuyer sur n'importe quel exemple étudié en cours. Les États les plus classiques sont l'**Inde**, l'**Indochine** et l'**Algérie**, mais vous pouvez choisir d'autres États. L'essentiel est que vous ayez suffisamment de connaissances sur ce pays pour pouvoir expliquer pourquoi il réclame son indépendance et comment il parvient à ses fins.
- **Attention de ne pas rédiger un texte sur la décolonisation en général**. Le sujet vous invite bien à vous appuyer sur un pays en particulier et pas sur tous les exemples que vous connaissez. Vous pouvez simplement évoquer la décolonisation en général dans l'introduction pour montrer que vous situez bien dans le temps sa principale phase.
- Sur le pays que vous avez choisi, vous devez évoquer les **causes** de cette indépendance, ses **acteurs** (personnages, partis, mouvements...), les **dates** importantes, notamment celle de l'indépendance et la **manière** dont s'est mise en place cette décolonisation, par la violence ou par des négociations.

Consigne 2

- Pour la **première partie** de la consigne, lisez bien l'énoncé et ne reportez que les numéros dans les cases.
- Pour la **deuxième partie** de la consigne, limitez-vous à deux événements même si vous les connaissez tous. Par date, on entend ici des années.
- Dans la **troisième partie** de la consigne, on vous demande de justifier votre choix. Il s'agit en fait de montrer que cet événement a un rapport avec la guerre froide.

BIEN DÉFINIR LES MOTS-CLÉS

- **Indépendance :** situation d'un État qui n'est plus soumis à un autre et qui décide lui-même de sa politique.
- **Colonie :** territoire dominé et exploité par une métropole.
- **Décolonisation :** déplacement de la production dans un autre pays pour en diminuer le coût.

- **Inégalités :** différence dans l'accès à des ressources.
- **Revendications :** réclamation tendant à faire reconnaître en justice un droit contesté par un tiers.
- **FLN :** Front de Libération Nationale, créé en 1954 pour obtenir l'indépendance de l'Algérie par la lutte armée.
- **Accords d'Évian :** accords signés entre la France et les Algériens en mars 1962 et qui reconnaissent l'indépendance de l'Algérie.

CORRIGÉ 10

Comprendre le corrigé

1 De 1947 à 1962, la plupart des pays colonisés deviennent indépendants dans le monde. Comment l'Algérie, colonie française peuplée par environ un million d'Européens et des millions de « musulmans », est-elle devenue indépendante ?

À la fin de la Seconde Guerre mondiale, les revendications indépendantistes se font de plus en plus importantes en Algérie. De nombreux soldats algériens ont combattu aux côtés des Alliés pour libérer la France. Ils réclament à leur tour le droit à la liberté et à l'égalité, valeurs pour lesquelles ils se sont battus pendant la guerre. Le 8 mai 1945 à Sétif, à l'occasion de la célébration de la victoire des Alliés, une manifestation tourne à l'émeute. Des Européens sont tués et la répression française est sanglante. Ces événements montrent la rupture entre les Algériens et les Européens. Ce d'autant plus que les inégalités sont très fortes entre les deux peuples. Par exemple, dans les années 1950, alors que 100 % des enfants européens sont scolarisés, ce n'est le cas que pour moins de 20 % des Algériens. Les colons habitent surtout dans les grandes villes tandis que ceux qu'on appelle les « musulmans » ou les « indigènes » sont surtout des ruraux.

Pour obtenir son indépendance, l'Algérie doit mener une guerre de décolonisation.

En 1954, le Front de libération nationale (FLN) proclame l'indépendance de l'Algérie, en même temps qu'éclate une vague d'attentats touchant la communauté européenne en Algérie. Face à ces violences, le gouvernement français envoie l'armée et les appelés du contingent. Les violences sont nombreuses de

Gagnez des points !

Précisez les dates de la principale phase de décolonisation dans le monde qui commence par l'indépendance de l'Inde et se termine par celle de l'Algérie.

L'astuce du prof

Commencez par expliquer pourquoi l'Algérie réclame son indépendance.

chaque côté. Les militaires français traquent les partisans du FLN cachés dans les maquis et n'hésitent pas à pratiquer la torture. De leur côté, les indépendantistes assassinent des fonctionnaires français et des Algériens suspectés d'aider les colons. La politique de la France en Algérie est vivement critiquée à l'ONU, mais aussi par les deux grandes puissances, les États-Unis et l'URSS. Ce n'est qu'après huit ans d'une guerre sanglante que le général de Gaulle, président de la Ve République depuis 1958, clôt les négociations avec le FLN par les accords d'Évian en 1962, qui accordent son indépendance à l'Algérie.

L'astuce du prof
Caractérisez bien les deux camps qui s'opposent.

L'Algérie a donc dû mener une violente guerre de décolonisation pour obtenir son indépendance. Des dizaines de milliers d'Européens, les « Pieds-Noirs » doivent quitter le pays dans la précipitation. L'Algérie décolonisée doit faire face au défi de la construction d'un nouvel État.

Gagnez des points !
Dans la conclusion, essayez d'élargir un peu le sujet en expliquant une ou deux conséquences de cette guerre.

2 **a.** et **b.**

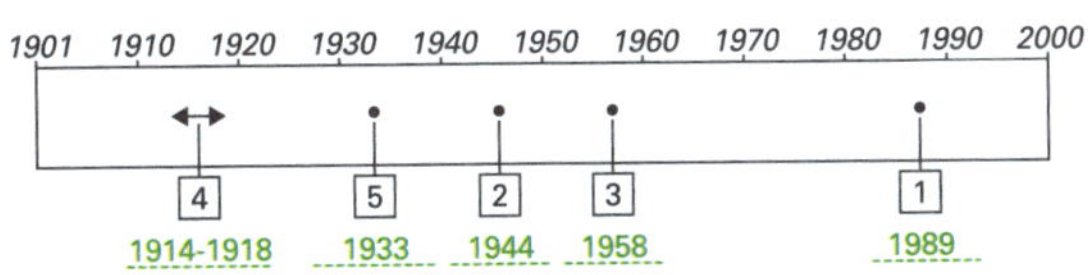

c. L'événement en lien avec la guerre froide est la chute du mur de Berlin en 1989 car cet événement est symbolique de l'effondrement du bloc de l'Est et donc de la fin de la guerre froide.

Gagnez des points !
Pour la troisième partie de la consigne, rédigez bien votre réponse, sans raconter toute l'histoire du mur de Berlin.

Affirmation et mise en œuvre du projet européen

Faire le point

L'essentiel

Le projet européen

- un projet ancien mais un contexte favorable après 1945 pour construire une paix durable en Europe
- faire rempart aux menaces de la guerre froide sur la paix en Europe
- retrouver la prospérité économique et énergétique et en finir avec les pénuries
- 1951 : 6 pays instituent la CECA
- 1957 : Traité de Rome qui fonde la CEE

La construction de l'Union européenne

- la CEE s'élargit à 12 pays, elle devient une puissance économique
- 1992 : Traité de Maastricht qui institue l'UE fondée sur une citoyenneté européenne, une monnaie commune et une défense commune
- mise en application des Accords de Schengen qui prévoit la libre circulation des personnes et des biens à travers l'UE
- mise en circulation de l'euro (2002)
- élargissement continu de l'UE notamment vers l'Est : 28 États membres en 2013

Les défis de la construction européenne

- difficultés de l'approfondissement de la construction européenne avec les lenteurs de la PESC : l'UE n'est toujours pas une puissance politique et diplomatique.
- remise en question de l'espace Schengen depuis la crise migratoire de 2013
- arrivée au pouvoir de gouvernements hostiles à l'UE (Hongrie, Pologne, Royaume-Uni)
- Brexit : sortie effective du Royaume Uni de l'UE en janvier 2021, premier rétrécissement de l'UE

La frise

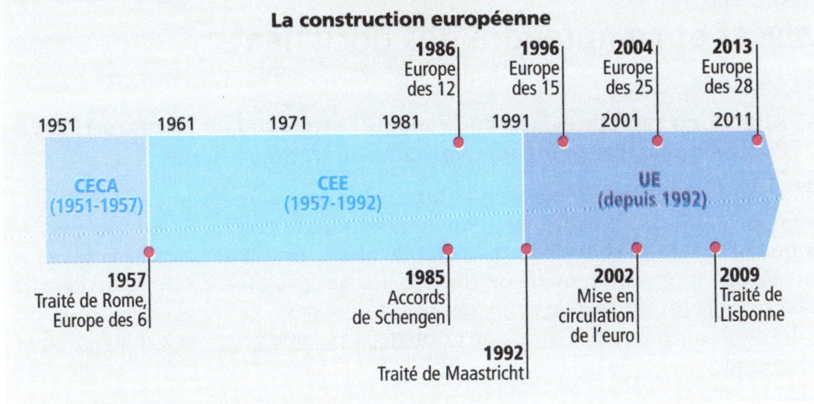

Contrôler ses connaissances

corrigés p. 229

QCM *Cochez la bonne réponse.*

1. Quel est le nom de la première organisation européenne à l'origine de l'UE ?

- ☐ **a.** la CECA
- ☐ **b.** la CEE
- ☐ **c.** la PAC

2. Combien de pays signe le traité donnant naissance à la CEE ?

- ☐ **a.** 3 pays
- ☐ **b.** 6 pays
- ☐ **c.** 9 pays

3. Quel est le traité qui donne naissance à l'Union européenne en 1992 ?

- ☐ **a.** le traité de Maastricht
- ☐ **b.** le traité de Rome
- ☐ **c.** le traité de Berlin

4. En 2016, combien d'États membres compte l'Union européenne ?

- ☐ **a.** 12 États membres
- ☐ **b.** 23 États membres
- ☐ **c.** 28 États membres

5. Depuis sa création et jusqu'à ce jour, l'UE reste un territoire attractif.

- ☐ **a.** Vrai
- ☐ **b.** Faux

6. À quelle date le Royaume-Uni s'est-il officiellement retiré de l'Union européenne ?

- ☐ **a.** 23 juin 2016
- ☐ **b.** 31 janvier 2020
- ☐ **c.** 24 juillet 2021

SUJET 11 France métropolitaine, septembre 2019 20 pts 45 min

Analyser et comprendre des documents

DOC. Allocution radiotélévisée de François Mitterrand, le 25 mars 1987, à l'occasion du trentième anniversaire du traité de Rome

« C'est une grande date ; peut-être – j'aimerais mieux dire sûrement – l'une des plus importantes de l'histoire. Pour en comprendre la portée, il faut imaginer – ceux qui l'ont vécu se souviennent – l'état de notre continent après deux guerres mondiales en moins d'un quart de siècle et les ravages du racisme et de l'esprit totalitaire. <u>Partout la ruine, le deuil, des terres dévastées, des peuples dépossédés, leur destin désormais passé en d'autres mains, l'Europe coupée en deux, bref, la fin du monde</u>.

Aussi l'histoire n'oubliera-t-elle pas les quelques hommes, imaginatifs et courageux, qui élevèrent la voix au-dessus des décombres pour dire aux ennemis d'hier – à commencer par les Allemands et les Français – que le salut dépendait d'eux, d'eux seuls, et qu'ils avaient d'abord à sortir d'un engrenage séculaire de guerre et de domination pour construire, enfin, leur avenir. Ensemble. Ces hommes ont, je le crois, changé le cours du temps. Du moins si nous savons, à notre tour, poursuivre l'œuvre et l'achever. [...]

Soyons au rendez-vous du 31 décembre 1992 qui verra s'abattre toutes les frontières intérieures et l'Europe s'ouvrir aux douze peuples qui la composent. Hâtons l'Europe technologique. Américains et Japonais ne nous attendront pas. Conquérons l'espace, nous aussi. Organisons nos moyens de communication, d'éducation et de culture. Formons les jeunes aux disciplines du savoir dans les universités de leur choix. Réduisons les inégalités entre pays, entre régions, entre les groupes sociaux et les individus. [...]

Préparons enfin le moment où l'Europe, dotée d'un pouvoir politique central, décidera elle-même des moyens de sa sécurité. La tâche sera rude, mais telle est la direction que la France doit prendre. »

http://discours.vie-publique.fr

1 Présentez l'auteur et son point de vue sur la construction européenne.

2 Nommez et datez l'événement dont l'anniversaire est célébré par ce discours.

3 À partir de la phrase soulignée, identifiez et expliquez un des objectifs de la construction européenne.

4 Relevez un passage du texte qui évoque le marché commun et la libre circulation des personnes.

5 Citez, en prenant des exemples du texte, deux domaines dans lesquels se construit l'Europe.

PAR ÉTAPES

BIEN LIRE LES DOCUMENTS

Identifier leur nature

- **Ce document** est un extrait d'une **allocution radiotélévisée du président de la République française** François Mitterrand le 25 mars 1987. Une allocution est un discours à la télévision et à la radio, dans lequel le président ou une personnalité s'adresse directement, face caméra, à la Nation.

Repérer les éléments importants

- **Le terme d'allocution**, qui permet de comprendre que Mitterrand s'adresse à la Nation française.
- **La date du 25 mars 1987**, trente ans après la signature du traité de Rome.
- Le premier paragraphe, qui souligne **la portée historique de ce traité** dans l'histoire dramatique de l'Europe au XXe siècle.
- Le deuxième paragraphe, qui rend hommage à ceux qui ont **préparé et ratifié ce traité en 1957**, notamment les ennemis d'hier, les Allemands et les Français.
- Le troisième paragraphe, qui mentionne les différents domaines dans lesquels doit se poursuivre la construction européenne en faisant allusion au futur **traité de Maastricht**.

BIEN COMPRENDRE LES QUESTIONS

Question 1

- Cette question nécessite **des connaissances personnelles** sur le personnage de François Mitterrand et son point de vue sur la construction européenne. Pour vous aider, pensez que c'est lui qui est président au moment de la signature du traité de Maastricht.

Question 2

- La question vous demande de « nommer » et de « dater » l'événement célébré dans le discours de François Mitterrand. Ces deux informations sont **présentes dans le titre du document**.

Question 3

- La phrase soulignée se situe à la fin du premier paragraphe qui insiste sur la portée historique de la réconciliation européenne.
- À partir des conséquences désastreuses des deux guerres mondiales décrites dans cette phrase, vous devez **déduire et expliquer un des objectifs** de la construction européenne.

Question 4

• Vous devez citer une phrase du texte qui fait référence à la libre circulation des biens et des personnes en Europe. Attention, seule une phrase évoque cet aspect de la construction européenne.

Question 5

• Vous devez **identifier deux domaines dans lesquels se construit l'Europe,** parmi les quatre abordés dans le dernier paragraphe du texte. Une fois que vous les avez trouvés, vous aurez à relever dans le texte deux exemples précis qui les illustrent. Votre réponse **doit donc comporter le nom d'un premier domaine, ainsi qu'une citation du texte, puis un second accompagné d'une autre citation.**

BIEN DÉFINIR LES MOTS-CLÉS

• **Allocution :** discours dans lequel une personnalité s'adresse directement à la Nation.

• **Totalitaire :** ce terme désigne un régime politique dans lequel l'État dictatorial encadre la population par la propagande, l'embrigadement et la terreur, dans le but de le faire adhérer totalement à son idéologie. C'est le cas de l'Allemagne nazie et de l'URSS communiste.

• **Décombres :** ruines.

• **Séculaire :** qui dure un ou plusieurs siècles ; très ancien.

CORRIGÉ 11

Comprendre le corrigé

1 En 1987, François Mitterrand est le président de la République française depuis six ans. Premier dirigeant de gauche (socialiste) de la Ve République, il sera réélu en 1988 et restera chef de l'État jusqu'en 1995, soit le plus long mandat pour un président en France. C'est un fervent partisan de la construction européenne. Il fait partie des dirigeants européens qui ont contribué à la rédaction et à l'adoption du traité de Maastricht, donnant naissance à l'Union européenne en 1992.

Gagnez des points !
Utilisez les connaissances issues du chapitre d'histoire sur la Ve République dans la dernière partie du programme.

2 En 1987, ce discours célèbre les trente ans du traité de Rome. Ce sont en fait plusieurs traités qui donnent naissance à la CEE, la Communauté économique européenne et à Euratom, la communauté européenne de l'énergie atomique. Ces traités sont signés par six États européens le 25 mars 1957 à

Gagnez des points !
Soyez le plus précis possible sur les traités de 1957 et citez les États qui les ont signés.

Rome : la France, la RFA, l'Italie, la Belgique, le Luxembourg et les Pays-Bas.

3 Un des objectifs principaux de la construction européenne est d'éviter une nouvelle guerre meurtrière après les désastres engendrés par les deux guerres mondiales. De plus, il s'agit de s'unir dans le contexte de la guerre froide où l'Europe est coupée en deux.

Gagnez des points !
Relevez l'allusion au contexte en Europe au moment de la signature du traité.

4 Le passage du texte qui évoque le marché commun et la libre circulation des personnes est : « Soyons au rendez-vous du 31 décembre 1992 qui verra s'abattre toutes les frontières intérieures et l'Europe s'ouvrir aux douze peuples qui la composent. »

5 L'Europe se construit dans différents domaines. Tout d'abord, elle se construit dans le domaine technologique : « Hâtons l'Europe technologique. Américains et Japonais ne nous attendront pas. Conquérons l'espace, nous aussi. » L'Europe se construit aussi dans le domaine de l'éducation et de la culture : « Formons les jeunes aux disciplines du savoir dans les universités de leur choix. » C'est par exemple l'ambition du programme d'échange Erasmus.

Gagnez des points !
Citez, comme ici, le programme Erasmus, qui permet à des étudiants européens de faire des échanges universitaires en Europe depuis 1987.

SUJET 12 **France métropolitaine, septembre 2018** 20 pts 45 min

Maîtriser différents langages

1 Rédigez un développement construit d'environ vingt lignes racontant les étapes et présentant les enjeux de la construction européenne.

2 **a.** En suivant l'exemple proposé (Joseph Staline/Communisme soviétique), associez chaque expression suivante à un personnage.

– Front populaire

– Régime de Vichy

– Allemagne nazie

– Ve République

– Loi sur l'IVG (interruption volontaire de grossesse)

Léon Blum

1. ....

Joseph Staline

2. Communiste soviétique

Charles de Gaulle

3. ....

Philippe Pétain

4. ....

Simone Veil

5. ....

Adolphe Hitler

6. ....

b. Reportez son numéro à sa place sur la frise chronologique.

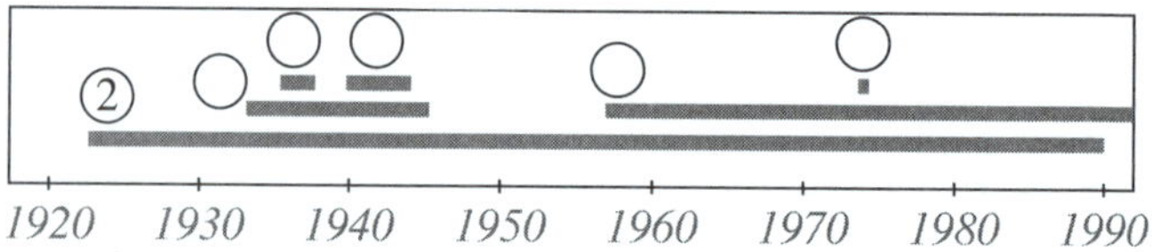

c. Nommez et datez un événement auquel participe un de ces personnages.

PAR ÉTAPES

BIEN COMPRENDRE LES CONSIGNES

Consigne 1

- Le sujet porte sur les « **étapes** » et les « **enjeux** » de la construction européenne. Le mot « étape » fait référence aux différents grands traités qui ont permis la construction européenne, tandis que le mot « enjeu » implique de retrouver les objectifs recherchés à chacune de ces étapes.
- Vous devez réfléchir à ces deux mots importants en les associant. En effet, il ne s'agit pas de rédiger votre paragraphe en parlant d'abord des étapes et ensuite des enjeux, mais de **réfléchir aux enjeux présents à chaque grande étape de la construction européenne**.
- La difficulté du sujet est qu'il ne vous donne aucune date. C'est à vous de déterminer quelles sont les grandes étapes qui vont marquer **le début, le milieu** et **la fin de votre développement** construit. Un brouillon est donc nécessaire pour rassembler d'abord toutes les dates que vous connaissez sur la construction européenne, puis pour réfléchir à celles que vous allez choisir comme étapes majeures.

Consigne 2

- Vous devez **associer les expressions proposées à chacun des portraits** d'hommes et de femme politiques présentés. Vous devez les réécrire en bas de chaque photo.
- Vous devez ensuite **compléter la frise chronologique** en reportant le numéro de chaque portrait dans la bulle correspondante. Attention à bien lire la frise, car plusieurs dates sont proches et plusieurs périodes se superposent ! Il y a un petit piège : réfléchissez bien avant de placer le portrait du général de Gaulle !
- Enfin, n'oubliez pas de **rédiger votre dernière réponse** à la consigne c, qui vérifie que vous n'avez pas répondu par hasard aux précédentes consignes a et b, mais bien grâce à des repères historiques solides.

BIEN DÉFINIR LES MOTS-CLÉS

- **CECA :** Communauté européenne du charbon et de l'acier, embryon, début de la construction européenne en 1951.
- **CEE :** Communauté Économique Européenne instituée par le traité de Rome.
- **Traité de Rome :** traité signé en 1957 par 6 États européens (RFA, France, Italie, Belgique, Pays-Bas et Luxembourg), instituant la CEE.
- **Traité de Maastricht :** traité signé en 1992 par 12 États européens donnant naissance à l'Union européenne.
- **Union européenne :** rassemblement volontaire de 27 États partageant des valeurs communes (démocratie, droits de l'homme) et mobilisés autour d'un projet de développement économique et social à long terme.

- **Citoyenneté européenne :** fait d'être citoyen de l'UE, grâce notamment à la création d'un passeport de l'UE, et donnant le droit de voter et d'être éligible aux élections municipales et européennes.
- **PESC :** Politique Étrangère et de Sécurité Commune, instituée par le traité de Maastricht en 1992.
- **Euro :** monnaie unique de l'union économique et monétaire, formée au sein de l'Union européenne.
- **Élargissement :** agrandissement progressif de l'UE par l'intégration de nouveaux pays membres.
- **Brexit :** retrait du Royaume-Uni de l'Union européenne.

CORRIGÉ 12

Comprendre le corrigé

1 Au lendemain de la Seconde Guerre mondiale, construire une Europe unie apparaît comme une nécessité pour éviter un nouveau conflit meurtrier. Quels sont les étapes et les enjeux de la construction européenne ?

La construction européenne débute en 1951 avec le traité instituant la CECA, la communauté européenne du charbon et de l'acier. Ce traité porté par les Français Jean Monnet et Robert Schuman doit accélérer la reconstruction de l'Europe en facilitant l'accès aux matières premières. Il est signé par six pays : la France, la RFA, les Pays-Bas, la Belgique, le Luxembourg et l'Italie.

> **Gagnez des points !**
> Précisez au maximum le nom des traités, leurs dates et le nombre de pays signataires à chaque fois.

En 1957, ces six pays signent le traité de Rome, qui donne naissance à la CEE, la communauté économique européenne. Ce traité prévoit la libre circulation des marchandises, des capitaux et des hommes, ainsi qu'une politique agricole commune. Il s'agit d'aider l'Europe à retrouver sa prospérité économique. Au fil des années, la CEE attire de nouveaux pays et en 1992, elle compte douze pays membres.

Le traité de Maastricht, élaboré et signé en 1992 par les douze pays de la CEE, est l'étape majeure de la construction européenne : celle qui donne naissance à l'Union européenne. En effet, ce traité crée une citoyenneté européenne qui repose sur un passeport européen et des élections européennes qui permettent d'élire un parlement européen. Il a aussi pour objectif de créer une monnaie unique, l'euro, et de supprimer

> **Gagnez des points !**
> Utilisez vos connaissances en EMC et en géographie sur l'UE pour développer le paragraphe sur le traité de Maastricht, qui est l'étape la plus importante de la construction européenne.

les frontières entre États membres pour renforcer la libre circulation des biens et des hommes. Enfin, pour affirmer son identité sur la scène internationale, l'UE doit désormais construire une politique étrangère et de sécurité commune (PESC).

Depuis 1992, l'UE n'a cessé de s'élargir, notamment avec l'adhésion de nombreux États de l'Europe de l'Est, libérés des dictatures communistes. Elle compte à l'heure actuelle vingt-huit États membres. Néanmoins, la construction européenne reste difficile : le Royaume-Uni a refusé l'euro et la suppression de ses frontières, et depuis le référendum sur le « Brexit » en juin 2016, il négocie pour quitter l'UE. De nombreux pays membres ont élu des gouvernements qui critiquent fortement les décisions et le fonctionnement de l'UE.

Malgré les difficultés qu'elle traverse, la construction européenne est un succès : elle a fondé un territoire attractif et prospère, qui reste une exception mondiale.

> **L'astuce du prof**
> Utilisez l'actualité pour rédiger le dernier paragraphe sur les difficultés actuelles de l'UE.

2 a.

Léon Blum

1. Front populaire

Joseph Staline

2. Communiste soviétique

Charles de Gaulle

3. Vᵉ République

Philippe Pétain

4. Régime de Vichy

Simone Veil

5. Loi sur l'IVG

Adolphe Hitler

6. Allemagne nazie

> **L'astuce du prof**
> Attention, pour la réponse à cette question, les photographies ne sont pas numérotées dans l'ordre chronologique !

b.

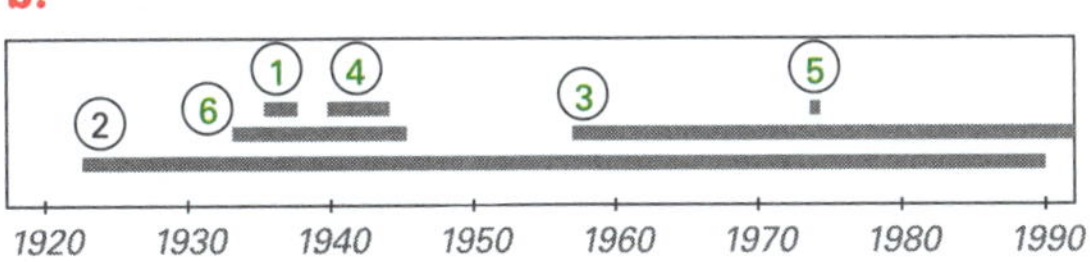

c. Pendant la Seconde Guerre mondiale, le 18 juin 1940, Charles de Gaulle lance un appel aux Français pour qu'ils continuent à lutter contre l'Allemagne nazie.

> **L'astuce du prof**
> Tous ces personnages ont participé à la Seconde Guerre mondiale. Vous pouvez citer les dates de cette guerre comme événements, si vous n'en connaissez pas d'autres, tout en précisant bien le rôle du personnage politique que vous avez choisi.

Enjeux et conflits dans le monde après 1989

Faire le point

L'essentiel

Les États-Unis, une superpuissance (1991-2001)

- victoire complète des États-Unis à la fin de la guerre froide : les États-Unis deviennent une hyperpuissance
- disparition de l'URSS et du bloc communiste sauf Cuba et la Corée du Nord
- multiplication de guerres civiles et de conflits locaux : les États-Unis « gendarmes du monde » interviennent en Europe, en Afrique ou au Moyen Orient (1re guerre du Golfe)
- attentats du 11 septembre 2001 au World Trade Center à New York : la puissance des États-Unis est attaquée par le terrorisme islamiste

Vers un monde multipolaire

- puissance des États-Unis remise en question par l'échec des guerres contre le terrorisme en Afghanistan (2001-2021) et en Irak (2003-2019)
- puissance des États-Unis limitée par l'émergence des BRICS au premier rang desquels la Chine, 2e puissance économique et militaire du monde

La frise

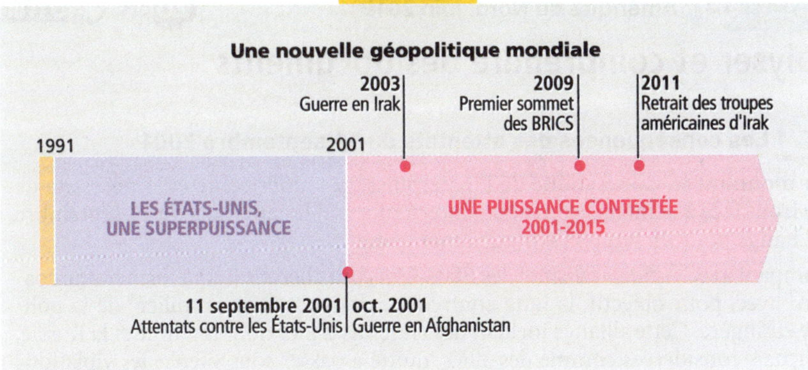

Contrôler ses connaissances

corrigés p. 229

QCM *Cochez la bonne réponse.*

1. À la fin de la guerre froide, les États-Unis sont considérés comme la seule superpuissance mondiale.

- ☐ **a.** Vrai
- ☐ **b.** Faux

2. Lequel de ces acronymes désigne des pays émergents ?

- ☐ **a.** BRICS
- ☐ **b.** G20
- ☐ **c.** ONU

3. À quelle date les tours du World Trade Center à New York ont-elles été détruites ?

- ☐ **a.** 14 juillet 2001
- ☐ **b.** 11 septembre 2001
- ☐ **c.** 11 novembre 2001

4. Quel président engage les États-Unis dans des guerres en Afghanistan et en Irak notamment ?

- ☐ **a.** Bill Clinton
- ☐ **b.** Barak Obama
- ☐ **c.** Georges Bush

5. Qui dirige la Chine depuis 2013 ?

- ☐ **a.** Xi Jinping
- ☐ **b.** Hu Jintao
- ☐ **c.** Jiang Zemin

6. Le monde d'aujourd'hui est dit bipolaire.

- ☐ **a.** Vrai
- ☐ **b.** Faux

SUJET 13 **Amérique du Nord, juin 2019** 20 pts 45 min

Analyser et comprendre des documents

DOC. 1 Les conséquences des attentats du 11 septembre 2001

En montrant la vulnérabilité de l'hyperpuissance américaine et la nécessité de faire front face à la menace terroriste internationale, les attentats du 11 septembre ont changé pour un temps l'attitude américaine.

Rompant avec l'unilatéralisme[1], les États-Unis ont cherché [...] à former une coalition[2] avec, pour objectif, la lutte contre le terrorisme érigé en pilier[3] de la politique étrangère. Cette alliance incluait des ennemis d'hier dont la Chine et la Russie, désormais considérées comme des alliés, quitte à passer sous silence les violations des droits de l'Homme en Chine ou la guerre en Tchétchénie[4]. Les États-Unis ont également été amenés à s'impliquer davantage dans le conflit israélo-palestinien, et à s'engager militairement dans de nouvelles zones, principalement en Asie centrale et en Asie du Sud et de l'Est, mais aussi dans le Caucase. [...]

La coalition qui est intervenue en Afghanistan contre le régime des talibans et Oussama Ben Laden était fort réduite. L'effort de guerre a été supporté exclusivement par les Américains. Britanniques et Français ne sont entrés en scène que tardivement dans ce conflit, avec des moyens militaires limités.

Le Monde, 20 mars 2005.

---

1. *Unilatéralisme* : attitude qui consiste, pour une puissance, à décider seule d'une politique étrangère, sans tenir compte de l'avis d'autres pays.
2. *Coalition* : union momentanée d'États en vue d'une intervention politique ou militaire.
3. *Érigée en pilier* : devenue centrale.
4. *Tchétchénie* : région russe située dans le Caucase.

DOC. 2 La puissance américaine

Des bases sur tous les continents
Pays du monde où les États-Unis ont une présence militaire

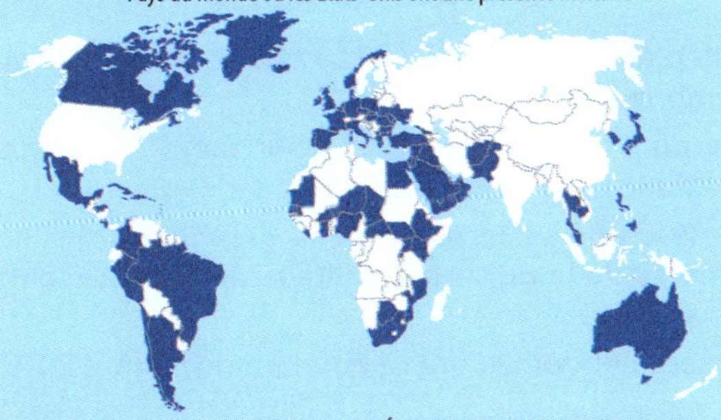

Malgré le retrait en cours d'Afghanistan, les États-Unis sont présents dans quelque 70 pays, où ils disposent de près de 800 bases. La seule guerre d'Afghanistan a coûté, depuis 2001, **782 milliards de dollars.**

Le premier budget au monde, mais en diminution
Dépenses militaires,
en milliards de dollars constants de 2014

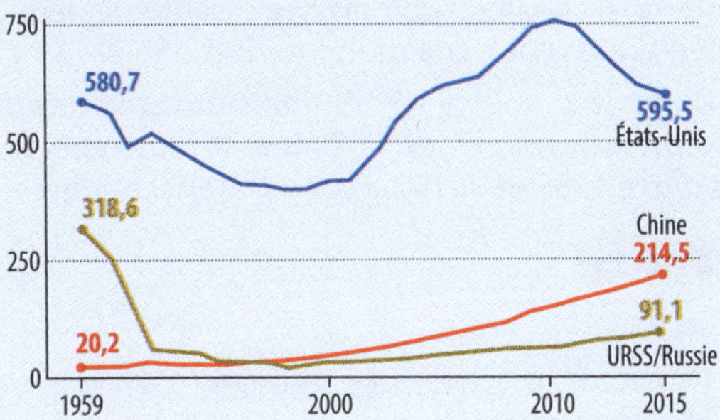

La Chine monte en grade
(Nombre de soldats, de navires et d'avions en 2014)

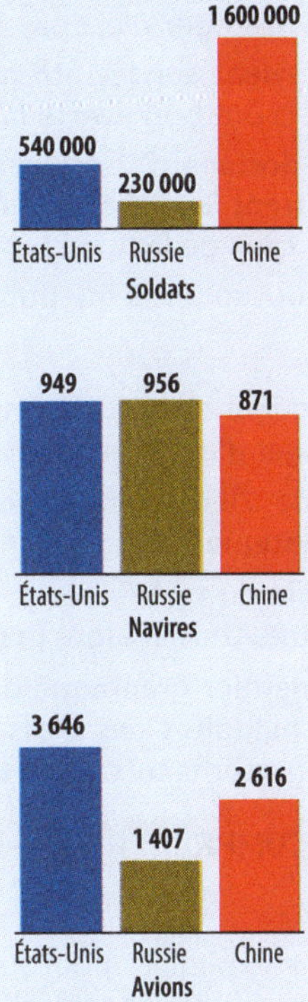

D'après *Le Point*, 10 novembre 2016.

1 Expliquez pourquoi l'auteur du texte évoque la Russie parmi « les ennemis d'hier » des États-Unis.

2 Montrez, grâce au document 1, comment les attentats du 11 septembre 2001 ont bouleversé les relations des États-Unis avec les autres États.

3 Relevez 3 éléments du document 2 illustrant la puissance militaire des États-Unis au début des années 2000.

4 Pourquoi peut-on toujours, au début du XXIe siècle, qualifier les États-Unis d'hyperpuissance ?

5 Relevez deux éléments montrant les limites de l'hyperpuissance américaine.

MÉTHODE
SUJETS PAS À PAS
SUJETS COMME À L'EXAMEN

PAR ÉTAPES

BIEN LIRE LES DOCUMENTS

Identifier leur nature

- **Le document 1** est un extrait d'un article du journal *Le Monde* daté du 20 mars 2005. L'auteur n'est pas mentionné.
- Il revient sur les **attentats du 11 septembre 2001** pour montrer comment ceux-ci ont bouleversé la politique étrangère américaine.
- **Le document 2** est composé d'une carte et de deux graphiques qui nous montrent les **différents éléments de la puissance militaire américaine** comparés à ceux de la Russie et de la Chine.
- Ce document a été publié par l'hebdomadaire *Le Point* en novembre 2016.

Repérer les éléments importants

- Le début de l'article résume l'idée principale de l'article : **les États-Unis ont dû changer d'attitude** après les attentats du 11 septembre 2001.
- Le deuxième paragraphe développe **plusieurs exemples de changement dans la politique étrangère** américaine depuis le 11 septembre.
- La fin du texte aborde la **guerre en Afghanistan** menée essentiellement par les États-Unis, malgré la mise en place d'une coalition internationale.
- Le dernier graphique du document 2 montre **l'évolution comparée des budgets militaires** des États-Unis, de la Russie et de la Chine. Il faut repérer les changements très importants entre 1989 et 2015 de ces différents budgets.

BIEN COMPRENDRE LES QUESTIONS

Question 1

- Pour expliquer pourquoi la Russie fait partie des « ennemis d'hier », vous devez utiliser vos connaissances personnelles. Aucune explication n'est donnée par le document.
- Le document a été écrit en 2005 et fait référence à un conflit entre les États-Unis et la Russie ayant eu lieu avant les années 2000.

Question 2

- « Montrez » signifie « Expliquez à l'aide du document ». Vous pouvez utiliser ici plusieurs exemples qui montrent que les relations des États-Unis avec les autres États ont changé depuis le 11 septembre.
- Vous devez **relever la notion importante** qui qualifie ce changement d'attitude et l'expliquer. En effet, depuis cette date « **l'unilatéralisme** » des États-Unis est remis en question.

Question 3

- Il s'agit ici de relever des **informations précises en vous appuyant sur des chiffres** pour montrer que vous savez lire la carte et les graphiques du document 2.

- Attention, la consigne exige d'indiquer uniquement des éléments qui datent du début des années 2000 !

Question 4

- Il faut **croiser les informations des deux documents** pour répondre à la question. Les informations du document 2 sont faciles à relever mais elles sont plus difficiles à trouver dans le document 1. En effet, il faut trouver des éléments qui montrent que la puissance américaine est toujours réelle alors que le texte porte plutôt sur l'affaiblissement de cette puissance depuis le 11 septembre.

Question 5

- Dans cette consigne, le terme « Relevez » signifie qu'il **faut prélever des informations dans les deux documents** pour montrer les limites de l'hyperpuissance américaine. En effet dans les deux documents, des éléments nous indiquent que la Chine se positionne désormais en tant que puissance et tient tête aux États-Unis. Elle se mesure à eux militairement et les oblige par ailleurs à modifier leur politique étrangère.

BIEN DÉFINIR LES MOTS-CLÉS

- **Hyperpuissance :** État ayant la plus grande influence à l'échelle mondiale dans tous les domaines (politique, économique, militaire, culturel…).
- **Terroriste :** organisation ou individu qui utilise la violence contre les civils pour imposer ses idées politiques, notamment en commettant des attentats.
- **Unilatéralisme :** attitude qui consiste, pour une puissance, à décider seule, sans tenir compte de l'avis des autres pays ou des institutions internationales comme l'ONU. S'oppose à la notion de « multilatéralisme ».
- **Conflit israélo-palestinien :** conflit qui oppose Israël et la Palestine depuis 1948. Il porte sur les tracés des frontières et le choix de la capitale de ces deux pays.
- **Régime des talibans :** régime islamiste en Afghanistan qui avait choisi d'accueillir et de protéger Oussama Ben Laden.
- **Oussama Ben Laden :** terroriste islamiste d'origine saoudienne qui, après avoir travaillé pour les États-Unis pendant la guerre froide, se retourne contre eux. Il met en place à partir de 1993 une organisation terroriste internationale, « Al-Qaida », chargée d'attaquer les intérêts américains partout dans le monde, puis d'attaquer les « États-Unis eux-mêmes.

CORRIGÉ 13

Comprendre le corrigé

1 L'auteur évoque la Russie parmi « les ennemis d'hier » des États-Unis car durant la seconde moitié du XXe siècle, un long conflit, la guerre froide, a opposé les États-Unis et la Russie appelée alors « l'URSS ». Entre 1947 et 1991, ces deux grandes puissances s'opposent idéologiquement pour dominer le monde sans que le conflit ne dégénère jamais en véritable confrontation armée. L'URSS veut imposer son modèle communiste, tandis que les États-Unis veulent défendre leur modèle de démocratie libérale. À partir de 1989 et de la chute du mur de Berlin, la puissance de l'URSS s'effondre et ce sont les États-Unis qui sortent grands gagnants de la guerre froide en 1991.

> **Gagnez des points !**
> Développez vos connaissances sur la guerre froide en essayant de réemployer les notions importantes, le vocabulaire et les dates que vous connaissez sur le sujet.

2 Les attentats du 11 septembre 2001, organisés par Oussama Ben Laden à la tête de l'organisation terroriste internationale Al-Qaida, ont fait près de 3000 morts à New York.

> **Gagnez des points !**
> Montrez que vous savez ce qui s'est passé le 11 septembre 2001 en l'expliquant.

Ces attentats ont bouleversé les relations des États-Unis avec les autres États. Ils ont en effet montré la « vulnérabilité » des États-Unis et « ont changé pour un temps l'attitude américaine ». Les États-Unis ont ainsi dû trouver des alliés dans leur lutte contre le terrorisme international et renoncer à « l'unilatéralisme ». Ils ont même dû se tourner vers les « ennemis d'hier », la Russie et la Chine, et changer leur position sur de nombreux sujets. Par exemple, il leur a fallu accepter de « passer sous silence les violations des droits de l'homme en Chine ».

3 La puissance militaire des États-Unis au début des années 2000 repose sur plusieurs éléments. D'abord, les États-Unis ont 800 bases militaires réparties sur tous les continents, ils sont ainsi présents dans plus de 70 pays dans le monde.

> **L'astuce du prof**
> Choisissez une information dans chaque graphique et dans la carte du document 2. Soyez précis !

Ensuite, leur armée est celle qui possède le plus d'avions militaires : 3646 contre 2616 pour la Chine. Enfin, leur budget militaire est le premier budget au monde : il atteignait 750 milliards de dollars en 2010 contre moins de 200 milliards pour la Chine.

4 On peut toujours qualifier les États-Unis d'hyperpuissance au début du XXIe siècle. En effet, ils ont supporté quasiment à eux seuls l'effort de guerre en Afghanistan qui leur a coûté 782 milliards de dollars depuis 2001. Tout en menant cette guerre, ils ont dû, à la demande de leurs alliés, s'engager militairement dans « de nouvelles zones, principalement en Asie centrale et en Asie du Sud et de l'Est, mais aussi dans le Caucase ». Ils le peuvent car, comme le montre le document 2, ils restent la première puissance militaire mondiale devant la Chine et la Russie, avec un budget de près de 600 milliards de dollars par an.

5 Deux éléments montrent les limites de l'hyperpuissance américaine. D'abord, les attentats du 11 septembre 2001 ont montré la « vulnérabilité » des États-Unis, qui ont dû se tourner vers les « ennemis d'hier », la Russie et la Chine. Cela les a forcés à changer leur position sur de nombreux sujets, comme le fait d'accepter de « passer sous silence les violations des droits de l'Homme en Chine ».

D'autre part, on peut voir que depuis 2010, le budget militaire des États-Unis ne cesse de baisser, tandis que celui de la Chine progresse régulièrement et que cette dernière compte en 2014 trois fois plus de soldats dans son armée. La Chine apparaît donc comme une puissance émergente, qui conteste celle des États-Unis, notamment dans le domaine militaire.

Gagnez des points !

Utilisez vos connaissances personnelles pour repérer les éléments à citer dans le document 1. Vous pouvez aborder ici la notion de monde « multipolaire » ou de « BRICS » pour valoriser votre réponse.

1944-1947 : refonder la République, redéfinir la démocratie

Faire le point

L'essentiel

La refondation républicaine (1944-1946)

- mise en place du GPRF qui commence à appliquer le programme du CNR
- droit de vote des femmes en 1944
- Sécurité sociale en 1945 et élection d'une Assemblée constituante
- nouvelle Constitution en 1946 qui fonde la IVe République, un régime parlementaire
- une démocratie sociale qui reste fidèle aux valeurs de la Résistance

La frise

1944-1946 la refondation républicaine

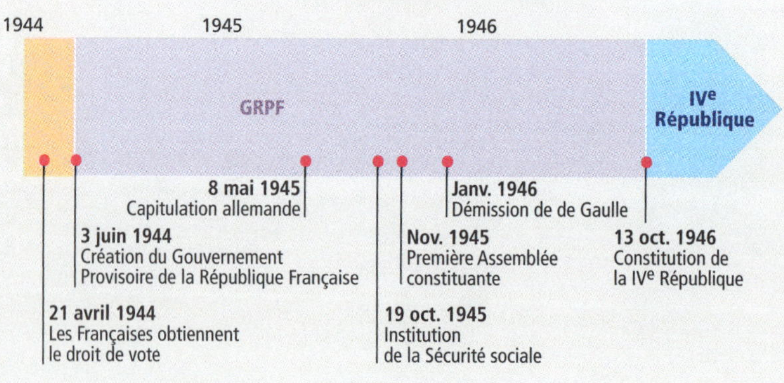

Contrôler ses connaissances

corrigés p. 229

QCM *Cochez la (ou les) bonne(s) réponse(s).*

1. En quelle année de Gaulle se déclare chef du GPRF ?

- [ ] **a.** 1944
- [ ] **b.** 1946
- [ ] **c.** 1947

2. Le rétablissement des libertés fondamentales sont les premières mesures prises par le GPRF.

- [ ] **a.** Vrai
- [ ] **b.** Faux

3. À quelle date les Françaises obtiennent-elles le droit de vote ?

- [ ] **a.** 21 avril 1944
- [ ] **b.** 21 avril 1948
- [ ] **c.** 21 avril 1952

4. Les bases fondamentales de la presse d'après-guerre qui se veut libre et engagée proviennent des journaux clandestins des résistants.

- [ ] **a.** Vrai
- [ ] **b.** Faux

5. En quelle année est fondée la IVe République ?

- [ ] **a.** 1944
- [ ] **b.** 1946
- [ ] **c.** 1947

6. Quel type de régime est mis en place par la nouvelle Constitution ?

- [ ] **a.** régime présidentiel
- [ ] **b.** régime d'assemblée
- [ ] **c.** régime parlementaire

7. Quel est le nom du parti fondé par de Gaulle en 1946 ?

- [ ] **a.** SFIO, Section Française de l'Internationale Ouvrière
- [ ] **b.** MRP, Mouvement Républicain Populaire
- [ ] **c.** RPF, Rassemblement du Peuple Français

8. La sécurité sociale n'a été créée qu'en 1947.

- [ ] **a.** Vrai
- [ ] **b.** Faux

9. La constitution de la IVe République reste fidèle au programme du CNR rédigé pendant la guerre.

- [ ] **a.** Vrai
- [ ] **b.** Faux

10. Que prend en charge le nouveau système de protection sociale ?

- [ ] **a.** l'assurance-maladie
- [ ] **b.** les allocations familiales
- [ ] **c.** les retraites
- [ ] **d.** l'éducation

SUJET 14 **Sujet zéro***

20 pts 45 min

Analyser et comprendre des documents

DOC. Le programme du Conseil National de la Résistance, 15 mars 1944

Le texte a été diffusé au printemps 1944 dans la clandestinité, par les journaux des mouvements de résistance.

Née de la volonté ardente des Français de refuser la défaite, la Résistance n'a pas d'autre raison d'être que la lutte quotidienne sans cesse intensifiée. Cette mission de combat ne doit pas prendre fin à la Libération. [...] Aussi les représentants des organisations de Résistance, des centrales syndicales et des partis ou tendances politiques groupés au sein du CNR délibérant en assemblée plénière le 15 mars 1944, ont-ils décidé de s'unir sur le programme suivant, qui comporte à la fois un plan d'action immédiate contre l'oppresseur et les mesures destinées à instaurer, dès la libération du territoire, un ordre social plus juste.

I. Plan d'action immédiate

Les représentants des organisations de Résistance, des centrales syndicales et des partis ou tendances politiques groupés au sein du CNR [...] proclament leur volonté de délivrer la patrie en collaborant étroitement aux opérations militaires que l'armée française et les armées alliées entreprendront sur le continent, mais aussi de hâter cette libération, d'abréger les souffrances de notre peuple, de sauver l'avenir de la France en intensifiant sans cesse et par tous les moyens la lutte contre l'envahisseur et ses agents, commencée dès 1940. [...]

II. Mesures à appliquer dès la libération du territoire

[...]

4°) Afin d'assurer :

- L'établissement de la démocratie la plus large en rendant la parole au peuple français par le rétablissement du suffrage universel ;
- La pleine liberté de pensée, de conscience et d'expression ;
- La liberté de la presse, son honneur et son indépendance à l'égard de l'État, des puissances d'argent et des influences étrangères ;
- La liberté d'association, de réunion et de manifestation [...]
- L'égalité absolue de tous les citoyens devant la loi ;

5°) Afin de promouvoir les réformes indispensables :

[...]

Sur le plan social :

- Le droit au travail et le droit au repos, notamment par le rétablissement et l'amélioration du régime contractuel du travail ;

* Le sujet zéro est le modèle de sujet proposé par le Ministère dans le cadre du nouveau Brevet. Il a été publié au *Bulletin Officiel* du 08/04/2016. Les corrigés de ce sujet zéro ont été rédigés par nos auteurs, enseignants au collège.

[...]

• Un plan complet de sécurité sociale, visant à assurer à tous les citoyens des moyens d'existence, dans tous les cas où ils sont incapables de se les procurer par le travail [...] ;

• Une retraite permettant aux vieux travailleurs de finir dignement leurs jours ;

[...]

En avant donc, dans l'union de tous les Français rassemblés autour du CFLN[1] et de son président, le général de Gaulle ! En avant pour le combat, en avant pour la victoire, afin que vive la France !

1. Comité Français de Libération Nationale, remplacé le 3 juin 1944 par le Gouvernement provisoire de la République française.

1 Identifiez les auteurs du texte.

2 Pourquoi le programme d'action du Comité National de la Résistance daté du 15 mars 1944 a-t-il été adopté dans la clandestinité ? Expliquez la phrase soulignée en quelques lignes en faisant appel à vos connaissances.

3 Comment expliquer que le général de Gaulle soit mentionné dans le dernier paragraphe ?

4 Relevez et classez les réformes prévues par le CNR dans le tableau suivant :

Les projets de réformes du CNR après la libération du territoire	
Sur le plan des droits et des libertés	Sur le plan social

5 À partir de deux exemples précis, relevés dans le texte, montrez que le programme du CNR a été appliqué à partir de 1944.

PAR ÉTAPES

BIEN LIRE LES DOCUMENTS

Identifier leur nature

• Ce document est composé d'extraits du programme du Conseil national de la Résistance rédigé le 15 mars 1944 et diffusé dans les journaux clandestins des mouvements de résistance au printemps 1944. C'est ce programme qui **va servir de base à la reconstruction de la France après la Seconde Guerre mondiale**.

Repérer les éléments importants

- **L'introduction** qui permet d'identifier les auteurs et les buts de ce programme.
- **La première partie** du programme, qui explique les actions à mener.
- **La deuxième partie**, qui détaille certaines des mesures à appliquer pour rétablir la République et reconstruire la France.
- Le dernier paragraphe qui fait référence au futur gouvernement de la France et à son chef.

BIEN COMPRENDRE LES QUESTIONS

Question 1

- Pour répondre à cette question, vous pouvez **citer le document** ou vous aider du document, mais vous pouvez aussi **utiliser vos connaissances** personnelles sur le CNR.

Question 2

- Vous devez mobiliser vos connaissances pour comprendre et expliquer à **quelle action militaire importante des Alliés** fait référence le document.

Question 3

- Vous devez aussi utiliser vos connaissances pour **expliquer le lien entre le CNR et le général de Gaulle**. Ne faites pas de confusion sur le terme de « président » qui, à cette date, ne désigne en rien le président élu de la France.

Question 4

- Le tableau proposé reprend le **classement des différentes mesures exposées** dans le programme, il est donc facile et logique à compléter.

Question 5

- Cette question vous demande de mesurer la portée de ce document : vous devez répondre **en donnant des exemples de mesures prises** à partir de 1944.

BIEN DÉFINIR LES MOTS-CLÉS

CNR • Résistance • Libération • Journaux clandestins • Démocratie • Suffrage universel • Sécurité sociale • GPRF • Général de Gaulle

CORRIGÉ 14

Comprendre le corrigé

1 Les auteurs du texte sont les membres du CNR, c'est-à-dire du Conseil national de la Résistance. Ce conseil est composé « des représentants des différentes organisations de la Résistance, des centrales syndicales et des partis ou tendances politiques ».

C'est le résistant Jean Moulin qui est le fondateur du CNR mais il a été tué par les nazis en 1943.

> **Gagnez des points !**
> Mobilisez vos connaissances sur le CNR pour mentionner Jean Moulin et le rôle important qu'il a joué dans la création de ce conseil.

2 Le programme d'action du CNR est adopté dans la clandestinité car le 15 mars 1944, toute la France est encore occupée par l'Allemagne nazie. La phrase soulignée nous montre que le CNR attend les « opérations militaires que l'armée française et les armées alliées entreprendront sur le continent ». En effet, le 6 juin 1944, peu de temps après la parution de ce texte, a lieu le débarquement des Alliés en Normandie ; la libération de la France commence alors et la Résistance y participe activement.

3 Le général de Gaulle est mentionné dans le dernier paragraphe car c'est le chef de la Résistance, c'est lui qui l'a unifiée sous son autorité et qui a eu l'idée du CNR. Cela explique pourquoi il devient ensuite le président du CFLN puis du GPRF, le Gouvernement provisoire de la République Française. Autrement dit, à partir de juin 1944, il est le dirigeant de la France.

> **Gagnez des points !**
> Mobilisez vos connaissances pour expliquer que de Gaulle est le chef de la Résistance puis du nouveau gouvernement qui dirige la France à partir de juin 1944. Ne vous contentez pas de recopier le document.

4

Les projets de réformes du CNR après la libération du territoire	
Sur le plan des droits et des libertés	Sur le plan social
Établissement de la démocratie par le rétablissement du suffrage universel	Droit au travail et droit au repos
Pleine liberté de pensée, de conscience, d'expression	Un plan complet de sécurité sociale visant à assurer à tous les citoyens des moyens d'existence
Liberté de la presse	Une retraite permettant aux vieux travailleurs de finir dignement leurs jours
Liberté d'association, de réunion et d'information	

> **L'astuce du prof**
> Attention, le droit du travail et le droit au repos, malgré leur intitulé, sont bien à classer dans les mesures sociales du CNR.

5 Le programme du CNR a été appliqué car dès 1944, le GPRF donne le droit de vote aux femmes et établit pour la première fois en France le suffrage universel lors des élections de 1945. Cette même année, le GPRF met en place la Sécurité sociale, une protection sociale pour tous, notamment les plus fragiles : les malades, les vieux travailleurs, les familles…

> **L'astuce du prof**
> Appuyez-vous sur les repères historiques de la leçon pour retrouver les deux exemples précis d'application du programme du CNR.

La Ve République, de la République gaullienne à l'alternance et à la cohabitation

Faire le point

L'essentiel

Changements politiques et institutionnels	Changements culturels et sociaux
Les années de Gaulle (1958-1974)	
• constitution de la Ve République • élection du président au suffrage universel direct • fin de la guerre d'Algérie et de la décolonisation • politique de grandeur • indépendance face aux États-Unis • dissuasion nucléaire • rapprochement franco-allemand • démission de de Gaulle (1969) • présidence de Pompidou (1969-1974)	• société de consommation • mixité dans les collèges • contraception • émergence de la jeunesse (rock, mouvement hippie…) • contestation de l'ordre établi et de la société de consommation : Mai 68 • naissance du MLF • Trente Glorieuses • immigration massive
La Ve République depuis les années 1970	
• Giscard d'Estaing, président (1974-1981) : centre-droit • Mitterrand (1981-1995) : gauche 2 cohabitations avec des Premiers ministres de droite : Chirac (1986-1988), Balladur (1993-1995) • Chirac (1995-2007) : droite 1 cohabitation avec un Premier ministre de gauche : Jospin (1997-2002) • Sarkozy (2007-2012) • Hollande (2012-2017) • Macron (premier mandat 2017-2022), réélu en 2022	• majorité à 18 ans • légalisation de l'avortement • abolition de la peine de mort • 5e semaine de congés payés • loi Roudy sur l'égalité professionnelle homme/femme • RMI • PACS • loi des 35 heures • parité homme/femme • réforme des retraites • ralentissement de l'immigration • société multiculturelle et xénophobie

La frise

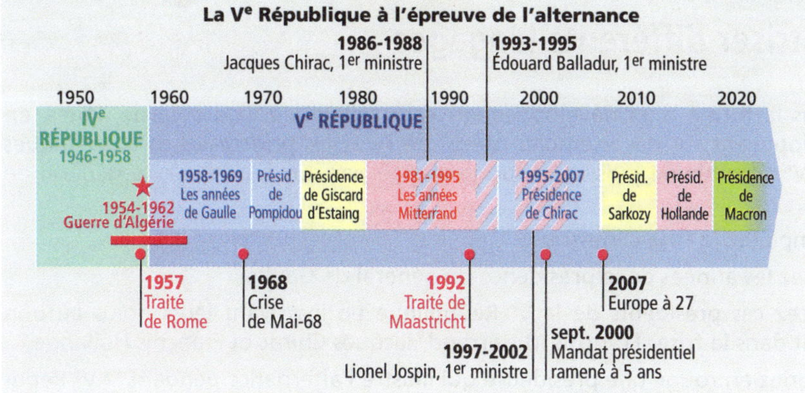

Contrôler ses connaissances

corrigés p. 229

QCM *Cochez la bonne réponse.*

1. La nouvelle Constitution, proposée par de Gaulle, est adoptée suite à un référendum.

- ☐ **a.** Vrai ☐ **b.** Faux

2. Quel est le régime de la nouvelle République ?

- ☐ **a.** régime parlementaire
- ☐ **b.** régime d'assemblée
- ☐ **c.** régime présidentiel

3. De Gaulle est président de la Ve République de :

- ☐ **a.** 1954 à 1968.
- ☐ **b.** 1958 à 1969.
- ☐ **c.** 1962 à 1970.

4. Quelle est la finalité des accords d'Évian signés par de Gaulle en 1962 ?

- ☐ **a.** mettre fin de la Guerre d'Algérie
- ☐ **b.** retrait de la France du commandement militaire de l'OTAN
- ☐ **c.** rapprochement avec l'Allemagne dans le cadre de la construction européenne

5. François Mitterrand succède à :

- ☐ **a.** de Gaulle.
- ☐ **b.** Pompidou.
- ☐ **c.** Giscard d'Estaing.

6. La première cohabitation, c'est :

- ☐ **a.** François Mitterrand président et Jacques Chirac Premier ministre.
- ☐ **b.** François Mitterrand Premier ministre et Jacques Chirac président.
- ☐ **c.** François Mitterrand président et Lionel Jospin Premier ministre.

SUJET 15 **Sujet inédit** 20 pts 45 min

Maîtriser différents langages

1 Sous la forme d'un développement construit d'une vingtaine de lignes, en vous appuyant sur des exemples précis, décrivez les principales caractéristiques de la Ve République puis la politique menée par son fondateur, le général de Gaulle.

2 Complétez la frise ci-dessous :

a. Placez les années de la présidence du général de Gaulle.

b. Placez ces présidents de la Ve République en inscrivant leurs noms au bon endroit dans la frise : François Mitterrand, Jacques Chirac et François Hollande.

c. Coloriez en rouge une présidence qui illustre l'alternance pendant la Ve République.

d. Placez une période de cohabitation dans la frise en indiquant les années de début et de fin et le nom du Premier ministre.

La Ve République à l'épreuve de l'alternance

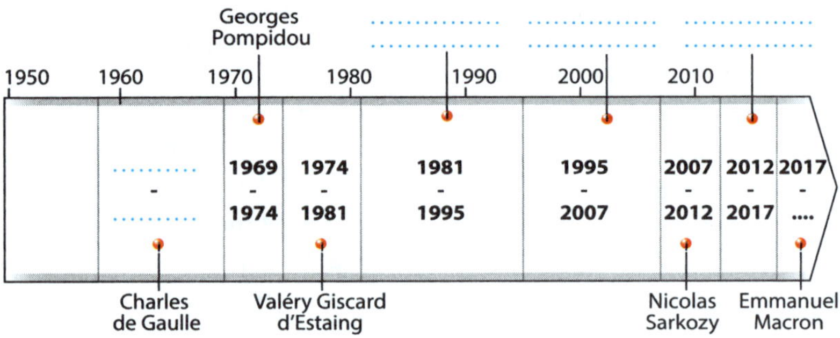

PAR ÉTAPES

BIEN COMPRENDRE LES CONSIGNES

Consigne 1

- La consigne vous demande de connaître les caractéristiques d'une description en histoire pour rédiger un développement d'une vingtaine de lignes.
- Il faut être méthodique et réussir à **organiser vos connaissances** pour les présenter de manière structurée et cohérente.
- La description de la Vᵉ République doit commencer par **sa mise en place** par le général de Gaulle.
- Vous devez décrire la politique de grandeur de ce dernier permise par les institutions de la Vᵉ République.

Consigne 2

- Il faut compléter la frise chronologique avec les **différentes présidences** que vous devez savoir replacer dans le bon ordre, quelques présidents devant être pour vous des repères historiques à connaître précisément.
- Vous devez maîtriser les notions de la leçon, alternance et cohabitation pour pouvoir les placer sur la frise.
- Il y a eu **trois cohabitations** sous la Vᵉ République ; placez celle dont vous connaissez le mieux les dates.

BIEN DÉFINIR LES MOTS-CLÉS

- **Régime présidentiel :** régime politique où l'essentiel du pouvoir est entre les mains d'un président.
- **Régime parlementaire :** régime politique où l'essentiel des pouvoirs est entre les mains du Parlement, qui nomme le chef du gouvernement.
- **Référendum :** vote, à l'initiative du chef de l'État, d'1/5 des parlementaires ou d'une pétition rassemblant 1/10 des citoyens, lors duquel on pose une question aux électeurs, qui doivent y répondre par « oui » ou par « non ».
- **Accords d'Évian :** accords signés entre la France et les Algériens en mars 1962 et qui reconnaissent l'indépendance de l'Algérie.
- **Coup d'État :** prise de pouvoir par la force.
- **Constitution :** loi fondamentale qui décrit les principes et le fonctionnement d'un État ou d'un groupe d'États.
- **Suffrage universel :** élection à laquelle tous les citoyens peuvent participer.
- **Politique de grandeur :** politique du général de Gaulle quand il est président pour redonner sa place de puissance à la France.

- **Force de dissuasion nucléaire:** menace d'un bombardement atomique sur les deux camps pendant la guerre froide. On parle de dissuasion, car aucun des deux grands ne veut risquer l'anéantissement.
- **OTAN:** Organisation du Traité de l'Atlantique Nord créée dans le contexte de la guerre froide regroupant les Alliés des États-Unis.
- **Construction européenne:** processus d'élargissement et d'approfondissement de l'union entre les États européens.
- **Influence américaine:** capacité des États-Unis à attirer les flux vers lui ou à exercer des pressions sur d'autres États.
- **Conservateur:** qui cherche à conserver les valeurs et les institutions existantes, sans les faire évoluer.
- **Crise de mai 1968:** révolte des étudiants et des ouvriers contre le pouvoir trop autoritaire et conservateur du général de Gaulle. La France est paralysée par des grèves et des manifestations pendant un mois.

CORRIGÉ 15

Comprendre le corrigé

1 En 1958, après une tentative de coup d'État menée par les généraux en Algérie, de Gaulle apparaît comme le seul homme capable de redresser la situation. Il est rappelé au pouvoir et fonde une nouvelle République: la Ve République.

La constitution proposée par de Gaulle est approuvée par les Français lors d'un référendum. Elle donne l'essentiel des pouvoirs au président de la République. La Ve République est donc un régime présidentiel. Le rôle du président est encore renforcé à partir de 1962 quand de Gaulle met en place l'élection du président au suffrage universel direct.

L'astuce du prof

Utilisez vos connaissances d'EMC pour compléter votre description de la Ve République.

Le rôle du président selon de Gaulle est de redonner sa grandeur et sa puissance à la France. Critiquée et affaiblie par la guerre d'Algérie, celle-ci doit mettre fin rapidement à ce conflit. De Gaulle signe donc les Accords d'Évian avec le FLN. Il entame aussi une politique d'indépendance vis-à-vis des États-Unis en se retirant du commandement militaire de l'OTAN et en se dotant d'une force de dissuasion nucléaire propre. Il se rapproche au contraire des autres pays européens notamment de l'Allemagne dans le cadre de la construction européenne.

Gagnez des points!

Placez ici des connaissances sur le contexte de la guerre d'Algérie ou de la guerre froide sans toutefois tomber dans le hors-sujet.

Réélu en 1965, de Gaulle doit affronter trois ans plus tard la révolte des étudiants qui le jugent trop conservateur et surtout trop autoritaire. Lorsque les ouvriers rejoignent les étudiants en mai 1968, de Gaulle doit faire face pour la première fois à une grave crise sociale qui remet en cause son gouvernement. Affaibli, il décide de quitter le pouvoir en 1969.

2

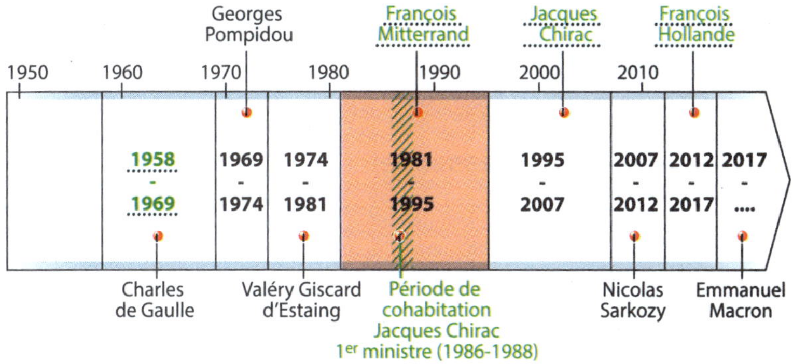

Femmes et hommes dans la société des années 1950 aux années 1980 : nouveaux enjeux sociaux et culturels, réponses politiques

Faire le point

L'essentiel

De nouveaux enjeux culturels et sociaux

- baby-boom
- émergence de la jeunesse et de ses revendications
- société de consommation
- Trente Glorieuses
- immigration
- contestation de l'ordre établi et de la société de consommation : Mai 68
- montée du chômage
- désindustrialisation
- mondialisation
- stabilisation de l'immigration
- une société qui vieillit
- société multiculturelle et xénophobie
- MLF
- féminisme

Des adaptations politiques

- majorité à 18 ans
- dépénalisation de l'homosexualité
- abolition de la peine de mort
- 5e semaine de congés payés
- création du RMI puis du PACS
- loi des 35 heures
- ISF
- réforme des retraites
- lois punissant le racisme et la xénophobie
- légalisation de la contraception et de l'avortement
- mixité dans l'éducation
- loi Roudy sur l'égalité homme/femme
- parité

La frise

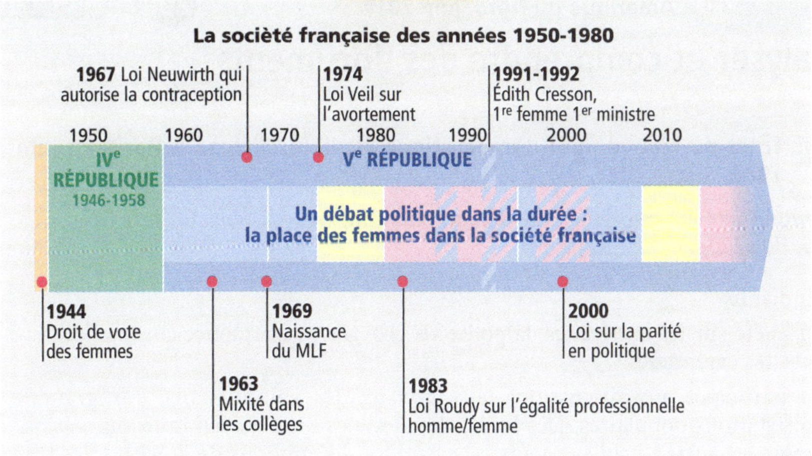

Contrôler ses connaissances

corrigés p. 230

QCM *Cochez la bonne réponse.*

1. Les événements de Mai 68 ont débuté par une révolte des ouvriers.
- ☐ **a.** Vrai
- ☐ **b.** Faux

2. À partir des années 1980, quel secteur connaît un grand essor ?
- ☐ **a.** le secteur primaire
- ☐ **b.** le secteur secondaire
- ☐ **c.** le secteur tertiaire

3. L'immigration est forte en France :
- ☐ **a.** avant les Trente Glorieuses.
- ☐ **b.** pendant les Trente Glorieuses.
- ☐ **c.** après les Trente Glorieuses.

4. Qu'est-ce que le MLF ?
- ☐ **a.** un mouvement féministe
- ☐ **b.** un parti politique
- ☐ **c.** une loi

5. La loi Veil porte sur :
- ☐ **a.** l'égalité professionnelle homme/femme.
- ☐ **b.** la contraception.
- ☐ **c.** l'avortement.

6. Les femmes restent sous-représentées encore aujourd'hui dans les emplois de cadres, de dirigeants.
- ☐ **a.** Vrai
- ☐ **b.** Faux

SUJET 16 Amérique du Nord, juin 2017 20 pts 45 min

Analyser et comprendre des documents

DOC. Tract du Mouvement démocratique féminin, diffusé à Paris en juin 1968

Depuis le début du mois de mai 1968, les étudiants manifestent contre le gouvernement du président de Gaulle.

Étudiante,

Tu as été sur les barricades, la police t'a chargée et matraquée comme les étudiants, tes camarades.

Tu participes aux discussions, aux travaux des commissions, aux grandes manifestations populaires. Des lycées de filles, des instituts féminins ont parfois entraîné les autres établissements et, parmi les dix millions de grévistes, les travailleuses tiennent aussi leur place.

Or, au cours de ces journées décisives, soit dans les grands rassemblements, soit à la radio ou à la télévision, aucune femme n'est apparue comme porte-parole. Dans les pourparlers entre syndicats, patronat et gouvernement, nul n'a réclamé formellement l'égalité de rémunération entre travailleuses et travailleurs, nul n'a envisagé la création de services collectifs et de crèches pour soulager les femmes de leur double journée de travail.

Dans l'immense débat qui s'est instauré à travers tout le pays, dans la grande remise en cause des structures et des valeurs, aucune voix ne s'élève pour déclarer que le changement des rapports entre les hommes implique aussi le changement des rapports entre les hommes et les femmes. Les étudiants et les jeunes veulent une morale identique pour les filles et les garçons. C'est un aspect du changement. Ce n'est qu'un aspect. […] Il faut que la société qui va se construire soit l'œuvre des femmes aussi bien que des hommes, qu'elle donne à toutes les femmes des chances égales à celles des hommes.

Si tu es d'accord là-dessus qu'es-tu disposée à faire ? Viens en discuter avec nous.

Christine Fauré, *Mai 68 jour et nuit*, « Mouvement démocratique féminin, Sand dans la cour de la Sorbonne, 2 rue Leneveux, Paris XIVe (fin juin) », 2008.

1 Quelle est la nature de ce document ? À qui est-il destiné ?

2 Relevez au moins deux inégalités hommes-femmes mentionnées dans le document.

3 Quels éléments du texte montrent l'engagement politique et syndical des femmes au moment des événements de Mai 1968 ?

4 Quel droit politique a été acquis par les femmes avant 1968 et n'est pas mentionné dans le texte ?

5 En vous appuyant sur vos connaissances, proposez trois exemples d'évolutions qui ont changé la situation des femmes depuis 1968.

PAR ÉTAPES

BIEN LIRE LES DOCUMENTS

Identifier leur nature

- Un tract est un papier que l'on distribue pour **informer** ou **mobiliser** la population. Ici, il s'agit d'un tract du mouvement démocratique féminin, c'est-à-dire un tract **féministe**. Le féminisme est un mouvement social qui se développe à la fin des années 1960 et qui réclame une **égalité entre les femmes et les hommes** dans tous les domaines.

Repérer les éléments importants

- La **présentation** du tract qui situe le **contexte historique** dans lequel il a été écrit.
- Le **début** du tract qui montre **à qui il s'adresse**, ainsi que le **tutoiement**, qui expliquent pourquoi tout est accordé au féminin.
- Les **trois parties** qui correspondent à **l'engagement des femmes** pendant Mai 68, leurs critiques et leurs revendications.

BIEN COMPRENDRE LES QUESTIONS

Question 1

- Quand on demande la nature d'un document, il faut dire de quel **type de document** il s'agit (une carte, un tableau, une image, un texte…), en étant le plus précis possible (quel type de carte ? quel type de texte ?). Pour savoir à qui il est destiné, il faut repérer à qui il s'adresse.

Question 2

- On vous demande ici de « relever » deux inégalités hommes-femmes. Vous devez donc prélever dans le texte des **extraits** qui montrent des inégalités. N'oubliez pas de mettre des guillemets en les citant. Les informations répondant à cette question se trouvent principalement dans le paragraphe commençant par « Or ».

Question 3

- Là encore il s'agit de prélever des informations dans le texte qui montrent **l'engagement** des femmes pendant les événements de Mai 68. Cette fois-ci, c'est le début du texte qui contient les éléments pour répondre à cette question.

Question 4

- Pour cette question, il vous faut faire le **lien** avec le chapitre du programme intitulé : **« 1944-1947 : refonder la République, redéfinir la démocratie »**. Le document ne vous permet pas de répondre à cette question. Il vous faut donc utiliser vos connaissances.

Question 5

- La dernière question vous demande de vous appuyer sur des **connaissances personnelles** issues du dernier chapitre d'histoire du programme : **« Femmes et hommes dans la société des années 1950 aux années 1980 : nouveaux enjeux sociaux et culturels, réponses politiques. »**
- Il s'agit de décrire trois évolutions, c'est-à-dire **trois changements dans la situation des femmes** depuis 1968. Ces changements peuvent être des lois, mais pas nécessairement. La consigne est très large. Vous pouvez aussi vous appuyer sur vos connaissances d'EMC pour décrire une réduction des inégalités entre les femmes et les hommes en France dans les domaines professionnel, familial, social, scolaire...

BIEN DÉFINIR LES MOTS-CLÉS

- **Barricades :** entassement de matériaux (pavés, poutres...) destinés à bloquer les rues et à se protéger lors d'insurrections ou de révoltes populaires.
- **Féminisme :** mouvement cherchant à défendre les droits et la cause des femmes dans la société.
- **Syndicat :** association de personnes qui défend les droits des travailleurs.
- **Pourparlers :** négociations, discussions.
- **Rémunération :** salaire.
- **Double journée de travail :** expression qui met l'accent sur le fait que ce sont les femmes qui prennent en charge l'immense majorité des tâches ménagères en plus de leur journée de travail.

CORRIGÉ 16

Comprendre le corrigé

1 Ce document est un tract du Mouvement démocratique féminin diffusé à Paris en juin 1968. Il est destiné aux étudiantes qui participent aux manifestations contre le gouvernement du général de Gaulle depuis le début du mois de mai 1968.

Gagnez des points !
Citez la date et le lieu de diffusion de ce tract, ce qui permet de mieux situer le contexte.

2 Plusieurs inégalités hommes-femmes apparaissent dans ce document :

– « Au cours de ces journées décisives [...], aucune femme n'est apparue comme porte-parole. »

– « Nul n'a réclamé formellement l'égalité de rémunération entre travailleuses et travailleurs. »

– « Nul n'a envisagé la création de services collectifs et de crèches pour soulager les femmes de leur double journée de travail. »

3 Pendant les événements de Mai 68, les femmes se sont engagées politiquement et syndicalement. **Le texte cite plusieurs exemples de cet engagement :**

– « Tu as été sur les barricades. »

– « Tu participes aux discussions, aux travaux des commissions, aux grandes manifestations populaires. »

– « Des lycées de filles, des instituts féminins ont parfois entraîné les autres établissements. »

– « Parmi les dix millions de grévistes, les femmes tiennent aussi leur place. »

4 Le droit politique acquis par les femmes avant 1968 est le droit de vote, **obtenu en 1944 lors de la refondation républicaine qui suit la Libération de la France.**

5 Depuis 1968, la situation des femmes a beaucoup changé dans la société française :

– La mixité, qui se généralise dans les établissements scolaires au cours des années 1970, permet aux jeunes femmes de bénéficier du même enseignement que les jeunes garçons et donc d'avoir « des chances égales à celles des hommes ».

– La légalisation de la contraception, puis de l'avortement en 1975 permet enfin aux femmes de disposer librement de leurs corps et donc d'obtenir « une morale identique pour les filles et les garçons ».

– La loi Roudy en 1983 tente d'établir une parité et une égalité entre les femmes et les hommes dans le domaine professionnel, afin de réduire les écarts de salaires et de changer les « rapports entre les hommes et les femmes ».

L'astuce du prof

Comme pour la question 2, il s'agit en fait de relever des éléments du texte.

Gagnez des points !

Précisez dans quel contexte les femmes ont obtenu le droit de vote pour exposer vos connaissances sur ce sujet.

L'astuce du prof

Essayez de lier les exemples que vous donnez à des citations du texte.

SUJET 17 Sujet inédit — 20 pts — 45 min

Maîtriser différents langages

1 Sous la forme d'un développement construit d'une vingtaine de lignes, en vous appuyant sur des exemples précis, décrivez comment la place des femmes a changé dans la société française de 1950 à 1980.

2 Complétez la frise ci-dessous :

a. Placez dans la frise l'année qui marque la fin de la IVe République et le début de la Ve République.

b. Hachurez en rouge la IVe République et en bleu la Ve République.

c. Placez sur la frise les deux événements marquants pour le droit des femmes, en 1944 et 1974.

Un débat politique dans la durée : la place des femmes dans la société française

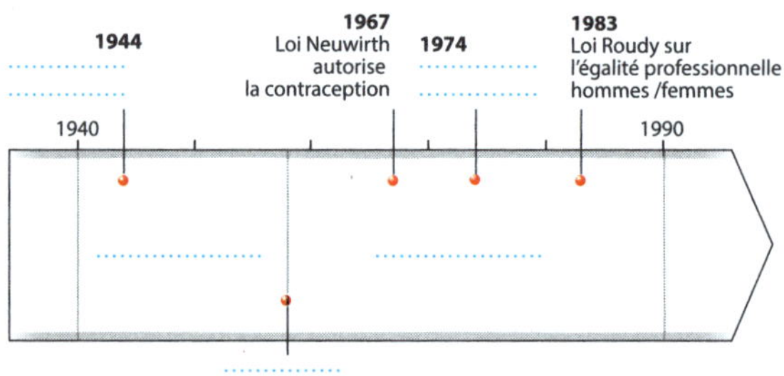

PAR ÉTAPES

BIEN COMPRENDRE LES CONSIGNES

Consigne 1

- La consigne vous demande de connaître les caractéristiques d'une description en Histoire pour rédiger un développement d'une vingtaine de lignes. Votre développement doit s'appuyer sur les principales lois votées en faveur des femmes qui reflètent leurs principaux combats dans différents domaines.

Consigne 2

- Il faut compléter la frise chronologique avec les **repères historiques** des IVe et Ve Républiques. Ensuite, vous devez compléter la frise avec **quatre lois très célèbres** qui ont marqué l'histoire des luttes pour les droits des femmes.

BIEN DÉFINIR LES MOTS-CLÉS

Féminisme • MLF • Avortement • Contraception • Parité • Égalité professionnelle • Trente Glorieuses

CORRIGÉ 17

Comprendre le corrigé

1 Les années 1950 marquent le début des Trente Glorieuses, une période de forte croissance économique qui permet à beaucoup de femmes d'entrer dans le monde du travail. Pourtant, depuis le droit de vote en 1944, elles n'arrivent pas à obtenir des droits qui leur assureraient l'égalité que ce soit dans la vie conjugale, professionnelle ou politique.

Gagnez des points !
Distinguez les différents domaines dans lesquels les femmes obtiennent des droits.

À partir des années 1960, les luttes féministes s'amplifient pour faire évoluer la place de la femme dans la société française. En 1967, la loi Neuwirth y répond en autorisant l'accès à la contraception et en 1974, la ministre de la Santé, Simone Veil, après de violents débats, fait voter la légalisation de l'avortement comme le réclamait le MLF et de nombreuses femmes depuis mai 1968.

Pendant la présidence de François Mitterrand, les revendications féministes sont entendues, cette fois sur l'égalité professionnelle homme/femme avec la loi Roudy votée en 1983. En effet, si le taux d'activité des femmes est très élevé en France, leur salaire est toujours en moyenne inférieur de 30 % à celui des hommes.

L'astuce du prof
Pensez à évoquer des exemples pris dans vos leçons d'EMC ou une œuvre d'art qui exprime les revendications des femmes, étudiée dans votre parcours histoire des Arts.

À la fin des années 1980, pour la première fois en France, une femme, Edith Cresson, est nommée Premier ministre.

Pour autant, la parité est loin d'être atteinte dans la vie politique française et de nombreuses inégalités professionnelles demeurent au début des années 2000.

2

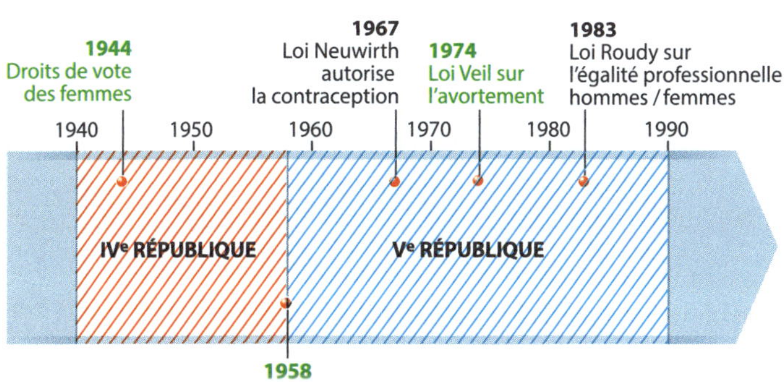

Les aires urbaines, une nouvelle géographie d'une France modernisée

Faire le point

L'essentiel

Urbanisation et étalement urbain

- un pays de citadins, plus de 80 % des Français habitent en villes
- des villes qui s'étalent par la formation de banlieues puis de couronnes périurbaines
- un étalement dû au manque d'espace dans les villes-centres et à la recherche d'un meilleur cadre de vie
- un étalement remis en question car il provoque trop de déplacements quotidiens, de pollution et la disparition de l'espace naturel ou agricole

Métropolisation et mondialisation

- les aires urbaines ne sont pas toutes égales, les plus grandes sont des métropoles qui exercent une grande influence sur leur région
- Paris, seule métropole française de rang mondial, occupe une place à part
- certaines aires urbaines restent à l'écart, sont au contraire en difficultés et en train de « rétrécir »
- cette hiérarchisation s'explique par le phénomène de mondialisation qui accentue d'une part la métropolisation des grandes aires urbaines du Sud et de l'Ouest, et d'autre part les difficultés des aires urbaines du Centre ou du Nord-Est

Paris, métropole dominante en France

- Paris est une ville et une métropole mondiale par ses activités économiques, touristiques, diplomatiques et logistiques
- Paris et son agglomération doivent faire face à de nombreux défis : l'augmentation des inégalités, la gentrification, la concurrence mondiale et la saturation des transports en commun. Pour y répondre, un projet ambitieux : le Grand Paris

Le croquis

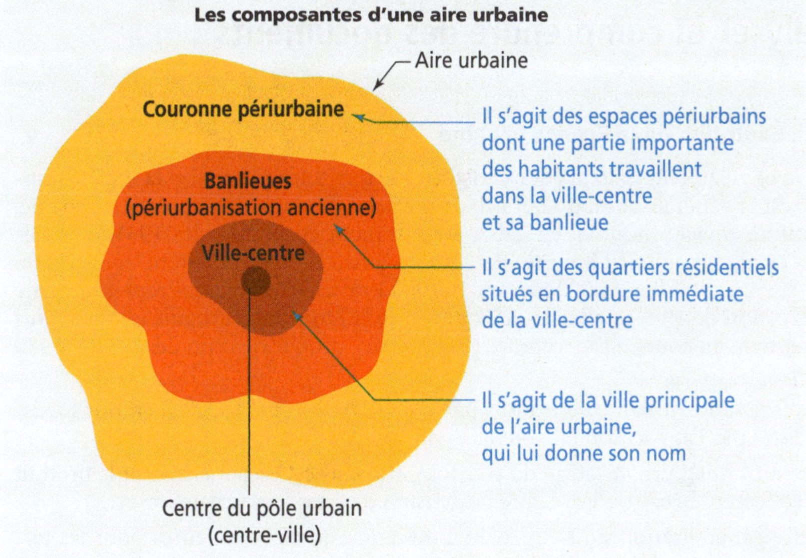

Contrôler ses connaissances

corrigés p. 230

QCM *Cochez la bonne réponse.*

1. **Une aire urbaine peut inclure des espaces ruraux.**
- ☐ **a.** Vrai
- ☐ **b.** Faux

2. **La plupart des ruraux sont des agriculteurs.**
- ☐ **a.** Vrai
- ☐ **b.** Faux

3. **Toutes les aires urbaines sont des métropoles.**
- ☐ **a.** Vrai
- ☐ **b.** Faux

4. **Combien d'habitants l'aire urbaine de Paris compte-t-elle ?**
- ☐ **a.** 9 millions
- ☐ **b.** 12 millions
- ☐ **c.** 15 millions

SUJET 18 **France métropolitaine, juin 2017** 20 pts 45 min

Analyser et comprendre des documents

DOC. Évolution de la France urbaine

L'un des éléments majeurs qui transforme le territoire national et la société française est la généralisation du fait urbain. Le seuil des 50 % de population urbaine, atteint au niveau mondial en 2007, a été franchi en France dès 1931. [...] Les villes occupent aujourd'hui près de 22 % du territoire métropolitain, soit 119 000 km^2 sur un total de 550 000, contre 100 000 km^2 en 1999, ce qui représente une progression de 19 % en dix ans. Le rythme de la croissance urbaine est ainsi plus soutenu qu'au cours des décennies précédentes, proche de celui des années 1950 et 1960.

La croissance urbaine se traduit par l'agrandissement d'agglomérations existantes ou par l'apparition de nouvelles villes isolées. [...]

Aujourd'hui, l'urbanisation du territoire français est essentiellement le produit de l'étalement urbain, c'est-à-dire l'extension des surfaces urbanisées. [...]

Cette généralisation du fait urbain a des conséquences majeures pour les territoires et leurs habitants. Elle transforme aussi bien les formes que les paysages. Lyon est un bon exemple de la diversité des espaces urbains à l'intérieur d'une même aire urbaine. L'étalement urbain brouille en effet les frontières traditionnelles de la ville. <u>L'apparition de l'adjectif « périurbain » souligne l'émergence d'un espace mélangeant ville et campagne</u>.

D'après Magali Reghezza-Zitt, « La France, une géographie en mouvement », *La Documentation photographique*, n° 8096, 2013.

1 Recopiez deux informations du texte montrant que la population habitant dans les villes augmente.

2 Citez une information du texte qui montre que l'étalement urbain concerne l'ensemble du territoire national.

3 Indiquez une conséquence de l'étalement urbain.

4 Expliquez la phrase soulignée.

5 Réalisez un schéma et sa légende des différents types d'espaces qui composent une aire urbaine.

PAR ÉTAPES

BIEN LIRE LE DOCUMENT

Identifier sa nature

- Ce document est un **texte rédigé par une géographe**, Magali Reghezza-Zitt, en 2013. C'est donc un texte avec un vocabulaire difficile, spécifique à la géographie mais qui décrit des **évolutions de la France urbaine** que vous avez **étudiées en classe** tout au long de l'année.

Repérer les éléments importants

- **Chaque paragraphe du texte**, qui développe **une évolution** importante des aires urbaines: prenez le temps de résumer cette évolution au brouillon pour bien comprendre l'ensemble du document.
- **Les chiffres** cités par le texte, sur lesquels vous pouvez vous appuyer.

BIEN COMPRENDRE LES QUESTIONS

Question 1

- Cette question est difficile car les informations prélevées doivent porter sur la **croissance** de la population urbaine **et non pas sur ses conséquences**: la croissance et l'extension des villes.
- Attention donc de bien recopier des éléments du texte qui correspondent à la consigne.

Question 2

- Plusieurs informations dans le texte nous montrent que l'étalement urbain concerne l'ensemble du territoire national.
- Vous pouvez en trouver **une dans chaque paragraphe** du texte.

Question 3

- Le dernier paragraphe indique plusieurs conséquences de l'étalement urbain, il faut en **sélectionner une et la citer ou utiliser votre propre vocabulaire** en vous appuyant sur vos connaissances sans paraphraser le texte.

Question 4

- Il ne faut pas se contenter de répéter les explications déjà données par le texte; il faut **décrire à l'aide de connaissances précises** cet espace périurbain qui se développe à la périphérie des aires urbaines. C'est le point essentiel du chapitre sur les aires urbaines.
- Vous devez montrer que vous avez compris pourquoi et comment cet espace périurbain ne cesse de se développer.

Question 5

- Le schéma doit porter uniquement sur les **différents types d'espaces qui composent une aire urbaine** : les **déplacements de population** ne sont pas nécessairement attendus, mais ils **seront valorisés**.
- Vous pouvez aussi montrer le **processus d'étalement urbain**.
- Faites un **travail soigné** à l'aide d'un compas si possible, **en choisissant bien les couleurs** car dans une carte ou dans un schéma en géographie, elles ont un sens.
- N'oubliez pas la **légende** dans laquelle les couleurs doivent correspondre à celle du schéma.

BIEN DÉFINIR LES MOTS-CLÉS

- **Aire urbaine :** ensemble formé par une ville, ses banlieues et ses communes périurbaines, dont au moins 40 % des habitants travaillent dans la ville-centre et ses banlieues.
- **Population urbaine :** population qui vit en ville.
- **Croissance urbaine :** augmentation de la taille et de la population des villes.
- **Agglomération :** pôle urbain (ville-centre + banlieues).
- **Étalement urbain :** extension de la ville sur l'espace rural.
- **Périurbanisation :** urbanisation de la périphérie des agglomérations.

CORRIGÉ 18

Comprendre le corrigé

1 Les deux informations qui nous montrent que la population habitant dans les villes augmente sont : « le seuil des 50 % de population urbaine, atteint au niveau mondial en 2007, a été franchi en France dès 1931 » et « le rythme de la croissance urbaine est ainsi plus soutenu qu'au cours des décennies précédentes, proche de celui des années 1950 et 1960 ».

L'astuce du prof
Sélectionnez des informations qui concernent la population ou la société mais pas la superficie des villes.

2 Une information qui nous montre que l'étalement urbain concerne l'ensemble du territoire national est par exemple : « Aujourd'hui, l'urbanisation du territoire français est essentiellement le produit de l'étalement urbain. »

L'astuce du prof
« Territoire national » est synonyme de « territoire français » ou de « territoire métropolitain ».

3 Une conséquence de l'étalement urbain mentionnée dans le texte est par exemple : « L'étalement urbain brouille les frontières traditionnelles de la ville. »

L'astuce du prof
« Indiquez » signifie « citez une information prélevée dans le texte ».

4 La phrase soulignée décrit l'apparition d'un nouvel espace dans les aires urbaines : la couronne périurbaine, où la ville rencontre la campagne, et donc « un espace mélangeant ville et campagne ». En effet, de plus en plus d'urbains cherchent à habiter dans un espace qui peut leur offrir une maison individuelle, avec un jardin, du calme et la proximité avec la nature tout en continuant à travailler dans la ville centre ou dans les banlieues des aires urbaines. Ils s'installent donc dans l'espace rural qui entoure le pôle urbain. Les zones pavillonnaires, les centres commerciaux et le réseau routier se développent, urbanisant peu à peu l'espace rural qui devient ainsi « périurbain ».

Gagnez des points !
Utilisez vos connaissances pour expliquer la phrase soulignée sans faire de paraphrase.

5 Schéma d'une aire urbaine

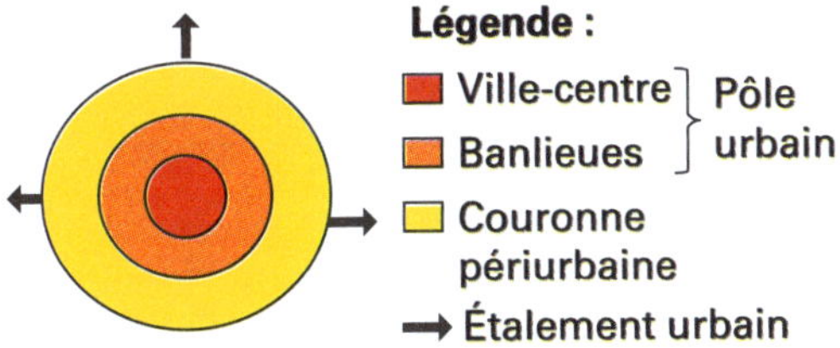

Gagnez des points !
N'oubliez pas le titre, un schéma porte toujours un titre. Vous pouvez aussi indiquer l'étalement urbain.

SUJET 19 **France métropolitaine, juillet 2019** 20 pts 45 min

Maîtriser différents langages

Dynamiques territoriales de la France contemporaine

1 En vous appuyant sur un exemple étudié en classe, rédigez un développement construit d'environ vingt lignes montrant l'organisation et les dynamiques d'une aire urbaine en France.

Les territoires ultra-marins français

2 **a.** Localisez et nommez les trois océans identifiés sur le planisphère ci-après.

b. Reliez, dans le tableau suivant, chaque territoire ultra-marin à l'océan dans lequel ou au bord duquel il se situe.

Martinique ●		● Océan Atlantique
Réunion ●		
Guadeloupe ●		● Océan Indien
Polynésie française ●		
Mayotte ●		● Océan Pacifique
Guyane ●		

c. Localisez et nommez sur le planisphère deux territoires ultra-marins de votre choix.

d. Identifiez l'équateur sur le planisphère par un trait de couleur et complétez la légende.

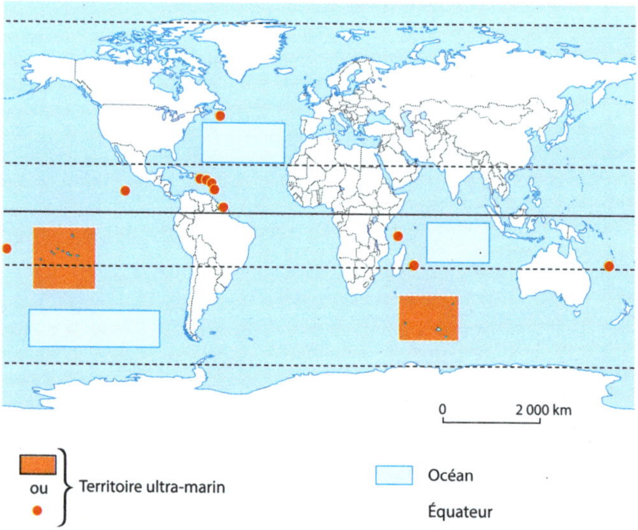

PAR ÉTAPES

BIEN COMPRENDRE LES CONSIGNES

Consigne 1

- Vous devez rédiger un **développement construit**, c'est-à-dire un texte structuré avec plusieurs parties. Votre texte doit donc comporter une **introduction, deux ou trois parties** et une **conclusion**. Rédigez d'abord un brouillon dans lequel vous organisez vos connaissances.
- Les deux mots importants sont « organisation » et « dynamiques » : structurez votre développement en **deux parties autour de ces mots**. L'organisation d'une aire urbaine amène à décrire les différents espaces qui la composent. Les dynamiques font référence aux évolutions et aux changements que connaissent les aires urbaines.

Consigne 2

- La consigne 2 se décompose en **quatre étapes** (a., b., c. et d.).
- Pour l'étape a., vous devez indiquer le **nom des trois principaux océans** dans les cadres prévus à cet effet sur le planisphère.
- Sur le planisphère, les territoires ultra-marins sont représentés de **deux manières différentes** : soit par un cadre rouge orangé, soit par un point. Dans l'étape c., vous devez en localiser deux au choix. **Ne placez pas tous ceux que vous connaissez**, mais respectez la consigne.
- Attention à l'étape d. ! Vous devez à la fois **repérer l'équateur** sur le planisphère en le repassant par un trait de couleur, mais aussi **compléter la légende** en face du mot « équateur ».

BIEN DÉFINIR LES MOTS-CLÉS

- **Aire urbaine :** ensemble formé par une ville, ses banlieues et les communes périurbaines, dont au moins 40 % des habitants travaillent dans la ville-centre et ses banlieues.
- **Ville-centre :** ville au centre de l'aire urbaine.
- **Banlieues :** communes d'une aire urbaine situées en périphérie immédiate d'une ville-centre.
- **Couronne périurbaine :** elle regroupe des communes dans lesquelles au moins 40 % de la population travaille dans la ville-centre.
- **Pôle urbain :** ville-centre.
- **Habitat collectif :** immeuble.
- **Zone pavillonnaire :** zone de maisons individuelles.
- **Étalement urbain :** extension de la ville sur la campagne.
- **Périurbanisation :** urbanisation à la périphérie des villes.
- **Migrations pendulaires :** déplacements quotidiens entre le domicile et le travail.

• **Gentrification :** processus par lequel un quartier ou une ville se transforme en accueillant une population plus aisée.

• **Territoires ultra-marins :** territoires situés outremer, c'est-à-dire au-delà des mers. Ces territoires dépendent administrativement de la France. Certains (les DROM) sont des départements et des régions français.

CORRIGÉ 19

Comprendre le corrigé

1 Aujourd'hui, plus de 80 % des Français sont citadins et vivent dans une aire urbaine. Comment s'organisent les différents espaces d'une aire urbaine et quelles sont leurs dynamiques ?

Les aires urbaines sont composées de trois espaces distincts. La ville-centre est l'espace le plus anciennement et densément urbanisé. C'est là que l'on trouve les principales activités économiques et culturelles, ainsi que les centres de décision, notamment dans les grandes métropoles comme Toulouse. Les habitations, souvent anciennes, y sont assez chères et on y trouve les monuments historiques qui attirent les touristes.

Autour de la ville-centre s'étendent les banlieues, moins densément peuplées mais urbanisées de longue date. Ces espaces se caractérisent par de grands ensembles d'habitat collectif, destinés à accueillir les ouvriers et les employés, mais aussi par des pavillons dans des zones résidentielles. On y trouve également des zones commerciales et industrielles, comme l'usine Airbus à Blagnac, dans la banlieue de Toulouse.

En s'éloignant encore de la ville-centre, à la périphérie des banlieues, commence la couronne périurbaine. Cet espace mélange ville et campagne : les villages agricoles anciens accueillent de nouveaux résidents qui travaillent dans le pôle urbain (ville-centre ou banlieues). Ils s'installent dans des fermes rénovées ou, plus souvent, dans des pavillons récemment construits.

Les aires urbaines connaissent différentes dynamiques. Tout d'abord, la périurbanisation ne cesse de progresser. L'urbanisation s'étend toujours plus loin sur l'espace rural : c'est l'étalement urbain. En effet, les prix élevés des loyers et l'amélioration des moyens de transport poussent les citadins à s'éloigner de la ville-centre et des banlieues. Ils sont aussi parfois à la

Gagnez des points !

Organisez votre paragraphe en deux parties. Essayez de faire une ou deux phrases d'introduction qui situent rapidement le contexte et qui posent le sujet sous forme de question.

L'astuce du prof

N'oubliez pas de faire le lien entre votre propos et l'exemple étudié en classe : ici Toulouse.

recherche d'un cadre de vie plus agréable, attirés par le calme, la proximité de la nature et le fait de posséder une maison individuelle avec jardin.

À Toulouse par exemple, comme dans la plupart des grandes métropoles, ce sont ainsi les espaces périurbains qui sont de plus en plus peuplés, tandis que la population de la ville-centre stagne et se gentrifie. Les quartiers centraux, autrefois populaires, sont aujourd'hui rénovés et accueillent des populations aux revenus élevés.

Ainsi, l'étalement urbain a pour conséquence un éloignement de plus en plus important entre le domicile et le lieu de travail. Les périurbains se déplacent en voiture ou en transports en commun pour aller travailler : ce sont « les migrations pendulaires ». Dans l'aire urbaine toulousaine, il n'est pas rare de passer plus d'une heure dans les transports.

L'organisation et les dynamiques des aires urbaines confrontent ces dernières à des difficultés croissantes liées à l'allongement des temps de trajet et à la saturation des réseaux de transport.

Gagnez des points !

Dans la conclusion, essayez d'élargir un peu le sujet en parlant des difficultés auxquelles sont confrontées les aires urbaines.

2 a., c. et d.

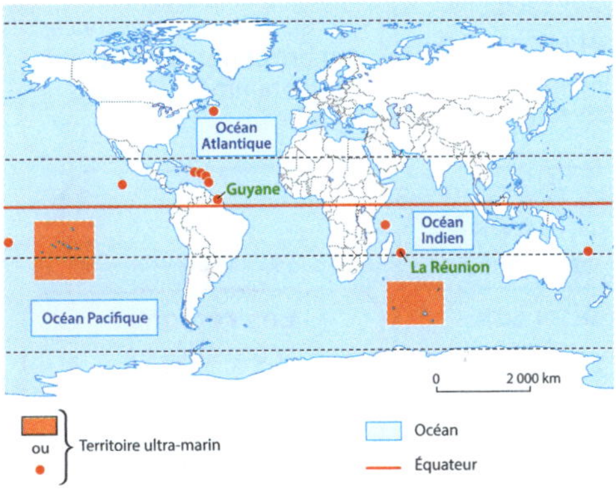

Gagnez des points !

Choisissez trois couleurs différentes pour les consignes **a.**, **c.** et **d.**.

L'astuce du prof

Pour la consigne **c.**, choisissez des territoires facilement repérables sur la carte. Évitez les points trop proches les uns des autres.

b.

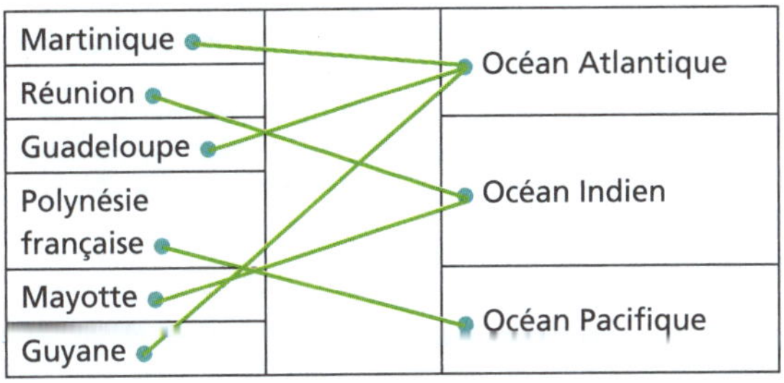

Les espaces productifs et leurs évolutions

Faire le point

L'essentiel

Une puissance agricole en question
- grande variété des productions
- bonne intégration au marché européen et mondial (PAC)
- agriculture intensive
- limites de ce développement (pollution, revenus en baisse, déprise rurale, etc.)

Une puissance industrielle en pleine mutation
- un des pays les plus industrialisés du monde
- désindustrialisation de certaines régions qui entament leur reconversion
- de nouveaux facteurs de localisation : grands axes de communication, métropoles et littoraux

Des services de plus en plus importants
- le 1er secteur économique en terme d'emplois, de richesse et d'exportation
- ce développement s'explique par la hausse du niveau de vie des Français
- la répartition des services au profit des métropoles et notamment de Paris

Trois types d'espaces sont particulièrement dynamiques

Les métropoles
- disponibilité d'une main-d'œuvre qualifiée
- collaboration entre entreprises favorisée par leur proximité
- présence d'universités et de centres de recherche
- bonne connexion aux axes de communications nationaux

Les littoraux
- possibilité d'exploiter les ressources de la mer
- possibilité de développer les activités touristiques
- possibilité de développer des activités industrialo-portuaires
- connexion aux axes de communication maritimes mondiaux

Les régions frontalières
- possibilité d'utiliser la main-d'œuvre transfrontalière
- collaboration facilitée par la proximité avec des entreprises étrangères
- possibilité de jouer sur les variations d'impôts ou de taxes entre les pays frontaliers

Le graphique

La diversité des activités de service en France

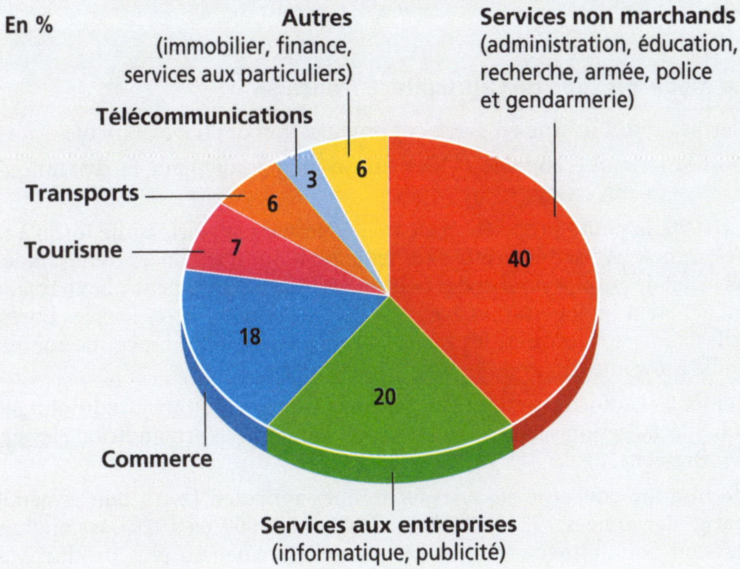

Contrôler ses connaissances

corrigés p. 230

QCM *Cochez la bonne réponse.*

1. L'agriculture est l'activité qui se consacre à la production alimentaire.

- ☐ **a.** Vrai
- ☐ **b.** Faux

2. À quel secteur économique appartient l'industrie agroalimentaire ?

- ☐ **a.** Primaire
- ☐ **b.** Secondaire
- ☐ **c.** Tertiaire

3. Le centre de la France est moins dynamique que le Sud.

- ☐ **a.** Vrai
- ☐ **b.** Faux

4. Laquelle de ces trois métropoles bénéficie d'une position littorale ?

- ☐ **a.** Nice
- ☐ **b.** Lyon
- ☐ **c.** Rennes

SUJET 20 **France métropolitaine, septembre 2018** 20 pts 45 min

Analyser et comprendre des documents

DOC. 1 La modernisation de l'agriculture française

La modernisation concerne en premier l'organisation des terres agricoles.

Les modifications que connaît l'Ouest illustrent parfaitement la dynamique générale.

Jusqu'en 1950, la petite propriété reste majoritaire de la Normandie jusqu'à la frontière espagnole. À partir de cette date, les exploitations se concentrent rapidement sous l'effet de l'exode rural et des politiques de remembrement[1]. Les paysans qui restent achètent ou louent massivement les nombreuses terres laissées libres. Les parcelles sont redécoupées, les haies sont arrachées. En France métropolitaine, la taille moyenne des exploitations triple en 50 ans. […]

Parallèlement, l'autoconsommation diminue, la polyculture traditionnelle décline et la spécialisation s'affirme : production laitière en Normandie ou élevage hors-sol en Bretagne.

La modernisation concerne aussi les techniques agricoles. Le tracteur se généralise à partir des années 1950 (60 000 en 1946, 1 500 000 en 1979), les engrais chimiques sont couramment utilisés. De nouvelles semences plus productives voient le jour et il devient possible de sélectionner scientifiquement les races de l'élevage. […]

Mais depuis plusieurs années, la course aux rendements[2] montre ses limites. Le revenu paysan stagne, et de nombreuses exploitations sont surendettées. […] Les conséquences écologiques du modèle agricole intensif paraissent aussi de plus en plus dommageables. L'utilisation massive d'engrais et de pesticides contribue ainsi à la pollution des eaux de surface, des nappes phréatiques et du bord de mer.

D'après V. Adoumié, *Géographie de la France*, Hachette 2015.

1. Redistribution spatiale des terres entre les paysans, ce qui entraîne l'agrandissement des champs.
2. Quantité de produit récolté sur une surface cultivée.

DOC. 2 Un paysage agricole de Bretagne

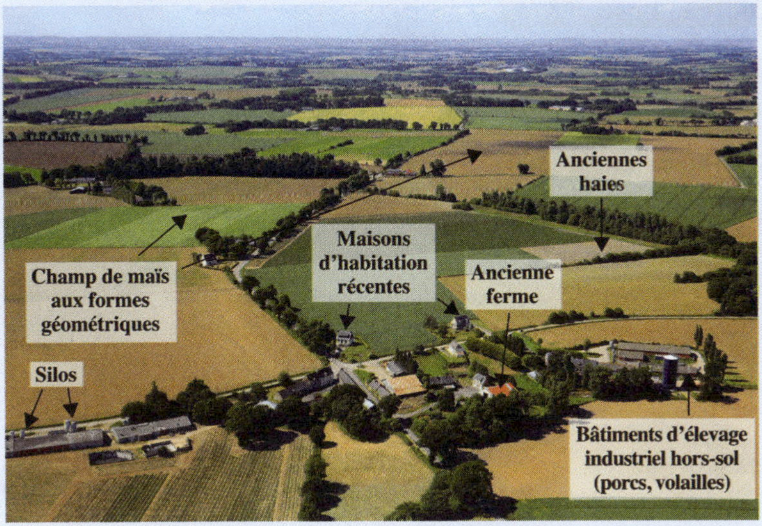

1 Citez trois progrès techniques mentionnés dans le document 1 qui ont permis d'augmenter les productions agricoles.

2 Dans le document 1, relevez deux conséquences de la modernisation de l'agriculture pour les agriculteurs.

3 Reproduisez le tableau et complétez-le sur votre copie; associez les mots soulignés dans le document 1 à la définition qui convient.

1.	Élevage en milieu artificiel.
2.	Production de plusieurs cultures au sein d'une exploitation.
3.	Production d'une seule catégorie de plante ou d'une seule espèce animale.

4 Décrivez et expliquez les transformations récentes des paysages agricoles.

5 Quels sont les risques liés à la modernisation de l'agriculture et les solutions adoptées pour réduire ces risques?

PAR ÉTAPES

BIEN LIRE LES DOCUMENTS

Identifier leur nature

- **Le document 1** est un extrait de texte tiré d'un ouvrage rédigé par un géographe en 2015. Il décrit la modernisation de l'agriculture française et ses conséquences.
- **Le document 2** est une photographie d'une exploitation agricole en Bretagne.

Repérer les éléments importants

- **Dans le document 1**, il faut repérer :

– **les trois paragraphes du texte** qui décrivent la nouvelle organisation des terres agricoles, la modernisation des techniques agricoles et les conséquences négatives de ces transformations.

– **les définitions** de deux mots difficiles du texte à la fin du document.

– **les mots soulignés** qui vous serviront pour la question 3.

- **Dans le document 2**, faites attention aux différents éléments d'une exploitation agricole moderne.

BIEN COMPRENDRE LES QUESTIONS

Question 1

- On vous demande de **« citer » des éléments du texte**. Vous pouvez donc recopier les informations trouvées dans le document.
- Les **trois progrès techniques** qui vous sont demandés se trouvent dans le deuxième paragraphe du texte. Nous avons choisi de citer les quatre éléments présents dans le texte, mais la question ne vous en demande que trois.

Question 2

- Tout comme dans la question 1, vous devez prélever l'information dans le texte. Il ne s'agit pas d'évoquer les conséquences pour l'agriculture en général mais **pour les agriculteurs seulement**.
- Ces conséquences sont évoquées dans le dernier paragraphe et sont présentées comme étant **négatives** pour les paysans.
- On peut éventuellement accepter l'agrandissement de la taille des exploitations des agriculteurs comme étant l'une des conséquences de la modernisation de l'agriculture.

Question 3

- Vous devez commencer par recopier le tableau sur votre copie. Réfléchissez ensuite au **sens des trois mots soulignés** dans le document 1 ; ce sont des mots que vous avez certainement vus en cours. Associez-les enfin aux définitions présentes dans le tableau.

Question 4

- Vous devez à la fois « décrire » et « expliquer » les transformations récentes des paysages agricoles. Vous devez donc dire **ce qui s'est transformé**, tout en expliquant **pour quelles raisons** ces transformations ont eu lieu.
- Beaucoup de ces transformations sont visibles sur le document 2, tandis que la plupart des explications sont données par le document 1.
- À chaque description d'une transformation doit correspondre une explication précise.

Question 5

- Pour cette question, bien que la consigne ne le mentionne pas, vous devez utiliser vos connaissances personnelles pour expliquer **les risques,** et surtout **les solutions** adoptées pour les réduire. En effet, ces solutions ne sont pas abordées dans les documents.
- Vous pouvez trouver le principal risque lié à la modernisation de l'agriculture dans le dernier paragraphe du document 1.
- Attention de **ne pas oublier le document 2,** qui n'évoque pas directement les risques mais présente des transformations très dommageables pour l'environnement !
- Pour chacune des transformations que vous citez, vous devez trouver **une solution adoptée aujourd'hui** par certains agriculteurs **pour réduire les risques**.

BIEN DÉFINIR LES MOTS-CLÉS

- **Exode rural :** départ définitif des populations de la campagne vers les villes.
- **Parcelle :** portion de terrain agricole.
- **Engrais chimiques :** produits chimiques destinés à augmenter la croissance, la quantité et la qualité des produits récoltés.
- **Semences :** graines destinées à être semées dans la terre pour produire une récolte.
- **Modèle agricole intensif :** type d'agriculture productiviste, c'est-à-dire qui cherche à produire toujours plus.
- **Pesticides :** produits chimiques destinés à lutter contre tous les organismes jugés nuisibles pour les cultures.
- **Nappes phréatiques :** nappes d'eau souterraines.
- **Silo :** réservoir destiné à stocker les céréales récoltées.

CORRIGÉ 20

Comprendre le corrigé

1 Les progrès techniques qui permettent d'augmenter les productions agricoles sont : la généralisation du tracteur (« 60 000 en 1946, 1 500 000 en 1979 ») ; les engrais chimiques utilisés de plus en plus souvent ; les nouvelles semences plus productives ; et enfin, la sélection scientifique des races d'élevage.

Gagnez des points !
Citez des chiffres pour être plus précis dans votre prélèvement d'informations.

2 La modernisation de l'agriculture a comme conséquence pour les agriculteurs que « le revenu paysan stagne » et que « de nombreuses exploitations sont surendettées ».

L'astuce du prof
N'oubliez pas les guillemets si vous citez directement des extraits du texte.

3

1. Élevage hors-sol	Élevage en milieu artificiel.
2. Polyculture	Production de plusieurs cultures au sein d'une exploitation.
3. Spécialisation	Production d'une seule catégorie de plante ou d'une seule espèce animale.

4 Les paysages agricoles ont connu des transformations importantes depuis les années 1950. Les parcelles des champs se sont agrandies et les haies ont été en grande partie arrachées. On peut aujourd'hui observer d'immenses champs aux formes géométriques, spécialisés dans une seule production tel que celui du maïs. Ces grandes parcelles permettent aux agriculteurs de travailler avec des tracteurs et des machines. Dans le même temps, on a aussi vu apparaître des bâtiments d'élevage industriel hors-sol, spécialisé dans la production de porcs ou de volailles, et de grands silos destinés à stocker d'importantes quantités de céréales. Enfin, les anciennes fermes ont souvent été remplacées ou complétées par des maisons d'habitation récentes, plus confortables et plus modernes.

Gagnez des points !
N'oubliez aucune des transformations évoquées par le texte et la photographie.

5 L'un des risques liés à la modernisation de l'agriculture est « la pollution des eaux de surface, des nappes phréatiques et du bord de mer » liée à l'utilisation massive d'engrais et de pesticides. Pour lutter contre la pollution, certains agriculteurs se tournent vers l'agriculture biologique qui interdit l'utilisation de tout produit chimique.

Par ailleurs, l'arrachage des haies nuit à la biodiversité et participe à l'érosion des sols. Aujourd'hui, certaines haies sont replantées.

Enfin, l'élevage hors-sol est peu respectueux du bien-être animal et produit une nourriture de mauvaise qualité, tout en contribuant aussi à la pollution des eaux. De plus en plus d'éleveurs se tournent donc vers un élevage labellisé ou biologique, qui permet aux animaux d'être élevés en plein air et qui tient compte de leur bien-être.

Gagnez des points !
Soyez précis en définissant rapidement l'agriculture biologique.

SUJET 21 Pondichéry, mai 2017

20 pts 45 min

Maîtriser différents langages

1 Rédigez un texte structuré d'une vingtaine de lignes montrant que la mondialisation transforme les espaces productifs français.

Vous traiterez au choix : espaces productifs industriels OU espaces productifs agricoles OU espaces productifs touristiques OU espaces productifs d'affaires.

Vous pouvez vous appuyer sur un exemple étudié en classe.

2 En utilisant la légende, localisez et nommez sur la carte :

- un grand port maritime ;
- deux métropoles ;
- placez sur la carte la principale façade maritime française ouverte sur le monde et reportez le figuré choisi en légende.

Territoire français et mondialisation : quelques aspects

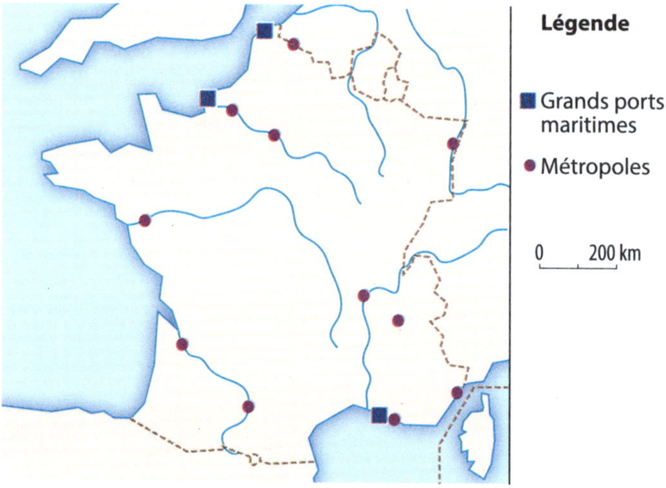

PAR ÉTAPES

BIEN COMPRENDRE LES CONSIGNES

Consigne 1

- La consigne vous demande de **montrer**, c'est-à-dire d'expliquer à l'aide de vos connaissances, que la **mondialisation transforme les espaces productifs français**.
- Vous devez rédiger un texte **structuré**, c'est-à-dire **un développement construit**. Votre texte doit donc comporter une introduction, plusieurs parties et une conclusion. Faites un brouillon dans lequel vous organisez vos connaissances et vos exemples, sans nécessairement rédiger.
- Attention de bien lire le sujet car on vous demande de choisir **un seul type d'espace productif**: SOIT un espace industriel, SOIT un espace agricole, SOIT un espace touristique, SOIT un espace d'affaires. Vous avez donc le choix, mais vous ne devez pas mélanger ces différents types d'espaces productifs. Nous avons choisi dans ce corrigé de traiter des espaces industriels, car ils sont profondément transformés par la mondialisation.
- Appuyez-vous sur un exemple traité en cours. On attend de vous que vous citiez au moins un espace précis, lié à une activité économique que vous devez décrire.

Consigne 2

- Respectez bien les consignes de l'énoncé. Ne nommez pas toutes les métropoles et les grands ports maritimes (ou ZIP) présents sur la carte, mais **limitez-vous à un port, deux métropoles et la principale façade maritime**.
- Attention de bien choisir votre figuré pour la principale façade maritime. Il doit la localiser et montrer en même temps qu'elle est ouverte sur le monde (fonction d'interface). Le figuré doit bien sûr être identique dans la légende et sur la carte.

BIEN DÉFINIR LES MOTS-CLÉS

- **Espace productif:** espace qui produit de la richesse.
- **Mondialisation:** mise en relation des territoires entre eux par l'augmentation des échanges à l'échelle de la planète.
- **Métropole:** grande ville qui concentre une population importante, des activités économiques et des fonctions de commandement.
- **Technopôles:** ville où se concentrent les activités et les industries de haute technologie.
- **Aire urbaine:** ensemble formé par une ville, ses banlieues et les communes périurbaines, dont au moins 40 % des habitants travaillent dans la ville-centre et ses banlieues.

- **ZIP (zone industrialo-portuaire):** zone industrielle aménagée près d'un port afin de recevoir les matières premières et d'évacuer les produits finis dans un court délai.
- **LVG:** lignes ferroviaires à grande vitesse.
- **Innovation:** introduction sur le marché d'un produit ou d'un procédé nouveau ou significativement amélioré par rapport à ceux précédemment élaborés.
- **Pôle de compétitivité:** rester attractif dans la mondialisation face à la concurrence d'autres territoires.
- **Délocalisation:** déplacement de la production dans un autre pays pour en diminuer le coût.
- **Désindustrialisation:** recul ou disparition des usines, des activités industrielles et des emplois industriels sur un territoire.

CORRIGÉ 21

Comprendre le corrigé

1 En France, la mondialisation transforme profondément les espaces productifs. Comment le voit-on pour les espaces productifs industriels ?

De nombreux espaces productifs industriels profitent des dynamiques de la mondialisation. Ces espaces productifs industriels sont situés dans les grandes métropoles. Ils bénéficient d'une main-d'œuvre nombreuse, très qualifiée qui leur permet d'innover sans cesse et d'être ainsi compétitifs à l'échelle mondiale. De plus, de nombreux technopôles sont créés au sein des principales aires urbaines pour soutenir cette innovation. Enfin, les espaces industriels les plus productifs sont ceux qui sont bien reliés au reste du territoire national, à l'Europe et au monde par des réseaux de transports et de communications performants: aéroports internationaux, autoroutes, lignes à grande vitesse (LGV) ou encore zones industrialo-portuaires (ZIP). Ainsi l'entreprise aéronautique Airbus est installée dans la métropole toulousaine, un espace qui bénéficie d'un aéroport, de plusieurs autoroutes et d'un accès à l'océan Atlantique par l'estuaire de la Gironde. On y trouve aussi des pôles de compétitivité associant des écoles, des centres de recherche et des entreprises pour développer l'innovation dans les domaines aéronautique

Gagnez des points !
Posez la problématique du sujet sous forme de question. N'oubliez pas de bien indiquer quel type d'espace productif vous avez choisi.

Gagnez des points !
Placez dans votre texte le vocabulaire précis appris en cours qui montre au correcteur que vous maîtrisez les notions étudiées dans ce chapitre.

et aérospatial. La ville de Toulouse est ainsi devenue un espace industriel compétitif à l'échelle mondiale.

À l'inverse, d'autres espaces productifs industriels se retrouvent peu à peu à l'écart, moins intégrés dans les dynamiques de la mondialisation. Ainsi, les anciens espaces productifs du textile et de la sidérurgie dans le Nord-Est de la France sont en crise, car ces activités ont été délocalisées dans des pays en développement. Cela entraîne la désindustrialisation de ces espaces. Le taux de chômage y est très important; ils doivent se reconvertir et trouver de nouvelles activités productives.

La mondialisation a donc transformé les espaces industriels français en concentrant les activités dans les grandes métropoles du territoire et sur la façade Ouest du pays.

Gagnez des points !
En conclusion, rappelez rapidement où se concentre les activités sur le territoire français.

2

Territoire français et mondialisation : quelques aspects

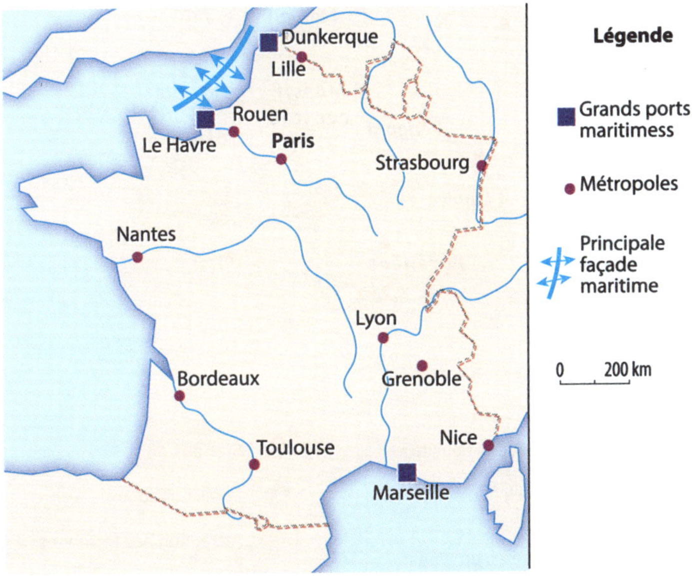

Les espaces de faible densité et leurs atouts

Faire le point

la carte

Les espaces de faible densité en France métropolitaine

L'essentiel

Les espaces de faible densité, ce sont…

- des espaces qui comptent moins de 30 habitants au km²
- des espaces localisés dans la diagonale du vide et dans les zones de montagnes

Les espaces de faible densité sont avant tout des espaces agricoles

- une agriculture productiviste dans de grandes plaines notamment céréalières
- une agriculture extensive dans les zones de montagnes soit en déclin soit dynamiques grâce aux labels (AOC, agriculture biologique)

Les espaces de faible densité ont des atouts

- leur riche patrimoine naturel et culturel, l'aménagement de parcs naturels qui sont des atouts pour le tourisme vert et l'installation de résidences secondaires
- leur cadre de vie attractif pour les néoruraux qui recherchent la vie à la campagne tout en ayant une profession en ville : développement du télétravail

Contrôler ses connaissances

corrigés p. 230

QCM *Cochez la bonne réponse.*

1. Un espace de faible densité compte moins de 30 habitants au km².

- ☐ **a.** Vrai
- ☐ **b.** Faux

2. La diagonale du vide va du nord-ouest au sud-est de la France.

- ☐ **a.** Vrai
- ☐ **b.** Faux

3. Les littoraux sont des espaces de faible densité.

- ☐ **a.** Vrai
- ☐ **b.** Faux

4. Les espaces de faible densité accueillent de plus en plus de résidences secondaires.

- ☐ **a.** Vrai
- ☐ **b.** Faux

SUJET 22 **Centres étrangers, juin 2019** 20 pts 45 min

Analyser et comprendre des documents

DOC. 1 De nouveaux enjeux pour le Cantal

Le Cantal, un territoire sans demandeur d'emploi ? Avec un taux de chômage de 6,3 % au troisième trimestre 2016, le département affiche le taux le plus faible de France devant la Lozère [...].

Ces bons chiffres devraient ravir les acteurs économiques. Mais la réalité est plus contrastée. Car le département, dont la préfecture est l'une des rares à ne pas être reliée à l'autoroute, est sujet au déclin démographique – il a perdu 9 % de ses habitants entre 1982 et 2010 – et à un vieillissement de sa population.

Si certains secteurs d'activité, comme le transport ou le bâtiment, peinent à recruter, les services publics, eux, sont en décroissance, nuance Éric Debuire, secrétaire général départemental de la CGT, installé dans le Cantal depuis 2000. « Le département a perdu six bureaux de postes, cinq trésoreries principales, une agence EDF doit fermer en juin, le ferroviaire est à l'abandon... », détaille le syndicaliste. « Nous sommes dans une zone rurale peuplée de personnes âgées ayant un revenu très bas, qui a besoin d'une politique de services publics de proximité ».

Pour les élus, l'enjeu principal est d'attirer de nouveaux habitants, en leur proposant une offre complète. « Il leur faut insister sur la qualité de vie dans le territoire et sur la qualité des services liés par exemple à la scolarité des enfants ou aux nouveaux usages numériques », explique Laurent Rieutort, directeur de l'Institut d'Auvergne du développement des territoires. Salons spécialisés, dispositif WorK2Be pour trouver du travail au conjoint d'un nouvel arrivant, accompagnement des porteurs de projets... Les outils se sont multipliés pour transmettre un même message : « Le Cantal embauche ! » Et depuis 2003, ils ont permis à 96 familles de s'installer dans le département.

Surtout, la clé pour le territoire est de parvenir à retenir ses jeunes. Faute d'offre universitaire suffisante dans le département, nombre d'étudiants vont suivre un cursus ailleurs. Et trouvent, ensuite, un emploi sur place. [...].

Solène Lhénoret, « Dans le Cantal, trouver trente salariés, ce n'est pas évident »
Le Monde sur *www.lemonde.fr*, 24 mars 2017.

DOC. 2 Opération de communication (Cantal, 2017)

Le Cantal accueille les porteurs de projets pour les aider à réussir leur installation dans le département.

Améliorez votre qualité de vie
Venez vivre et travailler dans le Cantal.
Conseils, contacts, offres de **reprise** et opportunité **d'installation**.
En amont de toute création ou reprise d'activité, nous vous accompagnons pas à pas.

Du mercredi 18
au vendredi 20 octobre 2017
Participez à la prochaine session d'accueil d'actifs en pays **de Salers** :
– seuls les frais de déplacement pour se rendre à la session sont à la charge des participants ;
– complétez votre candidature en ligne sur : www.cantalauvergne.com

Source : D'après *www.cantalauvergne.com*

1 Relevez quatre éléments qui, d'après cet article, montrent que la situation du Cantal est révélatrice de celle que connaissent les espaces de faible densité.

2 D'après le document 2, quelles catégories de population le Cantal cherche-t-il à retenir et à attirer ? Pourquoi ?

3 Relevez une phrase du document 1 permettant d'expliquer le message du document 2.

4 À l'aide de l'exemple du Cantal et de vos connaissances, montrez qu'un espace de faible densité possède des atouts et peut les valoriser.

PAR ÉTAPES

BIEN LIRE LES DOCUMENTS

Identifier leur nature

- **Le document 1** est un article du journal *Le Monde* du 24 mars 2017. Cet article, écrit par la journaliste Solène Lhénoret, met en avant les contraintes que connaît un territoire de faible densité comme le Cantal, mais aussi ses atouts.
- **Le document 2** est une affiche publicitaire éditée par le département du Cantal dont le but est de faire venir de nouveaux habitants dans ce territoire en mettant en avant son cadre de vie agréable.

Repérer les éléments importants

- **Dans le document 1**, les deux premiers paragraphes du texte qui évoquent les difficultés et les contraintes du Cantal. Dans le deuxième paragraphe, l'énumération des différents services publics qui ferment dans le département. Le troisième paragraphe qui met l'accent sur ses atouts. Le dernier paragraphe qui insiste à nouveau sur une difficulté propre à ce territoire.
- **Dans le document 2**, le slogan en haut de l'affiche. La photo dans laquelle le paysage naturel est mis en valeur, ainsi que le jeune père et son enfant souriant. Le texte en dessous de l'image, même s'il est écrit en petit, qui met l'accent sur ce que propose le Cantal aux nouveaux habitants.

BIEN COMPRENDRE LES QUESTIONS

Question 1

- Vous devez « relever » **quatre éléments** qui montrent la « situation » du Cantal. Il vous faut donc connaître cette situation avant de trouver les éléments. Cette situation est celle que connaissent de nombreux espaces de faible densité. Vous devez donc utiliser vos connaissances personnelles, même si la question ne le précise pas.
- Ce sont les **deux premiers paragraphes** du texte qui expliquent cette situation et dans lesquels vous pouvez trouver au moins quatre éléments à citer. N'oubliez pas les guillemets quand vous citez le texte.

Question 2

- Cette question ne porte que sur le document 2. C'est donc dans la publicité que vous devez trouver les catégories de population que le Cantal cherche à retenir et à attirer. Attention, la question vous invite à trouver plusieurs catégories de personnes ! Une catégorie peut être trouvée à l'aide de la photo, et une autre dans le texte.
- « Retenir » est à **mettre en lien avec le slogan de l'affiche** et correspond aux touristes ou aux personnes vivant déjà dans ce département ; « attirer » s'adresse plutôt aux personnes étrangères à ce territoire.

- Veillez à **expliquer « pourquoi »** le département du Cantal cherche à attirer ces populations. Utilisez vos connaissances, ainsi que la situation du Cantal telle qu'elle est montrée par le document.

Question 3

- Il s'agit ici de « relever » une phrase du document 1. Vous devez donc **citer une phrase** en n'oubliant pas les guillemets.
- Le message du document 2 est essentiellement transmis par la photographie : celle-ci **met en avant un cadre de vie idéal pour les familles** avec des jeunes enfants. Vous devez trouver dans le document 1 la phrase qui correspond à ce message.

Question 4

- Pour cette dernière question, vous avez vraiment besoin de **connaissances personnelles**. Vous n'avez probablement pas étudié le Cantal avec votre professeur(e), mais vous avez sûrement vu un **espace de faible densité** présentant les mêmes difficultés et les mêmes atouts. Servez-vous de cet exemple pour développer votre réponse.
- Vous devez expliquer **quels sont les atouts de ce territoire** et comment ils sont valorisés, c'est-à-dire comment le département et ses habitants les utilisent pour produire des activités et de la richesse.

BIEN DÉFINIR LES MOTS-CLÉS

- **Espaces de faible densité :** espaces où vivent moins de 30 habitants par km^2.
- **Atouts :** points forts, avantages qui permettent à un territoire de se développer.
- **Acteurs économiques :** entreprises, État, collectivités territoriales (départements, régions).
- **Préfecture :** chef-lieu, centre administratif d'un département.
- **Déclin démographique :** baisse de la population d'un territoire.
- **Vieillissement de la population :** augmentation de la proportion de personnes âgées dans un territoire.
- **Services publics :** services qui dépendent de l'État comme la Poste, les impôts, l'école, la justice…
- **Décroissance :** baisse, diminution.
- **Zone rurale :** espace qui se situe à la campagne.
- **Cursus universitaire :** parcours d'études à l'université.
- **Porteurs de projets :** personnes ayant un projet de création d'entreprise.

CORRIGÉ 22

1 Selon cet article, le Cantal connaît des difficultés propres aux espaces de faible densité. C'est un espace isolé : sa préfecture « est l'une des rares à ne pas être reliée à l'autoroute ». De plus, ce département connaît un « déclin démographique [...] et un « vieillissement de sa population ».

Mais encore, ses « services publics [...] sont en décroissance », « le département a perdu six bureaux de postes, cinq trésoreries principales, une agence EDF doit fermer en juin, le ferroviaire est à l'abandon ».

Enfin, ce territoire est « une zone rurale peuplée de personnes âgées, ayant un revenu très bas ».

2 Le Cantal cherche à retenir les jeunes habitants et à attirer les familles avec enfants, notamment celles qui viennent y passer leurs vacances. Le slogan de la publicité du document 2 propose ainsi : « Et si vous restiez dans le Cantal... ». Les jeunes actifs, « porteurs de projets », peuvent développer l'activité économique de ce territoire en créant des emplois et en faisant vivre les services publics.

3 La phrase du doc. 1 permettant d'expliquer le message du doc. 2 est : « Pour les élus, l'enjeu principal est d'attirer de nouveaux habitants, en leur proposant une offre complète » ou bien « Il leur faut insister sur la qualité de vie dans le territoire et sur la qualité des services [...] ».

4 L'exemple du Cantal montre qu'un espace de faible densité possède des atouts qu'il peut valoriser : des familles quittent les métropoles et sont attirées par le cadre de vie qu'il propose – un environnement rural et calme, des paysages naturels et préservés, de grandes habitations individuelles et bon marché. Ces néoruraux peuvent trouver des emplois ou créer leurs propres entreprises grâce au développement du numérique qui leur permet d'être reliés aux métropoles sans y habiter.

Le cadre de vie rural permet aussi de développer des activités de tourisme vert, comme des gîtes ruraux qui accueillent des urbains en quête d'activités sportives et de pleine nature.

Comprendre le corrigé

Gagnez des points !
Avant de « relever » les quatre éléments demandés, expliquez rapidement à l'aide de vos connaissances la « situation » du Cantal.

L'astuce du prof
Ne vous focalisez pas uniquement sur l'image, mais lisez bien le texte en dessous qui vous aide à expliquer pourquoi le Cantal cherche à attirer une catégorie de population en particulier.

L'astuce du prof
Trouvez le passage du texte qui illustre le mieux l'atout principal du Cantal mis en avant par la photo.

L'astuce du prof
Utilisez des connaissances tirées des exemples d'espaces de faible densité étudiés en classe quand ils vous semblent correspondre à la situation du Cantal.

SUJET 23 Asie-Pacifique, juin 2017 20 pts 45 min

Analyser et comprendre des documents

DOC. 1 La fin du désert français

Pas moins de dix-huit virages en épingle séparent la commune de Nâves du reste de la vallée et de ses villes [...]. Il y a un siècle, ils étaient 650 habitants à vivre ici de l'élevage et de l'agriculture. Aujourd'hui, ils ne sont plus que 123. Mais pour la première fois depuis cent ans la tendance s'inverse [...].

Après des décennies de déclin, les villages reprennent du poil de la bête[1], y compris dans d'obscures régions peu fréquentées par les touristes. En France, les zones rurales les plus reculées perdaient encore 6400 habitants par an entre 1982 et 1990. Entre 1999 et 2007, ces mêmes régions ont vu leur population augmenter de 59800 personnes chaque année.

Ce renversement de tendance tient à la fois à des politiques publiques et à des aspirations différentes chez les Français. La France dispose d'un solide réseau de transports et de services publics qui facilite la vie dans les villages. Aujourd'hui encore, le bus scolaire monte chaque matin à Nâves depuis la vallée pour seulement 8 élèves d'école primaire. L'appel de la nature résonne aux oreilles d'anciens citadins et les néoruraux n'hésitent plus à s'installer en rase campagne maintenant que l'accès à Internet leur permet de satisfaire leur envie de solitude sans être totalement déconnectés. [...] « Les nouvelles technologies redonnent un avenir aux petits villages », confirme Jacques Delorme, qui gère une entreprise de haute technologie depuis Nâves.

Tout le problème consiste maintenant à transformer ce fragile sursaut en tendance durable. Nâves ne se trouve qu'à 42 kilomètres de la très glamour[2] station [de ski] de Courchevel, mais aucun touriste ne s'aventure de ce côté-là de la vallée. Les services sont eux aussi réduits ; pas de bus, pas de médecins, pas d'école, pas de boutiques, pas de café.

Courrier International, n° 1343-1344-1345 du 28 juillet au 17 août 2016.

1. Retrouvent un dynamisme.
2. Fréquentée par des célébrités.

DOC. 2 La variété des campagnes françaises

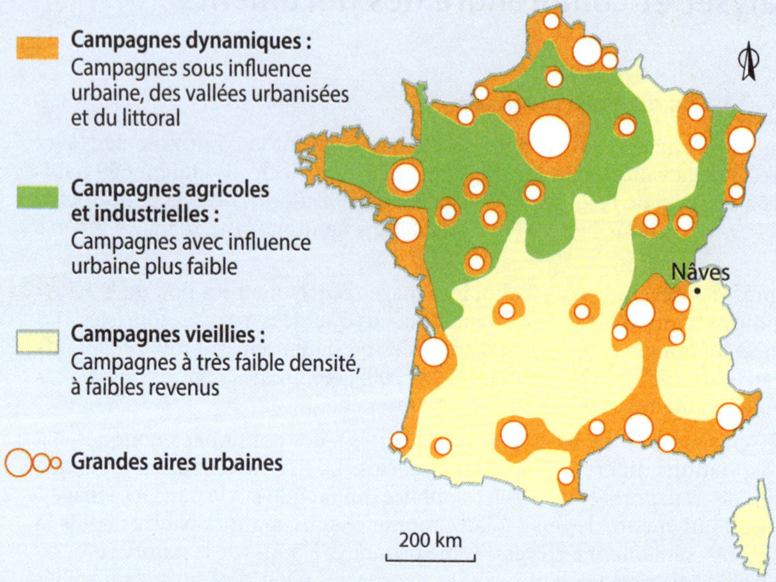

D'après DATAR, *Typologie des campagnes françaises et des espaces à enjeux spécifiques*, 2011.

1 Relevez, dans le premier paragraphe du document 1, une information montrant que la commune de Nâves a appartenu à ce que les géographes ont appelé un « désert français ».

2 Pourquoi, d'après le document 1 des personnes « repeuplent peu à peu » la commune de Nâves ?

3 Pourquoi le document 1 parle-t-il d'un « fragile sursaut » pour désigner l'évolution de la commune de Nâves ?

4 À l'aide des deux documents, classez la commune de Nâves dans un type de campagnes.

5 À partir d'exemples précis tirés des deux documents et de vos connaissances, montrez que la commune de Nâves n'est pas représentative de toutes les campagnes françaises.

PAR ÉTAPES

BIEN LIRE LES DOCUMENTS

Identifier leur nature

- **Le document 1** est un extrait d'un **article** paru dans la revue *Courrier International* en 2016. Le journaliste montre à la fois le nouveau dynamisme de Nâves et les inquiétudes qui persistent pour son avenir.
- **Le document 2** est une **carte** qui montre la variété des campagnes françaises en 2011. Elle distingue trois types de campagnes et permet de localiser la commune de Nâves.

Repérer les éléments importants

- Le **titre** des deux documents qui nous donnent des indications sur la thématique générale du sujet.
- La première partie du document 1 qui décrit le **nouveau dynamisme** de la commune de Nâves.
- La deuxième partie du document 1 qui nous explique les **raisons** de ce nouveau dynamisme.
- La troisième partie du document 1 qui met l'accent sur les **difficultés** qui demeurent.
- La légende de la carte (document 2) qui distingue **trois types de campagnes** en France.

BIEN COMPRENDRE LES QUESTIONS

Question 1

- Le « désert français » est une expression utilisée par les géographes pour désigner les **espaces de très faible densité** (moins de 10 habitants/km^2), des espaces très **isolés** et qui ne cessent de **perdre des habitants**. Si la commune de Nâves « a appartenu » à ce « désert », c'est que la situation a changé. C'est ce que vous devez prouver par une information prélevée dans le premier paragraphe.

Question 2

- Vous pouvez trouver deux raisons pour lesquelles des personnes « repeuplent peu à peu » la commune de Nâves. C'est le **troisième paragraphe** qui vous apporte ces informations. Mobilisez également vos **connaissances** sur le sujet, issues du chapitre sur les espaces de faible densité et leurs atouts.

Question 3

- Expliquez d'abord, **grâce au début du texte**, pourquoi Nâves connaît un sursaut, c'est-à-dire une **légère augmentation** de sa population. Puis montrez, **à l'aide du dernier paragraphe**, pourquoi cela reste **fragile**. Appuyez-vous sur des exemples précis en citant le texte.

Question 4

- C'est surtout **le document 2** qui vous permet de classer la commune de Nâves dans un type de campagnes.
- **Repérez sur la carte où se situe Nâves**, puis allez chercher dans la légende à quel type de campagnes cela correspond. Vérifiez-le par une information du document 1.

Question 5

- C'est une question difficile car elle vous demande de mobiliser des **connaissances de plusieurs chapitres** :

– les campagnes dynamiques correspondent au chapitre sur les **aires urbaines** ;

– les campagnes agricoles et industrielles à celui sur les **espaces productifs** ;

– les campagnes vieillies à celui sur les **espaces de faible densité et leurs atouts**.

- Il s'agit de décrire les types de campagnes auxquelles n'appartient pas la commune de Nâves, pour montrer qu'elles sont très différentes. Utilisez la légende du document 2, mais aussi vos connaissances.

BIEN DÉFINIR LES MOTS-CLÉS

- **Espaces de faibles densités :** espaces où vivent moins de 30 habitants/km^2.
- **Désert français :** expression utilisée par les géographes pour désigner les espaces de très faible densité (moins de 10 habitants/km^2).
- **Espace rural :** espace situé hors des espaces urbains. Les communes rurales sont, en France, les communes de moins de 2000 habitants.
- **Politiques publiques :** politiques menées par l'État pour réduire les inégalités entre les territoires dans le cadre de l'aménagement du territoire.
- **Aspirations :** volonté de changement pour atteindre une meilleure situation.
- **Néoruraux :** anciens citadins venus s'installer à la campagne.
- **Rase campagne :** expression désignant les campagnes les plus isolées.
- **Industrie de haute technologie :** industrie reposant sur la recherche et l'innovation.
- **Espace sous influence urbaine :** espaces périurbains où la majorité des actifs travaillent dans le pôle urbain.
- **Campagnes vieillies :** espaces ruraux de faible densité, désertés par les jeunes qui sont partis étudier et travailler en ville.
- **Aires urbaines :** ensemble formé par une ville, ses banlieues et les communes périurbaines, dont au moins 40 % des habitants travaillent en ville.

CORRIGÉ 23

Comprendre le corrigé

1 Nâves a appartenu à ce que les géographes ont appelé le « désert français », car « il y a un siècle, ils étaient 650 habitants » et « aujourd'hui, ils ne sont que 123 ».

L'astuce du prof
Ne recopiez pas tout le premier paragraphe, mais sélectionnez les informations significatives.

2 Selon ce document, des personnes « repeuplent peu à peu » la commune de Nâves, car d'anciens citadins souhaitent se rapprocher de la nature. Ils deviennent ainsi des néoruraux, notamment grâce à l'accès à Internet qui permet d'être moins isolé et de travailler à distance: c'est le télétravail. De plus, les politiques publiques, comme les politiques de transports, soutiennent les petites communes rurales pour qu'elles restent reliées aux centres urbains.

Gagnez des points
On doit retrouver dans votre réponse les notions apprises en cours comme « néo-ruraux » ou « télétravail ». Ne vous contentez pas de recopier des parties du document.

3 Nâves connaît un « fragile sursaut », car la population a cessé de diminuer et des néoruraux se sont installés, comme Jaques Delorme qui gère une entreprise de haute technologie depuis Nâves. Pourtant cela reste fragile, car la population ne s'élève qu'à 123 habitants. De nombreux services manquent dans la commune: « pas de bus, pas de médecins, pas d'école, pas de boutiques, pas de cafés ». Ce sursaut peut donc à tout moment s'arrêter.

4 Le document 1 nous indique que la commune de Nâves ne compte que 123 habitants.

Cela est confirmé par le document 2 qui la localise dans les « campagnes vieillies », des campagnes à très faibles densités et à faibles revenus.

L'astuce du prof
Utilisez bien les deux documents pour rédiger votre réponse.

5 La commune de Nâves n'est pas représentative de toutes les campagnes françaises. Comme on peut le voir sur le document 2, il existe différents types de campagnes en France. À l'inverse de Nâves, d'autres espaces ruraux connaissent des densités plus fortes. Ce sont les campagnes dynamiques situées à proximité des aires urbaines, dans les vallées urbanisées ou sur les littoraux. Ces espaces sont touchés par la périurbanisation et vivent sous l'influence urbaine. D'autres espaces ruraux connaissent une influence urbaine moins forte, mais n'en sont pas moins dynamiques. Ce sont les campagnes agricoles et industrielles de l'ouest et du nord de la France qui concentrent les principaux espaces productifs agricoles.

L'astuce du prof
Mobilisez vos connaissances des autres chapitres de Géographie: celui sur les aires urbaines pour la périurbanisation et celui sur les espaces productifs pour les campagnes agricoles et industrielles.

Aménager pour répondre aux inégalités croissantes entre territoires français, à toutes les échelles

Faire le point

La carte

L'organisation du territoire français

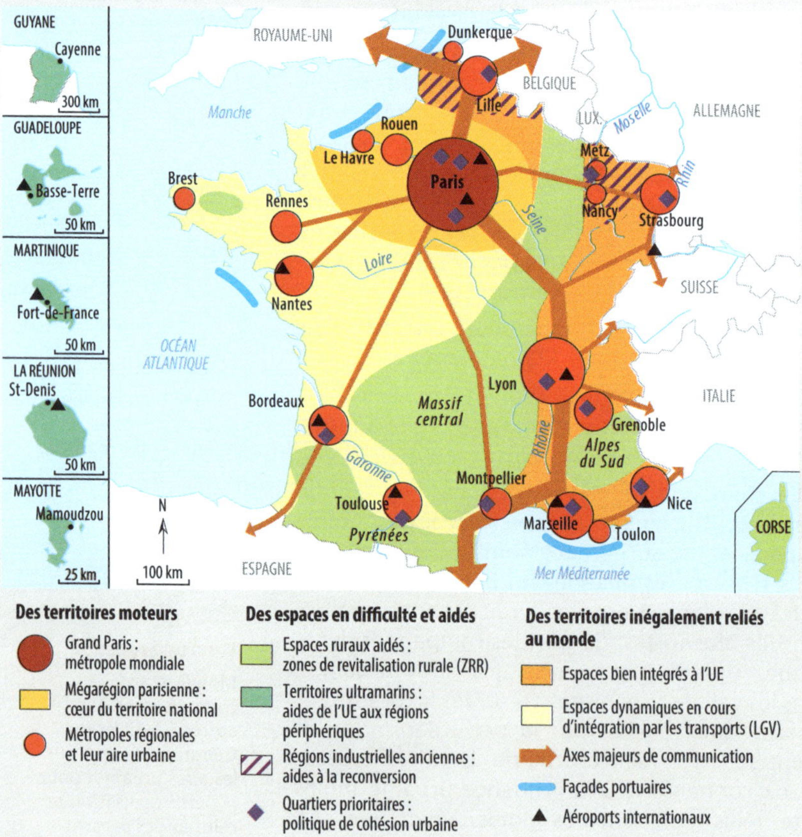

L'essentiel

Aménager pour répondre aux inégalités croissantes

- à l'échelle nationale, répondre aux inégalités causées par la mondialisation qui creusent des écarts entre territoires intégrés dans la mondialisation (métropoles, périphéries dynamiques) et territoires à l'écart (régions intérieures ou en reconversion industrielle)
- à l'échelle régionale, répondre aux inégalités causées par la métropolisation qui concentre trop les richesses dans les métropoles
- à l'échelle locale, répondre aux inégalités sociospatiales urbaines qui peuvent aller jusqu'à la ségrégation

Les acteurs de l'aménagement

- l'État
- les collectivités territoriales
- l'UE
- les associations de citoyens

Contrôler ses connaissances

corrigés p. 230

QCM *Cochez la bonne réponse.*

1. La mondialisation a renforcé l'influence :

- ☐ **a.** des métropoles et des régions frontalières et littorales.
- ☐ **b.** des régions de l'intérieur et des espaces industriels.
- ☐ **c.** des métropoles et des espaces industriels.

2. Le processus de ségrégation à l'échelle locale se traduit par l'accumulation des difficultés dans certains quartiers.

- ☐ **a.** Vrai
- ☐ **b.** Faux

3. Depuis les lois de décentralisation de 1982-1983, qui est le principal acteur de l'aménagement en France ?

- ☐ **a.** L'UE
- ☐ **b.** L'État français
- ☐ **c.** Les collectivités territoriales

4. L'UE aide au financement de nombreux projets d'aménagement du territoire.

- ☐ **a.** Vrai
- ☐ **b.** Faux

SUJET 24 **Polynésie, septembre 2017** 20 pts 45 min

Analyser et comprendre des documents

DOC. 1 Le projet d'aéroport du Grand Ouest à Notre-Dame-des-Landes ménacé[1]

Aujourd'hui, nul ne sait quand les travaux de cette infrastructure, destinée à remplacer l'actuel aéroport de Nantes, pourront être mis en œuvre. Les voix des opposants n'ont cessé de se faire entendre. Plus d'une centaine d'entre eux se sont même installés sur la zone d'aménagement différé (ZAD[2]), rebaptisée « zone à défendre ».

Cécile Rialland-Juin, géographe à l'université d'Angers : « Dans les années 1960, cette zone était faiblement peuplée et l'agriculture n'était pas considérée comme prioritaire. Toutes les conditions étaient réunies pour que l'aéroport se fasse. »

Les paysans concernés vont pourtant s'organiser contre le projet. « Entre-temps, l'étalement urbain a fait son œuvre et de plus en plus de pavillons ont poussé autour de Notre-Dame-des-Landes », poursuit Cécile Rialland. Cette hausse de la population riveraine ne pouvait que mener au conflit.

F. Pagneux, « Notre-Dame-des-Landes, du projet local à l'enjeu national »,
La Croix, 29 janvier 2016.

1. Ce projet d'aéroport est aujourd'hui abandonné.
2. Zone mise en réserve afin d'être aménagée.

DOC. 2 Relier le Grand Ouest : aéroports et TGV

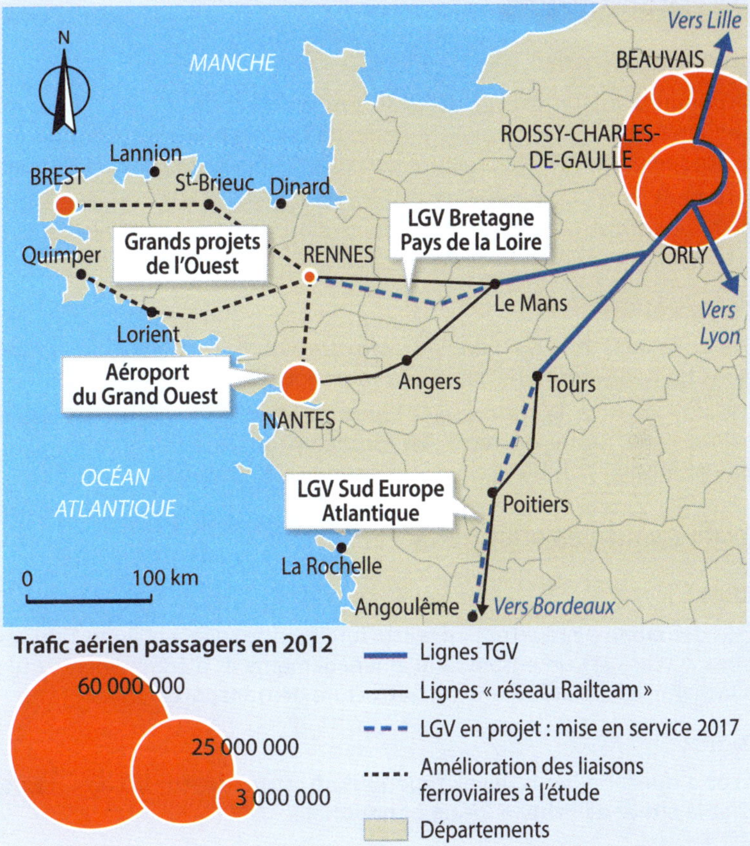

Cécile Rialland-Juin, géographe

1 Quelle « infrastructure » doit être réalisée dans la première ligne du texte ?

2 En vous aidant de la carte, où ce projet d'infrastructure doit-il être réalisé ?

3 Quels aménagements sont réalisés dans l'ouest de la France ? Deux réponses sont attendues.

4 Pourquoi ce projet d'infrastructure permettrait-il d'équilibrer le trafic aérien de passagers en France ?

5 Expliquez pourquoi le projet tarde à débuter en identifiant les opposants et leurs motivations.

PAR ÉTAPES

BIEN LIRE LES DOCUMENTS

Identifier leur nature

- **Le document 1** est un extrait de texte tiré d'un article du journal ***La Croix*** publié en janvier 2016. La journaliste essaie de faire le point sur les oppositions suscitées par ce projet d'infrastructure qui a longtemps fait la une de l'actualité.
- **Le document 2** est une carte de l'ouest de la France sur laquelle on peut retrouver les infrastructures de transport, d'où son titre: «Relier le Grand Ouest: aéroports et TGV».

Repérer les éléments importants

- Dans le document 1, **le nom de l'infrastructure** dont il est question, ainsi que **les raisons de l'opposition** de certains à ce projet.
- Dans le document 2, **les principales lignes ferroviaires à grande vitesse** présentes dans cette partie du territoire longtemps mal desservie, ainsi que **les principaux aéroports** visibles par le trafic aérien des passagers.

BIEN COMPRENDRE LES QUESTIONS

Question 1

- On vous demande de repérer l'infrastructure mentionnée à la ligne 1 du texte. Une infrastructure est un ensemble d'aménagements et d'équipements utiles à une collectivité. Ici, il s'agit d'une **infrastructure de transport**.

Question 2

- Pour cette question, vous devez repérer l'infrastructure sur la carte du document 2 et **la situer à l'échelle locale et nationale**.

Question 3

- Les aménagements que vous devez repérer sont présents sur la carte et dans sa légende. Attention de ne choisir que **ceux qui sont déjà mis en service en 2017**, puisque la question vous demande lesquels sont déjà réalisés.

Question 4

- Cette question demande de bien observer le trafic aérien de passagers sur le document 2. Pour y arriver, **comparez le nombre de passagers** en Île-de-France et celui dans les Pays de la Loire.

Question 5

- Afin de répondre aussi précisément que possible à cette question, vous devez à la fois **repérer les différents opposants** au projet et expliquer, pour chacun d'eux, **pourquoi ils s'y opposent** (leurs motivations).

BIEN DÉFINIR LES MOTS-CLÉS

- **Aménager:** actions des pouvoirs publics pour corriger les inégalités entre les territoires.
- **Étalement urbain:** extensions de la ville sur les campagnes alentours.
- **Grand Ouest:** territoire regroupant plusieurs régions de l'ouest de la France, situées à proximité de l'océan Atlantique.
- **Infrastructure:** ensemble d'aménagements et d'équipements utiles à une collectivité.
- **LGV (ligne à grande vitesse) :** ligne ferroviaire construite pour des trains roulant au-delà des 220 km/h.
- **Population riveraine:** population qui habite à proximité.

CORRIGÉ 24

Comprendre le corrigé

1 L'infrastructure qui doit être réalisée est l'aéroport du Grand Ouest à Notre-Dame-des-Landes.

2 Cet aéroport doit être réalisé dans l'aire urbaine de Nantes dans l'ouest de la France (région des Pays de la Loire).

3 Les aménagements réalisés dans l'ouest de la France sont le prolongement de la ligne LGV Paris-Le Mans jusqu'à Rennes et le prolongement de la ligne LGV Paris-Tours jusqu'à Bordeaux.

4 Jusqu'à présent, l'essentiel du trafic aérien de passagers en France arrive dans les aéroports de l'aire urbaine parisienne; en premier lieu Roissy-Charles-de-Gaulle, puis Orly et Beauvais. Ce nouvel aéroport permettrait donc de rééquilibrer le trafic en détournant en sa faveur une partie des passagers.

5 Ce projet a tardé à débuter (et a même été abandonné), en raison de la forte opposition de certains acteurs. Ses opposants sont les agriculteurs qui veulent défendre leur activité et leurs terres, notamment ceux installés sur la ZAD. Il y a aussi les riverains, installés dans des pavillons qui n'ont cessé de se multiplier dans cette zone de la couronne périurbaine de Nantes touchée par l'étalement urbain.

Gagnez des points !
Dites à proximité de quelle métropole se situe cette infrastructure, mais situez-la également dans l'espace national.

L'astuce du prof
Trouvez dans la légende de la carte les aménagements mis en service en 2017.

L'astuce du prof
Observez bien où se concentre l'essentiel du trafic aérien des passagers à l'aide des figurés en cercles.

L'astuce du prof
Identifiez les deux types différents d'opposants au projet.

Les territoires ultra-marins français : un problème spécifique

Faire le point

La carte

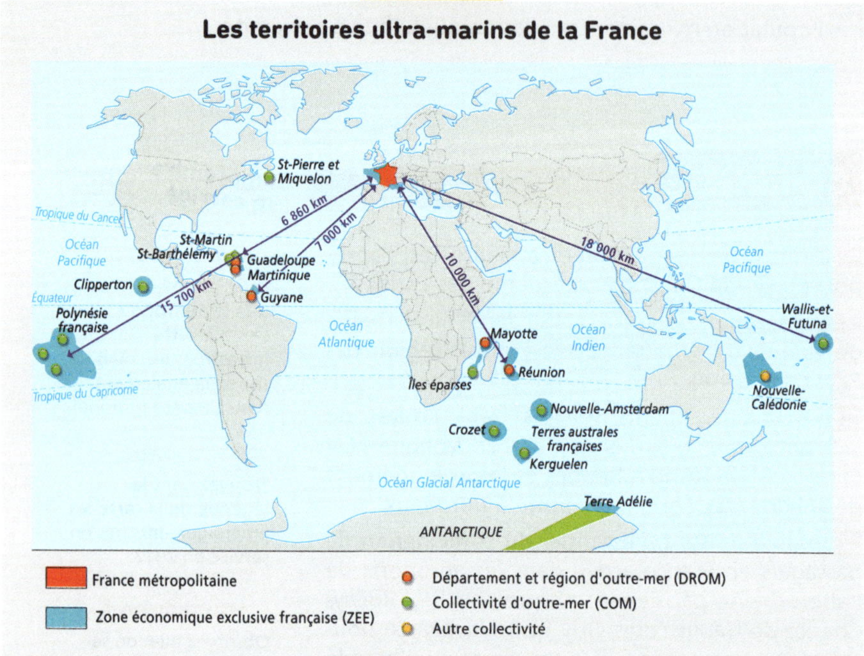

L'essentiel

Aménager pour répondre aux problématiques spécifiques des territoires d'outre-mer

- des territoires éloignés, isolés et enclavés pour lesquels il faut développer une politique d'aménagement des transports spécifique
- des territoires moins développés que le reste du territoire métropolitain qui doivent trouver de nouvelles ressources économiques dans les services, notamment le tourisme
- des territoires riches d'un environnement et d'une biodiversité exceptionnels qui doivent se tourner vers l'écotourisme dans le cadre d'un développement durable

Contrôler ses connaissances

corrigés p. 230

QCM *Cochez la (ou les) bonne(s) réponse(s).*

1. Quel territoires ne fait pas partie des DROM ?

- ☐ **a.** Polynésie française
- ☐ **b.** Guadeloupe
- ☐ **c.** Mayotte

2. La Nouvelle-Calédonie est une collectivité d'outre-mer ayant un statut particulier.

- ☐ **a.** Vrai
- ☐ **b.** Faux

3. Les COM et les DROM ne sont pas des territoires attractifs.

- ☐ **a.** Vrai
- ☐ **b.** Faux

4. Les aménagements spécifiques pour les COM et DROM sont mis en œuvre pour développer :

- ☐ **a.** le secteur industriel.
- ☐ **b.** le secteur du tourisme.
- ☐ **c.** le secteur agricole.

5. Parmi les réponses suivantes, quels sont les acteurs des politiques d'aménagement des territoires ultra-marins en France ?

- ☐ **a.** l'État français
- ☐ **b.** l'Union européenne
- ☐ **c.** l'OTAN

6. Les territoires ultra-marins sont très peu soumis aux risques naturels (tempêtes, séismes, etc.).

☐ **a.** Vrai ☐ **b.** Faux

7. Les DROM sont des Départements et Régions d'Outre-Mer.

☐ **a.** Vrai ☐ **b.** Faux

8. Quelles sont les spécificités des COM ?

- ☐ **a.** elles peuvent adapter les lois françaises
- ☐ **b.** elles n'ont aucune autonomie
- ☐ **c.** ce sont des collectivités territoriales

SUJET 25 **France métropolitaine, septembre 2017** 20 pts 45 min

Analyser et comprendre des documents

DOC. 1 L'aménagement de l'île de la Réunion

Depuis la départementalisation de 1946, la Réunion s'est profondément transformée. Sa population, qui a plus que triplé, atteint aujourd'hui 837 000 habitants, installés pour la plupart sur la bande littorale. Dans ce contexte de croissance démographique soutenue, d'urbanisation et de périurbanisation accélérées, l'espace insulaire demeure très fortement contraignant. Plusieurs grands chantiers, financés par l'État, la région et l'Union européenne, visent à améliorer les déplacements à l'intérieur de l'île, question importante pour les pouvoirs publics réunionnais. L'essor de la mobilité des insulaires a abouti à de réelles menaces d'engorgement de l'axe littoral qui risquent de compromettre les efforts de développement.

Deux projets gigantesques doivent améliorer la route du littoral (avec une nouvelle voie en partie souterraine). Ces grands travaux s'ajoutent à d'autres aménagements qui viennent tout juste d'être achevés. L'ouverture de la « route des tamarins » en 2009 à l'ouest du territoire a amélioré le trafic routier sur l'axe principal et favorise l'aménagement des espaces situés à mi-hauteur en forte croissance démographique. Dans le même temps, ces travaux constituent un moteur pour la croissance et l'emploi.

À côté de cette orientation récente, l'île s'est dotée en 2007 d'un nouvel outil s'inscrivant dans le droit fil du développement durable : le parc national de la Réunion, qui vise à favoriser une agriculture et une filière bois « de qualité », et le tourisme dans un territoire unique au monde qui a été inscrit en août 2010 au patrimoine mondial de l'Unesco.

D'après Y. Colombel, D. Oster (dir),
La France, territoires et aménagement face à la mondialisation, Nathan, 2014.

DOC. 2 L'île de la Réunion

1 Relevez, dans le document 1, deux informations qui montrent que l'île de la Réunion connaît une importante croissance démographique.

2 Identifiez, à partir des deux documents, les espaces qui concentrent les populations et les activités économiques.

3 Présentez, à l'aide des documents, une conséquence de cette croissance des hommes et des activités.

4 Quels aménagements sont envisagés pour répondre à cette situation ?

5 À l'aide du document 1, citez les trois acteurs qui financent les grands aménagements de l'île.

PAR ÉTAPES

BIEN LIRE LES DOCUMENTS

Identifier leur nature

- **Le document 1** est extrait d'un ouvrage écrit par des géographes en 2014 : *La France, territoires et aménagement face à la mondialisation*. C'est donc un texte au vocabulaire parfois difficile et un peu technique.
- **Le document 2** est une carte de la Réunion sur laquelle on peut identifier les différents espaces et localiser les villes et les différentes activités économiques de l'île.

Repérer les éléments importants

- Dans le document 1, le premier long paragraphe aborde **la croissance de la population et ses conséquences** sur le développement économique de l'île. Le second paragraphe, qui évoque le parc national de la Réunion, est peu utile pour répondre aux questions.
- Dans le document 2, il s'agit de repérer **les montagnes** et **le parc national** au centre de l'île, **les activités et les villes** concentrées sur les littoraux, mais aussi **les bouchons** symbolisés par des hachures.

BIEN COMPRENDRE LES QUESTIONS

Question 1

- On vous demande de « relever » deux informations. Vous devez donc **prélever ces informations dans le texte et les citer**. N'oubliez pas de mettre des **guillemets** quand vous citez un passage du texte.

Question 2

- Le document 1 vous permet d'identifier **deux espaces** où se concentre la population : l'un est cité au début du texte, l'autre à la fin du premier paragraphe.
- N'oubliez pas d'identifier **les activités économiques**. C'est la légende du document 2 qui permet de le faire.

Question 3

- Cette question vous demande de « présenter » **une conséquence** de cette concentration des hommes et des activités sur un petit espace. On attend donc de vous que vous trouviez cette conséquence, mais aussi que vous **la décriviez en l'expliquant**. Servez-vous des deux documents pour y parvenir.

Question 4

- Pour trouver les aménagements prévus pour répondre à la situation décrite dans la question précédente, vous pouvez une nouvelle fois vous servir des deux documents. La légende de la carte cite **un aménagement déjà réalisé**, tandis que le texte fait référence à **des projets en cours**.

Question 5

- On vous demande de citer trois acteurs de ces projets d'aménagements, autrement dit ceux qui le décident et le financent. Ici ce ne sont que **des acteurs publics**.

BIEN DÉFINIR LES MOTS-CLÉS

Aménagement • Bande littorale • Croissance démographique • Développement durable • Insulaires • Parc national • Périurbanisation • Territoires ultra-marins • Unesco

CORRIGÉ 25

Comprendre le corrigé

1 La Réunion connaît une forte croissance démographique : depuis 1946, sa population qui « a plus que triplé, atteint aujourd'hui 837 000 habitants » ; « les espaces situés à mi-hauteur [sont] en forte croissance démographique ».

> **L'astuce du prof**
> Citez un chiffre présent dans le texte.

2 C'est surtout la bande littorale qui concentre les populations et les activités économiques : on y trouve les villes, le port principal, les sites industriels, l'aéroport et les espaces agricoles. Les espaces situés à mi-hauteur sont eux aussi en forte croissance démographique.

> **L'astuce du prof**
> Citez les différentes activités que vous pouvez repérer dans la légende de la carte.

3 La principale conséquence de cette croissance des activités et des populations sur la bande littorale est la « menace d'engorgement de l'axe littoral ». En effet, les principaux axes routiers connaissent d'importants « bouchons » aux heures de pointe notamment autour des principales villes comme Saint-Denis, Saint-Pierre ou Saint-Paul. Ces embouteillages freinent le développement économique de ces espaces.

> **L'astuce du prof**
> Utilisez les deux documents et pas seulement le texte.

4 La route des Tamarins a déjà désengorgé l'axe principal, mais deux « gigantesques » aménagements routiers sont encore prévus pour améliorer la situation, notamment « une nouvelle voie en partie souterraine ». Une autre partie de la route du littoral devrait être construite sur un viaduc au-dessus de la mer.

> **L'astuce du prof**
> Si vous avez étudié l'exemple de la Réunion en cours ou si vous connaissez ce territoire, n'hésitez pas à utiliser vos connaissances pour décrire les aménagements prévus, notamment l'immense viaduc au-dessus de la mer.

5 Les trois acteurs qui financent ces aménagements sont l'État, la région de la Réunion et l'Union européenne.

> **L'astuce du prof**
> Les trois acteurs sont cités dans le premier paragraphe du texte.

L'Union européenne, un nouveau territoire de référence et d'appartenance

Faire le point

La carte

L'organisation de l'espace européen

1. Des espaces inégalement intégrés

- Mégalopole, centre de l'UE
- Périphéries dynamiques intégrées au centre
- Périphéries en développement
- Périphéries à développer

2. Les réseaux et les villes

- Métropole de rang mondial
- Métropole de rang européen
- Principaux axes terrestres
- Principaux axes maritimes

3. Un espace attractif

- Flux migratoires
- Flux d'investissement étrangers

L'essentiel

Une Union multiforme
- libre circulation des marchandises : traité de Rome, 1957
- libre circulation des personnes : traité de Schengen, 1985
- monnaie commune : euro, 2002

Une Union hétérogène
- d'importants écarts de richesses entre :
  - les pays du nord et de l'ouest (riches)
  … et …
  - les pays du sud et de l'est (en retard)

Une Union solidaire
- fonds structurels : subventions de l'UE en faveur des régions les plus pauvres
- principe de cohésion sociale et territoriale

Contrôler ses connaissances

corrigés p. 230

QCM *Cochez la ou les bonne(s) réponse(s).*

1. Quelles conditions un pays doit-il remplir pour pouvoir intégrer l'UE ?
- ☐ **a.** être une démocratie et respecter les droits de l'Homme
- ☐ **b.** mettre en place une économie de marché et s'adapter aux lois européennes
- ☐ **c.** adhérer aux accords de Schengen et utiliser l'euro comme monnaie unique

2. Tous les pays de l'UE ont l'euro pour monnaie.
- ☐ **a.** Vrai
- ☐ **b.** Faux

3. Combien de pays sont membres de l'UE en 2015 ?
- ☐ **a.** 25
- ☐ **b.** 27
- ☐ **c.** 28

4. Suite à la crise financière et économique, l'éclatement de l'UE est un risque réel.
- ☐ **a.** Vrai
- ☐ **b.** Faux

5. Quelle est la date de la création de l'Union européenne ?
- ☐ **a.** 1888
- ☐ **b.** 1990
- ☐ **c.** 1992

6. Que facilitent les accords de Schengen ?
- ☐ **a.** la libre circulation des personnes
- ☐ **b.** l'acceptation des pays dans l'UE
- ☐ **c.** les transactions commerciales entre les États signataires

SUJET 26 **France métropolitaine, septembre 2020** 20 pts 45 min

Analyser et comprendre des documents

DOC. 1 Le réseau ferroviaire à grande vitesse dans l'Union européenne en 2014

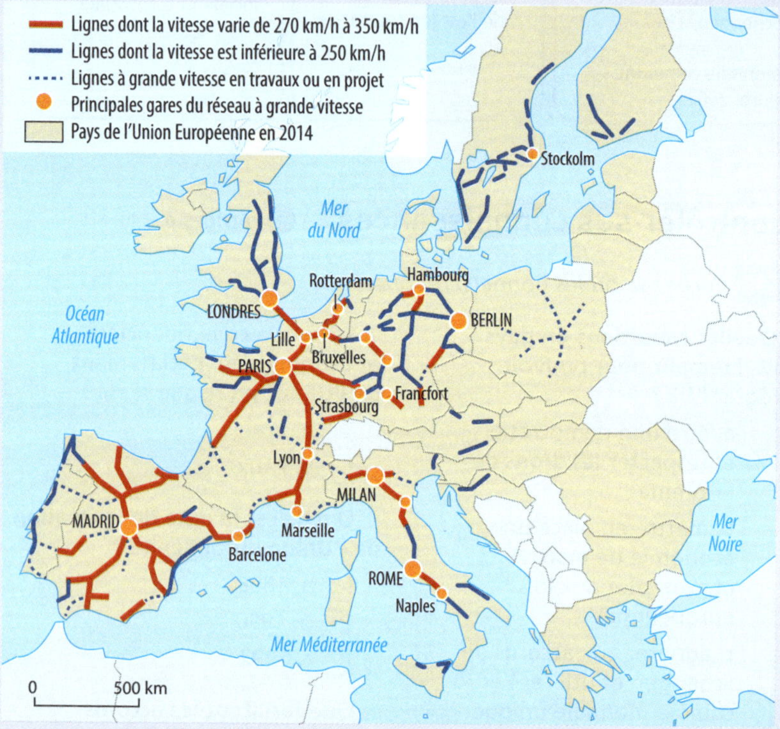

D'après R. Woessner, *L'Europe de la grande vitesse ferroviaire, diversités nationales et logiques métropolitaines*, www.geoconfluences.fr, 2014.

DOC. 2 Le rôle des transports dans l'unité du territoire européen

La constitution d'un territoire européen est liée au dépassement du cadre national[1] et à l'interconnexion des réseaux des différents pays, afin de faciliter la mobilité des personnes, mais également la circulation des flux de marchandises.

Or, cette libre circulation va de pair avec l'instauration de l'espace Schengen et des accords européens sur l'abolition des barrières douanières. En outre, la question des transports est fondamentale parce que les infrastructures [...] forment une juxtaposition[2] de réseaux aux normes différentes, pouvant difficilement communiquer entre eux, ce qui est particulièrement vrai dans le domaine ferroviaire.

Pour les citoyens, la possibilité de se déplacer facilement d'un pays à l'autre et de bénéficier d'infrastructures performantes est un point positif rapidement identifiable de la vie quotidienne. Cela permet également d'accroître les mobilités entre les différents pays et de faire ainsi advenir la conscience[3] d'un espace européen partagé.

D'après Éloïse Libourel, géographe,
Le corridor ferroviaire méditerranéen : planification, politisation et territorialisation d'un projet d'aménagement, Université Paris-Est, 2015.

1. Dépassement du cadre national : dépassement des frontières d'un pays.
2. Juxtaposition : fait de placer des choses les unes à côté des autres, ici les réseaux de transports nationaux aux normes différentes.
3. Faire advenir la conscience : développer le sentiment.

Document 1

1 Citez deux pays frontaliers entre lesquels les échanges à grande vitesse sont faciles et deux pays frontaliers pour lesquels cela est plus difficile.

2 Expliquez pourquoi on peut dire que le réseau à grande vitesse est déséquilibré à l'échelle de l'Union européenne.

Document 2

3 Identifiez dans le document ce que l'Union européenne met en œuvre pour favoriser la circulation et les mobilités.

Documents 1 et 2

4 Montrez quelles améliorations le développement du réseau de transport apporte à la vie des Européens (deux éléments de réponse attendus).

5 Expliquez pourquoi le développement des lignes à grande vitesse permettrait de renforcer la « conscience d'un espace européen partagé ».

PAR ÉTAPES

BIEN LIRE LES DOCUMENTS

Identifier leur nature

- **Le document 1** est une carte du réseau ferroviaire à grande vitesse dans l'Union européenne en 2014. Elle est extraite d'une revue de géographie en ligne *Géoconfluences* et permet de distinguer les différentes lignes de train selon leur vitesse, ainsi que les lignes en projet.
- **Le document 2** est un texte rédigé par une géographe, Eloïse Libourel, sur le rôle des transports dans l'unité du territoire européen. C'est donc un document au vocabulaire assez technique et spécialisé qui détaille comment l'UE favorise les déplacements et les mobilités sur son territoire.

Repérer les éléments importants

- **Document 1** : les trois types de lignes à grande vitesse et leurs localisations, les frontières entre les pays de l'Union européenne.
- **Document 2** : les différents moyens par lesquels l'UE favorise les déplacements sur son territoire pour renforcer « la conscience d'un espace européen partagé ».

BIEN COMPRENDRE LES QUESTIONS

Question 1 et 2

- Pour citer les différents pays, il faut bien se repérer pour **localiser les frontières** entre les états membres de l'UE, car elles sont peu lisibles sur la carte. Vous pouvez citer des pays frontaliers de la France, mais aussi d'autres du moment que leurs frontières se touchent.
- Il s'agit ici de bien distinguer, à l'aide des points cardinaux, **où se situe la majorité des lignes à grande vitesse** dans l'UE et là où il y en a le moins.

Question 3

- Le texte aborde différents moyens par lesquels **l'UE favorise la circulation et les mobilités**. Certains peuvent être explicités par vos connaissances en histoire et en géographie sur la construction européenne.

Question 4 et 5

- Pour répondre à la question 4, vous devez **utiliser les deux documents** en choisissant un élément de réponse dans chaque document.
- Répondez à la question 5 en vous appuyant sur les deux documents, mais vous pouvez **utiliser aussi vos connaissances** en prenant soin de **rester dans le sujet** qui est le développement des lignes à grande vitesse.

BIEN DÉFINIR LES MOTS-CLÉS

• Union européenne • LGV • Infrastructure de transport • Mobilité • Barrière douanières • Espace Schengen

CORRIGÉ 26

Comprendre le corrigé

1 Les deux pays frontaliers entre lesquels les échanges à grande vitesse sont faciles sont, par exemple, la France et la Belgique. Ceux pour lesquels cela est plus difficile sont, par exemple, l'Italie et la France.

2 Le réseau à grande vitesse est déséquilibré à l'échelle de l'UE car il est très présent en Europe de l'Ouest et presque inexistant en Europe de l'Est.

3 L'Union européenne met en œuvre différentes solutions pour favoriser la circulation et les mobilités. Elle développe « l'interconnexion des réseaux des différents pays » pour une meilleure circulation des personnes et des marchandises. Elle a aussi, par de nombreux accords et traités (comme le traité de Maastricht) aboli les barrières douanières. Elle a enfin créé, en 1995, l'espace Schengen, un espace de libre circulation des personnes qui regroupe 26 États en Europe.

Gagnez des points !
Grâce à vos connaissances sur l'UE, préciser ce que dit le texte notamment sur l'espace Schengen.

4 Le développement du réseau de transport améliore la vie des Européens en leur permettant de se déplacer facilement d'un pays à un autre car de nombreuses métropoles de l'UE sont reliées entre elles par les gares du réseau à grande vitesse. Les Européens bénéficient ainsi d'infrastructures de transport performantes ce qui est « un point positif rapidement identifiable de la vie quotidienne ».

5 La facilité de déplacement à l'intérieur de l'UE grâce au développement des lignes à grande vitesse permettra « d'accroître les mobilités entre les différents pays ». De plus, les nombreuses lignes en projet peuvent peu à peu corriger les déséquilibres du réseau à grande vitesse dans lequel certains pays sont encore à l'écart. Ainsi, en se déplaçant de plus en plus, les Européens peuvent prendre conscience « d'un espace européen partagé » et se construire un nouveau territoire d'appartenance au-delà de leurs frontières nationales respectives. Toutefois, le réseau à grande vitesse ne fait pas tout, comme le montre l'exemple du Royaume-Uni, très bien relié notamment par l'Eurostar au territoire de l'UE et qui a quand même voté pour le Brexit en 2016.

Gagnez des points !
Utilisez des connaissances personnelles, des exemples vus en classe pour développer votre réponse.

La France et l'Europe dans le monde

Faire le point

L'essentiel

Influence culturelle, capacité d'attraction

France

- forte influence
- importance de la Francophonie dans le monde
- 1er pays visité au monde
- patrimoine reconnu mondialement

Union européenne

- forte influence
- 1er foyer d'immigration au monde
- 1re destination touristique
- modèle démocratique européen fondé sur les droits de l'Homme

Puissance économique

France

- puissance limitée
- 7e PIB mondial
- FTN importantes dans de nombreux domaines
- solde des échanges commerciaux déficitaires
- concurrences des pays émergents

Union européenne

- puissance forte
- 8 % de la population mondiale pour 30 % des richesses
- puissance tertiaire et financière
- 40 % du commerce mondial

Puissance diplomatique et militaire

France

- puissance limitée
- un siège au Conseil de sécurité de l'ONU comme membre permanent
- arme nucléaire
- 1re armée de l'UE
- respect des alliances de l'OTAN et de l'UE

Union européenne

- puissance en construction
- pas de défense commune
- pas d'armée
- pas de siège au Conseil de sécurité : une présence sur la scène internationale faible

La carte

La présence française dans le monde

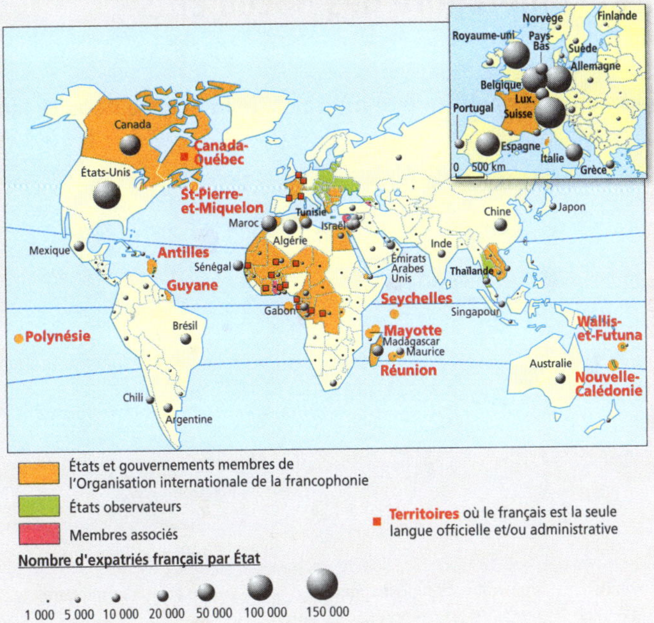

Contrôler ses connaissances

corrigés p. 230

QCM *Cochez la ou les bonne(s) réponse(s).*

1. Une région française peut percevoir des aides de l'UE.

- ☐ **a.** Vrai
- ☐ **b.** Faux

2. L'UE est une puissance :

- ☐ **a.** commerciale.
- ☐ **b.** tertiaire.
- ☐ **c.** diplomatique.

3. La mégalopole européenne est :

- ☐ **a.** la plus grande ville d'Europe.
- ☐ **b.** une très grande ville.
- ☐ **c.** un ensemble de très grandes villes.

4. La France et l'UE restent peu entendues sur la scène internationale au niveau diplomatique et militaire.

- ☐ **a.** Vrai ☐ **b.** Faux

SUJET 27 Nouvelle-Calédonie, Décembre 2019

20 pts 45 min

Analyser et comprendre des documents

DOC. 1 La présence géopolitique et militaire de la France dans le monde

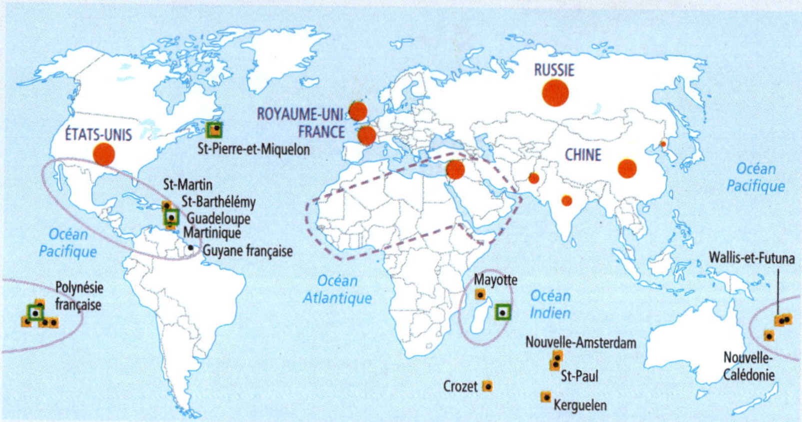

Un territoire mondial
- • Un territoire mondial
- ZEE

Une influence diplomatique

FRANCE Pays membres permanents du conseil de sécurité de l'ONU

Une puissance militaire

3 000 à 2 000 — 300 à 200 — 100 à 5

Organisations de coopération régionale auxquelles participent les territoires ultramarins

Principales régions d'interventions militaires de la France pour le maintien de la paix

Source : Laurent Bonnet, DigiSchool

DOC. 2 La France et l'axe indopacifique

« La France est une grande puissance de l'indopacifique à travers tous ces territoires, la Nouvelle-Calédonie, Wallis-et-Futuna, la Polynésie française, Mayotte et La Réunion. […] C'est plus d'un million et demi de nos concitoyens qui sont dans cette large région, ce sont plus de 8 000 de nos militaires qui portent notre défense nationale, nos intérêts, c'est plus des trois quarts de notre présence maritime, nous qui sommes la deuxième puissance maritime du monde. […] Dans cette région du globe, la Chine est en train de construire sa supériorité pas à pas. […] [Il est donc désormais indispensable d'en faire] un partenaire pour cette région. Nous devons travailler avec elle pour augmenter les échanges et en tirer toutes les opportunités. […]

Avec le choix du peuple britannique de quitter l'Union européenne, la France devient le dernier pays européen dans le Pacifique. […] Pour toutes ces raisons, je crois à l'axe indopacifique. Il y a un axe Paris–New Delhi–Canberra qui se prolonge de Papeete à Nouméa, et à travers tous nos territoires, afin d'assurer la liberté de circulation dans les mers et dans les airs. Nous avons un rôle à jouer avec l'Australie pour articuler nos défenses, notre cyber-sécurité, et lutter contre le terrorisme. […] Nous avons des alliés, l'Inde, la Malaisie, Singapour, les Philippines et le Japon. […]

Cette stratégie indopacifique est également une stratégie économique indispensable pour la Nouvelle-Calédonie pour en faire un territoire exportateur dans cette région comme vers l'Europe ou d'autres régions du globe et pour réussir à porter une ambition commerciale. »

D'après le discours du Président de la République, Emmanuel Macron, à Nouméa, le 5 mai 2018, site de la présidence de la République française, www.elysee.fr

Document 1

1 Donnez un élément qui montre la présence géopolitique ou militaire de la France en Afrique, en Océanie et en Amérique (une réponse attendue par continent).

Document 2

2 Nommez les trois grandes puissances évoquées par les capitales Paris–New Delhi–Canberra.

3 Sur quoi s'appuie actuellement la France pour maintenir sa puissance dans la région indopacifique ?

4 Que permet d'assurer et de développer l'axe indopacifique ?

5 Citez des exemples du rôle que la Nouvelle-Calédonie doit jouer dans la région indopacifique.

Documents 1 et 2

6 Expliquez pourquoi la France est une puissance géopolitique et militaire dans le monde.

PAR ÉTAPES

BIEN LIRE LES DOCUMENTS

Identifier leur nature

- **Le document 1** est un planisphère décrivant la présence géopolitique et militaire de la France dans le monde. Il a pour but de montrer que la France est présente sur presque tous les continents et océans.
- **Le document 2** est un extrait d'un discours d'Emmanuel Macron, président de la République française, le 5 mai 2018 à Nouméa, chef-lieu de la collectivité d'outre-mer de Nouvelle-Calédonie. Ce texte a donc été prononcé à l'occasion d'un déplacement du chef de l'État dans ce territoire

français. On peut préciser que cette visite précédait de quelques mois la tenue d'un référendum sur l'indépendance de ce territoire.

Repérer les éléments importants

• **Dans ce document 1**, il faut repérer :

– la **légende** organisée en trois parties avec trois titres en gras ;

– les **différents figurés** dans chacune des parties ;

– dans la partie sur la puissance militaire, les **chiffres correspondent au nombre d'armes nucléaires** que possède chaque pays.

• **Dans le document 2**, il faut repérer :

– le titre, qui explique que le document concerne l'influence de la France à **une échelle régionale**, « l'axe indopacifique », c'est-à-dire la région des océans Indien et Pacifique ;

– les trois paragraphes du texte, qui correspondent à **trois parties** : Pourquoi la France est-elle une puissance de l'indopacifique ? Pourquoi doit-elle trouver des alliances dans cette région du monde ? Quel rôle peut jouer la Nouvelle-Calédonie dans cette région et au-delà ?

BIEN COMPRENDRE LES QUESTIONS

Question 1

• Pour cette question, vous devez bien observer la carte du document 1. Pour chaque continent, regardez les figurés présents et reportez-vous à leur signification dans la légende. Vous trouverez **certains figurés identiques en Océanie et en Amérique** ; essayez de ne pas répéter les mêmes dans votre copie.

Question 2

• Vous devez **connaître les capitales des trois États cités**. Canberra est peut-être un peu plus difficile à situer, car ce n'est pas la ville la plus importante de ce grand pays d'Océanie.

Question 3

• Les éléments de réponse se trouvent dans le premier paragraphe du texte. La question est sur 4 points : **un par élément de réponse**.

Question 4

• Les éléments de réponse sont à chercher dans le deuxième paragraphe du texte. Vous devez **distinguer ce qui permet « d'assurer » de ce qui permet de « développer »** l'axe indopacifique. Le verbe « assurer » est présent dans le texte, vous pouvez donc vous y reporter. Le verbe « développer » n'y figure pas. À vous de trouver dans le texte ce qui doit être mis en place pour construire cet axe indopacifique.

Question 5

• Les exemples à trouver apparaissent dans le troisième paragraphe du discours. La question vous demande de **« citer » le texte**. Vous devez donc y trouver des éléments qui montrent que la Nouvelle-Calédonie joue un rôle économique dans l'axe indopacifique.

Question 6

- Cette question est une **question de synthèse**. Elle vous demande de **reprendre tous les éléments de réponse aux questions précédentes** et de **rédiger un bilan** de la puissance géopolitique et militaire dans le monde. La question étant sur 5 points, on attend de vous un effort de rédaction et d'organisation. Vous devez également utiliser vos connaissances personnelles sur ce chapitre de géographie. Pour bien organiser votre réponse, vous pouvez reprendre les trois parties de la légende du document 1.

BIEN DÉFINIR LES MOTS-CLÉS

- **Géopolitique :** étude des enjeux et des rivalités entre et sur les territoires.
- **Axe indopacifique :** alliance et coopération entre les États de la région des océans Indien et Pacifique.
- **Territoires ultra-marins :** territoires français situés outre-mer, c'est-à-dire au-delà des mers. Ces territoires dépendent administrativement de la France. Certains (les DROM) sont des régions et des départements français.
- **ZEE :** zone économique exclusive. Il s'agit de la zone comprise entre la côte et les 200 miles marins (environ 322 km) autour d'un territoire, y compris les îles. L'État souverain y est détenteur des ressources présentes.
- **Cybersécurité :** ensemble des mesures prises par les États et les entreprises pour lutter contre les attaques informatiques.
- **Terrorisme international :** ensemble des groupes armés qui font régner la terreur en organisant des attentats partout dans le monde.

CORRIGÉ 27

Comprendre le corrigé

1 La France est présente en Afrique car le Sahara et l'Afrique de l'Ouest font partie des principales régions d'intervention des militaires français participant à des opérations de maintien de la paix. Ainsi, elle intervient au Mali sous mandat de l'ONU dans la lutte contre le terrorisme international.

La France est également présente en Océanie grâce à ses nombreux territoires ultra-marins (Nouvelle-Calédonie, Polynésie française, Wallis-et-Futuna). Ces territoires lui permettent de bénéficier d'une

Gagnez des points !

Aidez-vous de vos connaissances en EMC sur la défense nationale pour illustrer les interventions militaires de la France dans le monde.

très grande ZEE (zone économique exclusive).

Enfin, la France est présente en Amérique. Ses forces de souveraineté sont stationnées dans les départements d'outre-mer de Guadeloupe, de Martinique et de Guyane.

2 Paris est la capitale de la France, New Delhi celle de l'Inde et Canberra celle de l'Australie.

L'astuce du prof
Les pays concernés sont cités dans le texte du document 2.

3 Pour maintenir sa puissance dans la région indopacifique, la France s'appuie d'abord sur tous ses territoires ultra-marins (Nouvelle-Calédonie, Wallis-et-Futuna, Polynésie française, Mayotte et La Réunion). Elle s'appuie aussi sur sa population : « plus d'un million et demi de nos concitoyens » vivent dans « cette large région ». Elle s'appuie encore sur son armée : « plus de 8000 de nos militaires qui portent notre défense nationale ». Enfin, la France s'appuie sur sa ZEE, qui en fait la « deuxième puissance maritime du monde ».

Gagnez des points !
Citez le texte en n'oubliant pas d'utiliser des guillemets.

4 L'axe indopacifique permet « d'assurer la libre-circulation dans les mers et dans les airs ». Il permet aussi de développer des alliances avec des partenaires privilégiés comme l'Australie sur les questions de défense, de cybersécurité et de lutte contre le terrorisme international.

Gagnez des points !
Citez un exemple de collaboration entre États présent dans le texte.

5 La Nouvelle-Calédonie doit devenir un territoire exportateur vers l'Europe et vers d'autres régions du globe. Elle doit donc réussir à « porter une ambition commerciale ».

6 La France possède de nombreux territoires ultramarins dans tous les océans de la planète, ce qui lui offre la deuxième ZEE au monde. Cette présence mondiale lui donne également une forte puissance militaire, puisque son armée est déployée sur tous les continents. Elle possède également l'arme nucléaire et fait partie des cinq membres permanents du Conseil de sécurité de l'ONU.

L'astuce du prof
Vous pouvez vous appuyer sur vos réponses aux questions précédentes pour cette question qui fait office de synthèse.

Membre fondateur de l'Union européenne, elle fait partie d'un large espace de libre-échange et possède de nombreux alliés internationaux comme l'Australie ou l'Inde.

SUJET 28 Pondichéry, mai 2018 20 pts 45 min

Maîtriser différents langages

1 Rédigez un développement construit d'une vingtaine de lignes montrant à la fois l'influence de l'Union européenne dans le monde et les limites de son rayonnement.

2 Complétez la carte ci-dessous et la légende :

– Nommez sur la carte les trois pôles du commerce mondial.

– Dans la légende, choisissez un figuré pour représenter les flux de marchandises.

– Puis, placez sur la carte les principaux flux de marchandises du commerce mondial.

L'Union européenne dans le commerce mondial

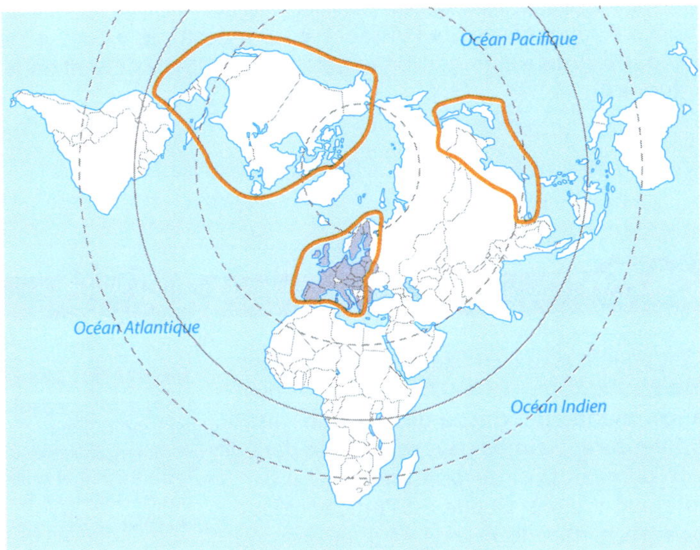

PAR ÉTAPES

BIEN COMPRENDRE LES CONSIGNES

Consigne 1

- Vous devez rédiger un **développement construit**, c'est-à-dire un texte structuré par une introduction, plusieurs parties et une conclusion. Un brouillon est ici nécessaire pour organiser vos idées et vos connaissances.

- Lisez bien le sujet en vous interrogeant sur le sens des mots « **influence** » et « **rayonnement** », qui doivent vous mener à la notion de « **puissance** ». Il vous donne également le plan à suivre pour construire votre développement : il faudra d'abord aborder les **domaines dans lesquels s'exerce l'influence de l'UE** puis, dans une deuxième partie, expliquer les **domaines dans lesquels cette influence est limitée**.

Consigne 2

- Il faut **compléter le croquis** avec des tâches cartographiques très simples :

– Pour placer sur le croquis les trois pôles du commerce mondial, il faut les nommer en noir et en majuscules à l'intérieur ou à l'extérieur du trait orange.

– Vous devez savoir lequel des figurés utilisés en géographie, figuré de surface, figuré ponctuel ou figuré linéaire, permet de représenter des flux, c'est-à-dire des échanges.

BIEN DÉFINIR LES MOTS-CLÉS

UE • Influence • Rayonnement • Puissance • Libre-échange • Euro • Mégalopole • Flux touristiques • Immigration • Diplomatie • ONU • Conseil de sécurité • Référendum • Brexit

CORRIGÉ 28

Comprendre le corrigé

1 L'Union européenne, en constante construction depuis les traités de Rome de 1957, est aujourd'hui une puissance mondiale, c'est-à-dire qu'elle est capable d'influencer les autres pays du monde dans de nombreux domaines. Cette puissance est pourtant incomplète et limitée. Quelle est l'influence de l'Union européenne dans le monde et quelles sont les limites de son rayonnement ?

Gagnez des points ! Utilisez vos connaissances en histoire pour commencer votre introduction et n'oubliez pas de définir les termes du sujet.

L'Union européenne a d'abord une influence économique et commerciale majeure dans le monde. Avec plus de 500 millions d'habitants, l'UE est un marché de riches consommateurs, unis dans un vaste espace de libre-échange et de libre circulation. Elle concentre 30 % des richesses mondiales et participe pour 28 % au PIB mondial.

Gagnez des points ! Citez des chiffres et des exemples précis pour développer votre première partie.

L'UE est aussi une grande place financière : l'euro, utilisé depuis 2002, est une des monnaies les plus solides et les plus utilisées dans le monde.

L'UE est enfin un espace attractif. Son rayonnement culturel est tel qu'elle est la première destination touristique mondiale : elle concentre à elle seule 60 % des flux touristiques mondiaux. Son modèle démocratique et l'absence de conflits en font le premier foyer d'immigration au monde.

Pourtant, l'influence de l'Union européenne reste limitée. Dans les domaines diplomatique et militaire, elle apparait trop souvent divisée et inefficace car chaque pays a gardé son armée nationale et sa diplomatie propre. Elle parle rarement d'une seule voix à l'ONU et n'est pas représentée au Conseil de sécurité.

Puissance politique en construction, elle montre de nombreuses fragilités, notamment depuis que le Royaume-Uni a décidé de quitter l'Union par un référendum en 2016, le « Brexit ». Partout en Europe, de plus en plus d'Européens sont méfiants vis-à-vis de l'UE ou la rejettent complètement. La montée de cet « euroscepticisme » est un véritable frein à la poursuite de la construction européenne.

Gagnez des points !
Utilisez aussi l'actualité pour trouver des exemples de limites au rayonnement de l'Union européenne.

L'Union européenne dispose donc aujourd'hui dans le monde d'une influence réelle mais incomplète, en construction et parfois menacée par les choix politiques intérieurs de ses États membres.

2 L'Union européenne dans le commerce mondial

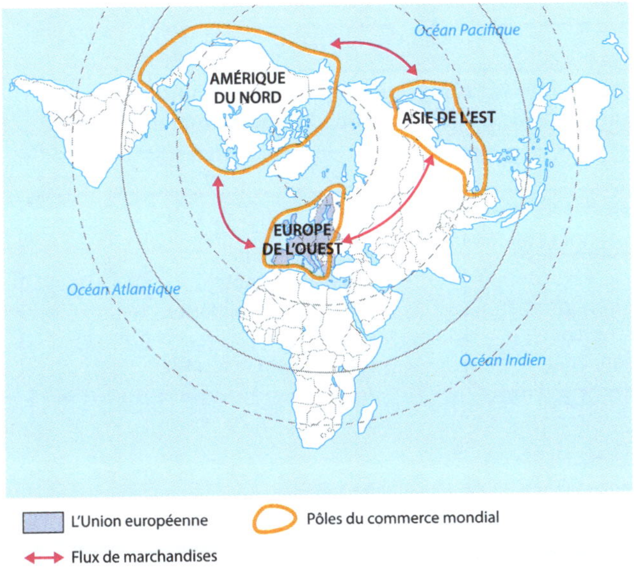

Enseignement moral et civique

Faire le point

L'essentiel

Citoyenneté

Conditions
- nationalité
- majorité
- possession des droits civils et politiques

qui supposent

qui supposent
- droit de vote et d'éligibilité
- majorité civile, matrimoniale et pénale
- droits civils, civiques, en justice (jurés, témoignage, etc.)

des devoirs
- service national universel

+

d'autres droits et devoirs s'appliquant à tous les habitants de la France, République indivisible, laïque, démocratique et sociale

des droits
- droits d'opinion, d'expression et de croyance
- droits sociaux et culturels (droit au travail, à la santé,au chômage, aux loisirs,à l'éducation, etc.)

des devoirs
- respect de la loi
- payer des impôts
- fraternité et solidarité
- civisme
- engagement associatif

Les institutions de la Vᵉ République

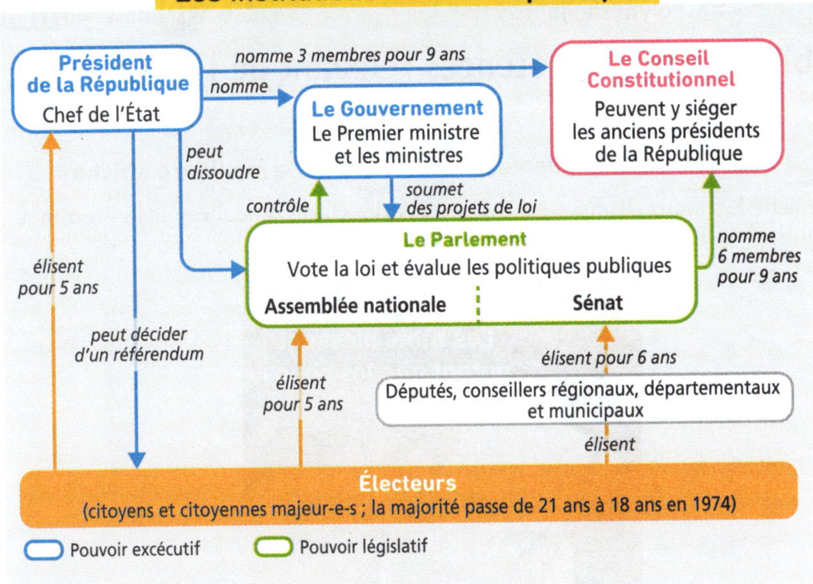

Contrôler ses connaissances

corrigés p. 230

QCM *Cochez la ou les bonne(s) réponse(s).*

1. Une République est toujours démocratique.
- a. Vrai
- b. Faux

2. Parmi ces propositions, cochez celles qui sont exactes.
- a. le Royaume-Uni est une République
- b. le Royaume-Uni est une démocratie
- c. le Royaume-Uni est une monarchie parlementaire

3. Le président de la République est :
- a. le chef du gouvernement.
- b. le chef des armées.
- c. le chef de l'État.

4. La France est :
- a. une démocratie représentative.
- b. une démocratie d'opinion.
- c. une démocratie participative.

5. L'ONU a été fondée en :
- a. 1918.
- b. 1945.
- c. 1958.

6. En France, le citoyen est obligé de faire :
- a. un service national universel.
- b. un service civique.
- c. ni l'un ni l'autre.

SUJET 29 **Polynésie, juin 2019** 10 pts 30 min

Mobiliser des compétences relevant de l'EMC

DOC. 1 Prix « Non au harcèlement » 2018, catégorie meilleure affiche

L'affiche *Les maux d'ados* a été réalisée par des élèves du collège Jean Moulin à Sannois, académie de Versailles.

DOC. 2 Extrait de la loi sur le harcèlement et le cyber harcèlement

Article 222-33-2-2 du Code pénal

Le fait de harceler une personne par des propos ou comportements répétés ayant pour objet ou pour effet une dégradation de ses conditions de vie se traduisant par une altération de sa santé physique ou mentale est puni d'un an d'emprisonnement et de 15 000 € d'amende lorsque ces faits ont causé une incapacité totale de travail inférieure ou égale à huit jours ou n'ont entraîné aucune incapacité de travail. […]

Les faits mentionnés aux premier à quatrième alinéas sont punis de deux ans d'emprisonnement et de 30 000 € d'amende : […]

2° Lorsqu'ils ont été commis sur un mineur de quinze ans ; […]

4° Lorsqu'ils ont été commis par l'utilisation d'un service de communication au public en ligne ou par le biais d'un support numérique ou électronique ; [...]

Source : https://www.legifrance.gouv.fr

1 Choisissez et recopiez sur votre copie la bonne réponse.

Le harcèlement est :

a. Une inégalité de traitement fondée sur un critère prohibé par la loi comme l'origine, le sexe, l'âge... ou dans un domaine visé par la loi comme l'emploi, le logement...

b. Une violence répétée qui peut être verbale, physique ou psychologique. Cette violence se retrouve aussi au sein de l'école. Elle est le fait d'un ou de plusieurs élèves à l'encontre d'une victime qui ne peut se défendre.

c. Un acte par lequel une personne oblige une autre personne à lui remettre d'elle-même un objet ou une somme d'argent lui appartenant, sous la menace d'opérer à son égard si elle ne s'exécute pas des actes violents.

2 Êtes-vous libre de dire ou de publier tout ce que vous voulez sur les réseaux sociaux ? Justifiez votre réponse.

3 Expliquez la phrase de l'affiche « Les mots peuvent blesser autant que les coups ».

4 Chaque jour, votre meilleur ami se moque et insulte un élève de votre classe lorsqu'il est au collège. Il vous envoie avec son téléphone portable une publication dans laquelle il se moque de cet élève. Vous décidez de lui répondre de manière responsable dans un message d'environ dix lignes en vous engageant contre le harcèlement.

Votre réponse ne comportera aucun élément d'identité ou de signature.

PAR ÉTAPES

BIEN COMPRENDRE LES QUESTIONS

Question 1

- La consigne vous demande de **reformuler la définition du harcèlement** à l'aide de trois propositions **a**, **b** ou **c**. Relisez attentivement le document 2 pour trouver la bonne définition et n'oubliez pas de la recopier en entier !

Question 2

- Justifier votre réponse **en vous appuyant sur les documents** et **en les citant** même si la consigne ne l'indique pas.

Question 3

- Vous devez expliquer ici le slogan de l'affiche. L'image vous aide à rédiger votre réponse mais vous **pouvez aussi vous appuyer sur le document 2** pour répondre.

Question 4

- Il s'agit de **rédiger un court texte** comme si vous parliez à votre meilleur(e) ami(e). Attention à **ne pas employer des mots trop familiers et de ne pas utiliser un langage trop oral**. Avant de rédiger, cherchez au brouillon des arguments qui pourraient faire réfléchir votre ami(e) pour le (la) faire changer d'attitude. Peut-être avez-vous suivi au collège des séances de prévention sur le harcèlement, **inspirez-vous alors des conseils sur le rôle des témoins et des médiateurs** pour écrire votre message.

BIEN DÉFINIR LES MOTS-CLÉS

- **Harcèlement :** violence répétée sur une personne qui peut être verbale, physique ou psychologique.
- **Cyber harcèlement :** violence répétée sur une personne par le biais d'un service de communication au public en ligne (réseaux sociaux) ou par le biais d'un support numérique ou électronique (téléphone, ordinateurs, tablettes...).
- **Code pénal :** ensemble des lois qui définissent et sanctionnent les infractions, les délits ou encore les crimes.
- **Réseaux sociaux :** plateformes sur internet permettant de relier des individus en ligne et de partager des contenus (textes, photos, vidéos, pétitions...).
- **Liberté d'expression :** droit d'exprimer sa pensée, son opinion.
- **Violence physique :** coups portés sur une personne. La violence physique se mesure en ITT (interruption temporaire de travail).
- **Violence psychologique :** violence morale, violence mentale ou encore violence émotionnelle qui vise à effrayer, rabaisser ou humilier une personne sans avoir recours à la violence physique.
- **Diffamation :** vouloir porter atteinte à l'honneur, à la réputation de quelqu'un en diffusant des informations déformées ou fausses sur lui.

CORRIGÉ 29

Comprendre le corrigé

1 La bonne réponse est la réponse b. Le harcèlement est « une violence répétée qui peut être verbale, physique ou psychologique. Cette violence se retrouve aussi au sein de l'école. Elle est le fait d'un ou de plusieurs élèves à l'encontre d'une victime qui ne peut se défendre. » La réponse **a.** définit la discrimination et la réponse **c.** le racket.

2 Je ne suis pas libre de dire ou de publier tout ce que je veux sur les réseaux sociaux. En effet les réseaux sociaux sont des espaces publics et même si j'essaie de contrôler la diffusion de mes messages, ils peuvent être repris sans mon consentement. Je dois donc respecter la loi qui interdit le harcèlement et le cyber harcèlement « par des propos » commis « par le biais d'un support numérique ou électronique ». Je dois aussi respecter la loi concernant la liberté d'expression qui interdit les propos racistes, les appels à la haine ou à la violence. La diffamation, les atteintes à la vie privée ou encore publier les photos d'une personne sans son consentement sont aussi interdits par la loi.

Gagnez des points !
Utilisez vos connaissances d'EMC des années précédentes pour montrer que vous connaissez toutes les limites à la liberté d'expression pas seulement celle du harcèlement.

3 « Les mots peuvent blesser autant que les coups » signifie que le harcèlement ce n'est pas seulement des attaques physiques, des coups ou des bousculades. Le harcèlement est souvent le fait de mots, c'est-à-dire d'insultes ou de moqueries, voir de diffamation à l'encontre d'une personne. Cela peut conduire à une « altération » de « la santé mentale » de la personne visée. Comme nous le montre l'affiche, les réseaux sociaux sont très souvent utilisés pour harceler : c'est le cyber harcèlement ; et il est très blessant car il peut devenir ainsi permanent.

Gagnez des points !
Même si la consigne ne le dit pas, appuyez-vous aussi sur le document 2 pour répondre à cette question.

4 Tu es mon meilleur ami et je t'aime beaucoup mais ce que tu viens d'envoyer c'est inacceptable. Je ne comprends pas pourquoi tu fais ça, pourquoi ça t'amuse ? Est-ce que tu peux te mettre à sa place et imaginer si ça t'arrivait à toi ? Tu aimerais que toute la classe parle de toi comme ça ?

En tout cas moi je ne suis pas d'accord pour trouver ça drôle. Tous les jours tu te moques de lui, tu l'insultes : ce que tu fais c'est du harcèlement et le harcèlement c'est interdit, c'est puni par la loi. Si sa famille porte plainte tu peux risquer 15 000 euros d'amende !!!

Si tu veux on peut en parler demain avec lui, comme ça tu lui dis clairement ce que tu lui reproches et on peut arranger les choses. Je suis sûr qu'on va trouver une solution pour que tout s'arrête et que tu restes mon meilleur ami !

SUJET 30 Antilles-Guyane, juin 2019 — 10 pts — 30 min

Mobiliser des compétences relevant de l'EMC

DOC. 1 Un exemple d'action mené par une association

27 octobre 2014

En début de semaine, Gilles Ducoudré, président de l'association « Engagement Citoyen pour le Montargois[1] » (ECM) a adressé par lettre recommandée un courrier à M. X, directeur de la société Y (société de transport en commun) afin d'obtenir de lui des réponses claires quant aux raisons qui empêchent l'usage des transports publics de l'agglomération aux personnes handicapées. Les difficultés sont telles que la plupart des personnes en fauteuil roulant de notre ville restent cloîtrées chez elles.

Pourtant, des stations sont adaptées et le réseau de 18 bus équipés pourrait d'ores et déjà leur permettre de nombreux déplacements… Les raisons invoquées pour justifier le refus des chauffeurs de les prendre en charge sont toutes plus fausses les unes que les autres… L'association ECM ne baisse pas les bras et continuera à travailler pour que les droits des personnes handicapées soient respectés dans notre ville.

D'après *http://www.montargois.fr/index.php/transport.*

1. Région de Montargis (Loiret, 45).

DOC. 2 Affiche de l'association des Paralysés de France

https://www.apf-francehandicap.org.

1 Pour quelle raison G. Ducoudré adresse-t-il un courrier à la société Y ?

2 Quels sont les éléments du document 2 qui permettent de faire le lien avec la République française ?

3 Expliquez le message de l'affiche.

4 Montrez que les associations ECM (Engagement Citoyen pour le Montargois) et APF (Association des Paralysés de France) défendent la même valeur républicaine.

PAR ÉTAPES

BIEN COMPRENDRE LES QUESTIONS

Question 1

- Vous devez indiquer **pourquoi le président de l'association a adressé un courrier à une société de transport**. C'est donc **la cause de l'injustice** mise en avant par cette association qui doit être expliquée. Vous pouvez trouver la réponse dans le premier paragraphe du texte, tandis que la raison pour laquelle Gilles Ducoudré qualifie de « fausses » les justifications invoquées par les chauffeurs est dans le second paragraphe.

Question 2

- Cette question porte sur l'affiche du document 2. Elle demande de trouver des « éléments » permettant de **faire le lien avec la République française**. L'un de ces éléments est à chercher sur l'image elle-même, l'autre dans le slogan qui l'accompagne. Pensez aux **symboles de la République française** que vous avez étudiés en classe. Deux de ces symboles sont présents ici.

Question 3

- On vous demande d'« expliquer » le message de l'affiche. Il ne s'agit pas de détailler chaque mot du slogan indépendamment, mais de réussir à **comprendre l'idée véhiculée par le texte accompagnant cette publicité**. Servez-vous de la réponse à la question précédente. Le terme « accessibilité » doit être particulièrement expliqué.

Question 4

- Ici, on vous demande de **croiser les informations des documents 1 et 2**. En effet, les deux associations citées ici ont le même but, même si elles ne sont pas de même nature. La première association, ECM, est une association citoyenne locale, dont le but est de **défendre les valeurs républicaines** en général ; tandis que la seconde, APF, est une association nationale qui **défend particulièrement les personnes en situation de handicap moteur**.

- Vous devez commencer par citer la **valeur commune défendue** par ces associations. Puis vous devez expliquer en quoi les actions de ces deux associations vont dans le même sens.

BIEN DÉFINIR LES MOTS-CLÉS

- **Autrui :** quelqu'un d'autre que soi.
- **Association :** groupement de personnes volontaires réunies autour d'un projet commun ou partageant des activités, mais sans chercher à réaliser de profit.
- **Citoyen :** personne qui jouit des droits civils et politiques à l'intérieur d'un État.
- **Handicap :** limitation des capacités d'un individu à interagir avec son environnement.
- **Droits :** droits de participer à la vie politique de son pays notamment par le droit d'être électeur et éligible.
- **Devise de la République :** phrase qui énonce les valeurs fondamentales de la République : « liberté, égalité, fraternité ».
- **Symboles de la République :** les symboles de la république sont le drapeau (bleu, blanc, rouge), la devise (égalité, liberté, fraternité), Marianne (allégorie de la République), la fête nationale (le 14 juillet) et l'hymne national (la Marseillaise).
- **Accessibilité :** rendre accessible un lieu ou un contenu pour un handicapé.

CORRIGÉ 30

Comprendre le corrigé

1 Gilles Ducoudré, président de l'association « Engagement citoyen pour le Montargois » a adressé un courrier à la société de transport en commun Y « afin d'obtenir […] des réponses claires quant aux raisons qui empêchent l'usage des transports publics de l'agglomération aux personnes handicapées ». En effet, les chauffeurs refusent de les prendre en charge alors que certaines stations sont adaptées et 18 bus sont équipés.

Gagnez des points !
Ne vous contentez pas de citer le texte. Expliquez ce que G. Ducoudré trouve particulièrement injuste.

2 Sur l'affiche de l'association des Paralysés de France, on peut voir le personnage de Marianne, reconnaissable à son bonnet phrygien, handicapée, assise dans un fauteuil roulant. Ce personnage est l'allégorie de la République française, présente notamment sur les documents officiels. De plus, le slogan de cette affiche est un détournement de la

L'astuce du prof
Avant de répondre à la question, décrivez l'affiche au brouillon le plus précisément possible.

devise de la République inscrite dans notre Constitution : à la place de « Liberté, Égalité, Fraternité », on peut lire « Liberté, Égalité, Accessibilité ».

3 Le message de l'affiche est « Liberté, Égalité, Accessibilité ». Il met ainsi l'accent sur le fait qu'une certaine catégorie de la population, les personnes avec un handicap moteur, les « paralysés », voit ses droits fondamentaux reniés. En effet, à cause de leur handicap, les personnes à mobilité réduite ne peuvent pas se déplacer dans les lieux publics et n'ont donc pas accès aux mêmes services que les autres citoyens. Ce manque d'« accessibilité » revient donc à leur retirer leur liberté et à ne pas leur donner les mêmes droits qu'aux autres, ce qui va à l'encontre de la valeur d'égalité.

Gagnez des points !
Faites le lien avec les valeurs fondamentales de la République.

4 Les associations ECM et APF défendent toutes les deux la valeur républicaine d'égalité. En effet, elles cherchent à alerter une société de transport, et l'opinion publique en général, sur l'inégalité qui existe entre les citoyens valides et les citoyens handicapés. Faute d'aménagements publics suffisants ou de volonté des décideurs locaux, notamment dans les grandes agglomérations, les personnes handicapées sont obligées de rester « cloîtrées » chez elles, c'est-à-dire d'être enfermées chez elles, dans l'incapacité à se promener, à travailler, à faire leurs courses, à avoir des loisirs comme n'importe quel citoyen.

Gagnez des points !
Choisissez la valeur républicaine présente dans notre devise qui vous paraît être défendue par ces deux documents.

SUJET 31 Amérique du Nord, juin 2017 10 pts 30 min

Mobiliser des compétences relevant de l'EMC

DOC. 1 Affiche défendant le principe de la laïcité (affiche récompensée par le Prix de la laïcité de la République française en 2015)

DOC. 2 Charte de la laïcité à l'École (2013)

Article 1

La France est une République indivisible, laïque, démocratique et sociale. Elle assure l'égalité devant la loi, sur l'ensemble de son territoire, de tous les citoyens. Elle respecte toutes les croyances.

Article 2

La République laïque organise la séparation des religions et de l'État. L'État est neutre à l'égard des convictions religieuses ou spirituelles. Il n'y a pas de religion d'État.

Article 14

Dans les établissements scolaires publics, les règles de vie des différents espaces, précisées dans le règlement intérieur, sont respectueuses de la laïcité. Le port de signes ou tenues par lesquels les élèves manifestent ostensiblement une appartenance religieuse est interdit.

1 Montrez que l'affiche et la Charte de la laïcité défendent la liberté d'avoir ou non une religion en France.

2 Expliquez ce que signifie dans le document 2, l'expression « séparation des religions et de l'État ».

3 En début d'année, pour se présenter chacun leur tour durant l'heure de vie de classe de leur collège public, Sophie, Étienne, Manuelle, Yves, Tanguy, Ismaël, Théo et Dounia doivent réaliser un portrait qui sera affiché dans la salle de cours. Ils se demandent s'ils peuvent se présenter en classe en évoquant leur religion. Quelles réponses proposent les documents 1 et 2 ?

PAR ÉTAPES

BIEN COMPRENDRE LES QUESTIONS

Question 1

- Il s'agit pour cette consigne de prendre des éléments tirés des deux documents pour démontrer qu'en France, les habitants sont libres d'avoir ou non une religion. Le document 1 est une **affiche** de l'Observatoire de la laïcité. Des étudiants ont mélangé des prénoms et des religions afin de montrer que **toutes les croyances, y compris l'athéisme, sont représentées dans la République française**. Le document 2 est composé d'extraits d'articles de la **Charte de la laïcité** à l'École présente dans tous les établissements scolaires. Elle **interdit** notamment les **signes religieux « ostensibles »**, c'est-à-dire les signes religieux destinés à être vus et remarqués de tous, tout en réaffirmant le **respect de toutes les croyances**.
- Vous devez vous servir de ces deux documents, mais vous ne pouvez pas

vous contenter de les citer. Il vous faut **expliquer** votre réponse.

Question 2

• Vous devez expliquer l'expression « **séparation des religions et de l'État** ». En France, les religions et l'État sont séparés : qu'est-ce que cela signifie **concrètement** dans votre vie quotidienne, notamment à l'école ? Essayez d'être le plus précis possible, en vous appuyant sur vos connaissances personnelles.

Question 3

• Cette consigne imagine une **situation concrète** dans une classe d'un collège public. Les élèves, qui doivent réaliser leur portrait sur une affiche, se demandent s'ils ont le droit d'évoquer leur religion. Sentez-vous libre de répondre à cette consigne sous la forme que vous voulez. Il faut simplement vous appuyer sur les deux documents, qui se complètent en apportant deux éléments de réponse différents.

BIEN DÉFINIR LES MOTS-CLÉS

- **Laïcité :** principe selon lequel l'État est neutre en matière de religion.
- **République :** régime politique qui s'oppose à la monarchie, car le pouvoir y est détenu par les représentants des citoyens.
- **Athée :** être sans dieu, ne pas croire en dieu. À ne pas confondre avec agnostique qui signifie croire en dieu sans se réclamer d'une religion précise.
- **Liberté religieuse :** droit de choisir et de pratiquer sa religion et droit de croire ou de ne pas croire.
- **Signes ostensibles :** signes qui veut être vus, remarqués.

CORRIGÉ 31

Comprendre le corrigé

1 Sur cette affiche défendant le principe de laïcité en 2015, toutes les grandes religions sont citées, ainsi que le fait d'être athée. De même, la Charte de la laïcité à l'École, qui date de 2013, dans son article 1, affirme que la France est une République qui « respecte toutes les croyances ». Ces deux documents défendent donc la liberté d'avoir ou non une religion en France.

> **L'astuce du prof**
> Citez la Charte de la laïcité pour appuyer votre démonstration, en n'oubliant pas les guillemets.

2 La Charte de la laïcité à l'École parle de « séparation des religions et de l'État ».

Depuis la loi de 1905, l'État et la religion sont séparés. Cela signifie qu'il n'y a pas de religion officielle, « pas de religion d'État ». Ainsi, la République doit rester neutre tout en protégeant chaque religion de

> **Gagnez des points !**
> Citez la loi de 1905 sur la séparation de l'Église et de l'État.

manière égale.

3 Lors de l'heure de vie de classe dans leur collège public, les élèves de la classe de 5^{e}2 doivent se présenter. Ils se demandent s'ils peuvent le faire en évoquant leur religion. Un débat commence parce que tous ne sont pas d'accord.

Yves : « Moi, je vais écrire sur mon affiche : "Je m'appelle Yves, j'ai 13 ans et je suis protestant". »

Ismaël : « Eh, t'as pas le droit de parler de ta religion en classe. »

Yves : « Pourquoi ? C'est parce que t'as pas de religion que tu me dis ça ? »

Ismaël : « Non, c'est parce qu'on est dans un collège laïc. T'as pas lu la Charte de la laïcité dans ton carnet ? »

Dounia : « Oui, Ismaël a raison. On n'a pas le droit de parler de religion en classe. »

Théo : « Mais, si on a le droit, car toutes les croyances sont acceptées à l'école. D'ailleurs, on a étudié l'islam au début de l'année en histoire. »

Étienne : « Vous n'avez rien compris, ce sont les signes religieux qui sont interdits à l'école. Et encore, que ceux qui sont super visibles. C'est ça que veut dire "ostensiblement". »

Yves : « Oui, mais quand je me présente, je dis ma religion, c'est important pour moi ! Ça fait partie de mon identité. »

Sophie : « Moi, je pense qu'on peut dire sa religion sur l'affiche, mais que ça doit pas prendre trop de place, parce qu'on est des élèves avant tout. »

Manuella : « Moi, je suis d'accord. Si on met tous notre religion sur l'affiche, et même si Ismaël dit qu'il est athée, dans ce cas il n'y a pas de favoritisme, ce sera bien, on verra que toutes les croyances sont représentées et qu'on s'entend tous bien, qu'on respecte les croyances de tout le monde. »

L'astuce du prof

Rédigez un dialogue entre les différents élèves qui peuvent se lancer dans un débat, en défendant chacun un point de vue.

SUJET 32 **Amérique du Nord, juin 2018** 10 pts 30 min

Mobiliser des compétences relevant de l'EMC

Situation pratique : L'égalité hommes-femmes en France.

Depuis 1982, le 8 mars est officiellement reconnu, en France, comme la journée des droits des femmes. Votre collège profite de cette journée pour organiser une exposition et rappeler qu'en France, hommes et femmes disposent de droits égaux mais que des inégalités persistent. Voici deux panneaux issus de cette exposition :

DOC. 1 Panneau « Quelques étapes dans la mise en œuvre d'une égalité de droits entre hommes et femmes en France »

1907 : la loi accorde aux femmes mariées la libre disposition de leur salaire.

1924 : les programmes de l'enseignement secondaire sont les mêmes pour les filles et les garçons.

1944 : droit de vote et d'éligibilité aux femmes.

1946 : le principe de l'égalité entre les femmes et les hommes dans tous les domaines est désormais inscrit dans la Constitution.

1965 : loi de réforme des régimes matrimoniaux qui autorise les femmes à exercer une profession sans autorisation de leur mari et à gérer leurs biens propres.

1972 : le principe de l'égalité de salaires entre les femmes et les hommes est inscrit dans la loi.

2000 : loi favorisant l'égal accès des femmes et des hommes aux mandats électoraux.

DOC. 2 Panneau « Les inégalités professionnelles aujourd'hui »

Par rapport aux hommes, les femmes gagnent…

- 27,5 % de moins dans le secteur des services où elles sont 88 % à travailler ;
- 21,8 % de moins lorsqu'elles sont cadres.

Leurs emplois sont les plus précaires et les moins bien rémunérés puisqu'elles représentent 62 % des emplois non qualifiés.

Panneaux réalisés par les élèves. Les données chiffrées sont issues de *Franceinfo.fr*, 17 septembre 2014.

1 Selon le document 1, de quand date l'affirmation du principe d'égalité complète entre hommes et femmes en France ?

2 Pourquoi, selon vous, a-t-il été nécessaire d'adopter ensuite de nouvelles lois sur l'égalité hommes-femmes ?

3 À partir du document 2, montrez que des inégalités persistent dans le domaine professionnel.

4 Proposez au moins deux explications au maintien d'inégalités professionnelles entre hommes et femmes.

5 À partir des documents 1 et 2, rédigez un texte de quelques lignes de conclusion à l'exposition expliquant en quoi les inégalités entre les hommes et les femmes vont à l'encontre des valeurs de la République française.

PAR ÉTAPES

BIEN COMPRENDRE LES QUESTIONS

Question 1

- Vous devez trouver l'information dans la chronologie du document 1, qui propose de nombreuses dates. Il vous faut relever **celle qui correspond à l'affirmation d'une égalité complète**, c'est-à-dire une égalité dans tous les domaines entre les femmes et les hommes en France.

Question 2

- La réponse à cette question n'est pas dans les documents, vous avez besoin de **vos connaissances** pour y répondre.
- Vous pouvez aussi la déduire de la série de lois votées entre 1946 et 2000.

Question 3

- Il s'agit ici de prélever les principales informations du document 2, **données sous forme de chiffres,** en les expliquant.

Question 4

- Il vous faut ici proposer des explications à l'aide de vos connaissances ou de votre réflexion personnelle, **sans vous appuyer sur les documents**.

Question 5

- Les documents du sujet sont des panneaux qu'auraient réalisés des élèves de votre collège lors d'une exposition sur l'égalité hommes-femmes en France pour célébrer la journée du 8 mars.

Il s'agit ici de rédiger une conclusion à l'exposition qui montrerait que **les inégalités entre les hommes et les femmes vont à l'encontre des valeurs de la République**.

Cette conclusion nécessite que vous fassiez appel à vos connaissances pour répondre au sujet, les informations tirées des documents ne le permettant pas.

BIEN DÉFINIR LES MOTS-CLÉS

- **Constitution :** loi fondamentale qui décrit les principes et le fonctionnement d'un État.

- **Droits :** droits de participer à la vie politique de son pays notamment par le droit d'être électeur et éligible.
- **Égalités :** principe républicain qui signifie que tous les citoyens ont les mêmes droits devant la loi.
- **Emplois précaires :** emploi à durée déterminée (CDD), emploi à temps partiel.
- **Inégalités :** différence dans l'accès à une ressource, un bien, un service, etc.
- **Secteur des services :** secteur tertiaire, secteur de services à la personne (commerce, loisirs, santé, bien-être…).
- **Valeurs républicaines :** valeurs inscrites dans la constitution de la Ve République qui servent de référence à toutes les lois et les règles votées par les institutions de cette république.

CORRIGÉ 32

Comprendre le corrigé

1 L'affirmation du principe d'égalité complète entre les hommes et les femmes en France date de 1946, lorsque celui-ci est enfin inscrit dans la Constitution de la IVe République.

Gagnez des points !
Utilisez vos connaissances d'histoire sur la refondation républicaine pour bien répondre à cette question.

2 Il a été nécessaire d'adopter ensuite de nouvelles lois car l'égalité affirmée par la Constitution n'a pas été mise en œuvre automatiquement. Il a donc fallu pour cela faire des lois dans chaque domaine : matrimonial (1965), professionnel (1972) ou encore politique (loi sur la parité en 2000).

L'astuce du prof
Appuyez-vous sur les lois postérieures à 1946 pour rédiger votre réponse.

3 Des inégalités persistent dans le domaine professionnel entre les hommes et les femmes. En effet, les femmes gagnent 27,5 % de moins que les hommes dans le secteur des services alors qu'elles sont les plus nombreuses (88 %) à y travailler. Même quand elles sont cadres, leur salaire est inférieur de 21,8 % à celui des hommes. De plus, elles représentent 62 % des emplois non qualifiés dans ce secteur : elles sont les plus touchées par la précarité.

L'astuce du prof
Donnez les chiffres, sans recopier les documents mais en les expliquant, pour bien montrer quelles sont les inégalités professionnelles qui demeurent entre les hommes et les femmes.

4 Les inégalités professionnelles entre les hommes et les femmes se maintiennent car ces dernières sont souvent victimes de préjugés qui les désignent comme moins compétentes et dévalorisent leur travail, justifiant ainsi des salaires moins élevés que ceux des hommes. Elles interrompent aussi souvent leurs études, leurs formations ou leurs carrières pour s'occuper de leurs enfants, ce qui les désavantage

Gagnez des points !
Utilisez vos connaissances en histoire sur les changements sociaux sous la Ve République pour répondre à cette question.

ensuite quand elles veulent reprendre une carrière professionnelle.

5 Cette exposition montre que la mise en œuvre de l'égalité des droits entre hommes et femmes a été très longue. Commencée sous la IIIe République, elle se poursuit encore aujourd'hui puisque certaines inégalités, notamment professionnelles, persistent entre femmes et hommes. Pourtant, ces inégalités vont à l'encontre des valeurs de la République française dont la Constitution, depuis 1946, affirme que l'égalité, la liberté et la fraternité s'appliquent à tous, hommes et femmes. L'égalité en droits, notamment, n'est pas encore effective car des situations de discrimination existent encore. La République essaye de les combattre, de même que les préjugés qui en sont à l'origine, aussi bien à l'école, en politique ou encore dans le domaine professionnel, mais ils sont encore trop nombreux. C'est un défi pour la République de réussir à tenir enfin la promesse d'égalité qu'elle a faite aux femmes, ainsi qu'à toutes les minorités.

Gagnez des points !

Ne décrivez pas toutes les inégalités qui persistent en détail, ce n'est pas le sujet. Vous devez simplement aborder ce que la République essaye de faire pour lutter contre elles.

SUJET 33 **Pondichéry, mai 2018** 10 pts 30 min

Mobiliser des compétences relevant de l'EMC

DOC. 1 Débat entre amis

Vous assistez à une discussion entre deux de vos amis qui parlent des premiers pas de l'homme sur la lune. Vous entendez Dominique dire :

« L'homme n'a jamais marché sur la lune ! »

Puis Camille lui répond : « Ah oui ? Mais qu'est-ce qui te permet de l'affirmer ? » Enfin Dominique, sans hésiter, explique : « Je le sais parce que je l'ai lu sur un site Internet ! »

DOC. 2 La Commission européenne veut s'attaquer aux « fake news »[1]

Mariya Gabriel, la nouvelle commissaire au numérique, s'apprête à prendre une des premières mesures de son mandat : mettre sur pied un groupe d'experts sur les « *fake news* », la propagation d'informations fausses dans les médias. [...]

Elle a l'intention de « dire très clairement que les plateformes [Internet] ont une obligation de diligence », un terme juridique signifiant que les sociétés en ligne, comme Facebook ou Twitter, devraient prendre des mesures pour surveiller les posts[2] de leurs utilisateurs. [...]

Le mois prochain, la Commission européenne devrait annoncer des mesures [...]. L'Allemagne a même introduit une loi nationale plus tôt dans l'année, selon laquelle les médias sociaux risquent jusqu'à 50 millions d'euros d'amende s'ils ne retirent pas les contenus illégaux, comme les propos haineux. D'autres pays européens envisagent de suivre cet exemple.

« La Commission européenne veut s'attaquer aux "*fake news*" », *www.ouestfrance.fr*, 1er septembre 2017.

1. Fausses nouvelles.
2. Messages ou commentaires mis en ligne.

1 Dans le document 1 quel est le média utilisé par Dominique ?

2 Définissez ce qu'est un média.

3 Montrez que la réponse finale de Dominique ne constitue pas un argument valable.

4 D'après le document 2, indiquez deux raisons pour lesquelles Mariya Gabriel, la nouvelle commissaire au numérique, veut engager une réflexion dans l'Union européenne sur les « fake news ».

5 À partir des documents 1 et 2 et de vos connaissances, indiquez en quelques lignes quelles démarches peuvent suivre les acteurs de la démocratie (citoyens, entreprises, institutions, etc.) pour trouver des informations fiables.

PAR ÉTAPES

BIEN COMPRENDRE LES QUESTIONS

Question 1

• Pour répondre à cette question, vous devez savoir **ce qu'est un média** (et donc savoir répondre à la question 2). Si vous n'êtes pas sûr(e) de vous, appuyez-vous sur le document pour comprendre comment Dominique a eu accès à l'information.

Question 2

• Vous devez vous servir de vos connaissances personnelles pour donner une **définition** du mot « média ». Si vous ne connaissez pas ce terme, appuyez-vous sur les documents en vous demandant quel est le **thème général de ce dossier**.

Question 3

• Pour cette question, vous devez vous appuyer sur le document 1. Demandez-vous ce qu'est un « argument valable », une **réponse qui aurait vraiment du sens**.

Question 4

• Cette question est délicate, car vous ne devez pas confondre « fake news » et **« contenu illégal »** (comme les propos racistes). Le second paragraphe du texte ne concerne que les propos illégaux. De ce fait, il est assez difficile de trouver « deux raisons » à la réflexion engagée sur les « fake news ». Demandez-vous d'abord pourquoi il existe **de plus en plus de** « fake news » puis pourquoi elles existent **sur Internet plus qu'ailleurs**.

Question 5

• Pour répondre à cette question, essayez de **vous mettre en situation** : vous avez entendu une rumeur et vous souhaitez savoir si elle est fondée. Comment faites-vous ? Vers quels médias allez-vous plus naturellement vous tourner ? Dans la consigne précédente, vous avez insisté sur la **grande liberté de parole que l'on trouve sur Internet**. Essayez d'expliquer en quoi cette liberté a aussi un **aspect négatif**. Enfin, n'oubliez pas d'expliquer également **sur quels sites Internet on peut s'appuyer en priorité** lorsque l'on cherche une information.

BIEN DÉFINIR LES MOTS-CLÉS

Médias • Réseaux sociaux • « Fake news » • Commission européenne

CORRIGÉ 33

Comprendre le corrigé

1 Le média utilisé par Dominique est Internet.

2 Les médias sont les différents moyens et supports qui permettent de diffuser une information, comme **la télévision, les journaux, Internet**…

Gagnez des points !
Citez quelques exemples de médias que vous connaissez.

3 La réponse de Dominique n'est pas un argument valable, car même s'il « l'a lu sur un site Internet », cela ne signifie pas que cette information soit vraie. **En effet, Internet étant un espace dans lequel les internautes jouissent d'une grande liberté, il est possible d'y raconter n'importe quoi.** Il est donc nécessaire de vérifier toute information trouvée sur ce média.

L'astuce du prof
Développez un peu votre réponse en expliquant rapidement pourquoi on doit se méfier des informations trouvées sur Internet.

4 Mariya Gabriel, nouvelle commissaire européenne au numérique en 2017, a souhaité engager une réflexion sur les « fake news », car il en existe de plus en plus en ligne. **En effet sur Internet, et notamment sur les réseaux sociaux comme Facebook ou Twitter, tout le monde peut s'exprimer librement, sans que les informations que l'on propage soient vérifiées.**

L'astuce du prof
Développez bien votre réponse en montrant que les « posts » sur les réseaux sociaux ne sont quasiment pas contrôlés.

5 Aujourd'hui, nous bénéficions d'un accès très facile à l'information grâce aux différents médias à notre disposition : la télévision avec ses chaînes d'information en continu, les journaux, Internet, les réseaux sociaux… La difficulté est plutôt de sélectionner les informations qui nous intéressent et de les vérifier. En effet, sur Internet, il existe une grande liberté de parole qui permet à tous de s'exprimer, mais qui a aussi ses travers. Puisque tout le monde peut y raconter librement ce qu'il veut, comment savoir si telle ou telle information n'est pas une « fake news » complètement inventée par celui qui l'a diffusée. C'est ainsi qu'Internet est le lieu idéal pour la diffusion de différentes « théories du complot » impossibles à vérifier : le monde serait dominé par telle organisation secrète, tel évènement historique n'aurait jamais eu lieu…

Pour trouver des informations fiables, il vaut donc mieux se tourner vers les **médias traditionnels, journaux ou télévisions**, qui ont une responsabilité vis-à-vis de ce qu'ils publient. Ou bien, sur Internet, se tourner plutôt vers des **sites officiels, notamment ceux liés au gouvernement (.gouv) ou, encore une fois, aux grands journaux nationaux** comme *Le Monde*, *Le Figaro* ou *Libération*.

L'astuce du prof
Appuyez-vous sur des exemples précis, citez les médias qui vous paraissent les plus fiables et expliquez pourquoi.

SUJET 34 Pondichéry, mai 2017 10 pts 30 min

Mobiliser des compétences relevant de l'EMC

DOC. 1 La composition de l'Assemblée nationale au soir des élections du 17 juin 2012

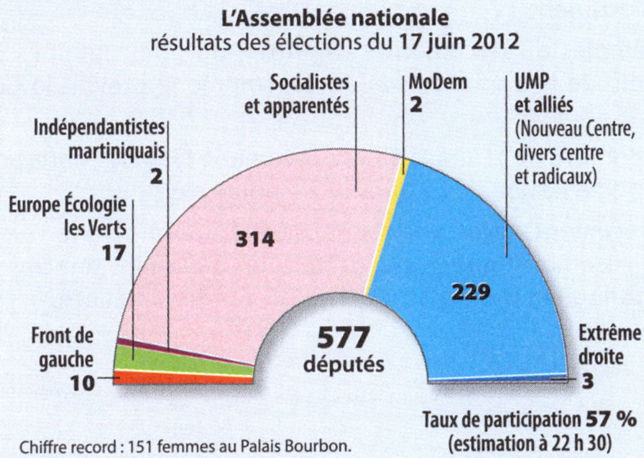

* Le Palais Bourbon est le lieu où siège l'Assemblée nationale.

Infographie du journal *L'Est républicain*, 17 juin 2012 (www.estrepublicain.fr).

DOC. 2 Extrait de la Constitution de la Vᵉ République

Article premier

La France est une République indivisible, laïque, démocratique et sociale. Elle assure l'égalité devant la loi de tous les citoyens sans distinction d'origine, de race ou de religion. […]

La loi favorise l'égal accès des femmes et des hommes aux mandats électoraux et fonctions électives, ainsi qu'aux responsabilités professionnelles et sociales.

Article 3

La souveraineté nationale appartient au peuple qui l'exerce par ses représentants et par la voie du référendum. […]

Le suffrage peut être direct ou indirect dans les conditions prévues par la Constitution. Il est toujours universel, égal et secret.

Article 4

Les partis et groupements politiques concourent à l'expression du suffrage. Ils se forment et exercent leur activité librement. Ils doivent respecter les principes de la souveraineté nationale et de la démocratie.

La loi garantit les expressions pluralistes des opinions et la participation équitable des partis et groupements politiques à la vie démocratique de la Nation.

1 Quel problème pose le taux de participation aux élections du 17 juin 2012 indiqué dans le document 1 ?

2 À l'aide d'exemples du document 1, montrez que des opinions différentes s'expriment au sein de l'Assemblée nationale, comme le prévoit la Constitution (document 2).

3 Que révèle le nombre de femmes élues (document 1) sur la représentation des femmes à l'Assemblée nationale et dans la vie politique ?

4 À l'aide des documents et de vos connaissances, montrez que l'élection et la composition de l'Assemblée nationale mettent en œuvre les principes démocratiques de la République et indiquez ce qui pourrait être amélioré.

PAR ÉTAPES

BIEN COMPRENDRE LES QUESTIONS

Question 1

- Pour répondre à cette question, vous devez bien observer le document 1 et **prélever le chiffre du taux de participation**. Cependant, vous ne pouvez pas vous contenter de cette information. Vous devez en déduire le problème posé par ce chiffre.

Question 2

- Dans cette question, vous devez **faire le lien entre l'article 4 de la Constitution et la composition de l'Assemblée nationale** en 2012. Pour cela, vous devez maîtriser la notion de pluralisme politique.

Question 3

- Vous devez, là encore, ne pas vous contenter de prélever l'information dans le document 1, mais **interpréter ce chiffre grâce à vos connaissances**. Le document 2 vous rappelle, une nouvelle fois, le principe énoncé par la Constitution et qui devrait être respecté.
- Vous pouvez aussi vous appuyer sur **la progression du chiffre** pour montrer l'évolution depuis les élections précédentes.

Question 4

• Pour cette question, vous devez rédiger un petit paragraphe qui reprend les informations des questions 1 à 3, auxquelles vous devez impérativement rajouter **des connaissances personnelles**. Le plan de ce paragraphe vous est donné par l'énoncé : vous devez d'abord **aborder les principes démocratiques** de notre République respectés lors de cette élection ; puis indiquer dans un second temps **ce qui pourrait être encore amélioré**.

BIEN DÉFINIR LES MOTS-CLÉS

- **Principes démocratiques :** ensemble des règles qui organise le gouvernement du peuple (démocratie).
- **Assemblée nationale :** assemblée qui réunit les 577 députés élus au suffrage universel pour représenter les citoyens et voter les lois.
- **Élections législatives :** élections au suffrage universel des députés à l'assemblée nationale chargés de proposer et de voter les lois (pouvoir législatif). Elles ont lieu tous les 5 ans.
- **Partis politiques :** associations qui ont pour but de défendre des idées politiques et ainsi de soutenir ou de s'opposer à l'action du gouvernement.
- **Pluralisme :** principe démocratique selon lequel plusieurs opinions et partis politiques coexistent.
- **Abstention :** fait de ne pas voter.
- **Parité :** égalité du nombre d'hommes et de femmes présentés par les partis politiques lors des élections.
- **Suffrage universel :** élection à laquelle tous les citoyens peuvent participer.
- **Souveraineté nationale :** principe selon lequel le peuple est souverain, c'est-à-dire exerce son pouvoir en élisant ses représentants.
- **Constitution :** loi fondamentale qui décrit les principes et le fonctionnement d'un État.
- **Députés :** représentants du peuple à l'assemblée nationale.

CORRIGÉ 34

Comprendre le corrigé

1 Lors des élections législatives du 17 juin 2012, le taux de participation a été de 57 %. Cela signifie que 43 % des électeurs se sont abstenus. Cela pose un problème de représentativité des personnes élues, car cette abstention est très forte.

2 La Constitution de la Ve République garantit, dans son article 4, « les expressions pluralistes des opinions et la participation équitable des partis et groupements politiques à la vie démocratique de la Nation ». Cela se reflète dans la composition de l'Assemblée nationale élue en 2012 : sept partis ou mouvements politiques sont représentés à l'Assemblée. Ces partis vont de l'extrême gauche (Front de gauche) à l'extrême droite (Front national). Les deux grands partis politiques de la Ve République (le Parti socialiste à gauche et l'UMP à droite) sont les partis qui regroupent le plus d'élus. Le PS est alors le parti majoritaire.

Gagnez des points !
Montrez que vous connaissez l'éventail des principaux partis politiques français, de gauche et de droite.

3 Sur les 577 députés élus en 2012, seuls 151 sont des femmes, ce qui représente moins d'un quart. Les femmes sont donc très minoritaires. Pourtant, elles étaient encore moins nombreuses auparavant, puisqu'il est dit que c'est un chiffre record. Malgré l'article 1er de la Constitution qui « favorise l'égal accès des femmes et des hommes aux mandats électoraux et fonctions électives », on peut dire que la représentation des femmes à l'Assemblée et dans la vie politique en général est insuffisante, même si on constate des progrès.

Gagnez des points !
Parlez de l'évolution de la représentation des femmes à l'Assemblée en expliquant le terme « chiffre record ».

4 Dans la Ve République, les principes démocratiques sont énoncés dans la Constitution. Les élections, notamment les élections législatives qui ont lieu tous les cinq ans pour élire les députés à l'Assemblée nationale, mettent en œuvre ces principes.

L'astuce du prof
Suivez bien le plan donné par l'énoncé.

Ces élections se font au suffrage universel, égal et secret (article 3). Ainsi, la souveraineté nationale appartient au peuple qui l'exerce en élisant ses représentants à l'Assemblée nationale. Les députés sont chargés de voter les lois.

À l'Assemblée nationale, les différents partis politiques reflètent la pluralité des opinions des Français, de gauche comme de droite, ainsi que le prévoit l'article 4 de la Constitution.

Pourtant certains principes démocratiques de notre République peuvent encore être mieux respectés. Quand l'abstention est très forte, la représentativité des candidats élus est fragile. Trop de Français ne se sont pas exprimés et leurs opinions ne sont alors pas représentées. De plus, alors que l'article 1er de la Constitution prévoit un « égal accès des femmes et des hommes aux mandats électoraux », le nombre de femmes députées est encore très inférieur au nombre d'hommes. La parité n'existe toujours pas réellement.

SUJET 35 Liban, juin 2017 10 pts 30 min

Mobiliser des compétences relevant de l'EMC

DOC. 1 Campagne pour l'inscription sur les listes électorales de la mairie de Besançon (2011)

DOC. 2 Témoignage sur le vote de Sophie, 21 ans, étudiante

« Je n'ai jamais voté mais je vais le faire aux municipales. J'ai acquis une maturité qui me permet de prendre conscience de ce qui se passe dans mon pays. Avant je ne me sentais pas concernée. »

« Certaines choses me préoccupent : la vie commence vraiment à devenir chère, des choses sont mises en place pour les jeunes mais on n'en voit pas vraiment le bout. Je sais que ce n'est pas mon vote qui va changer la donne, mais je me dis qu'au moins j'aurai participé, et là je pourrai dire : « J'ai voté, je suis pas d'accord. »

Agence France Presse, mars 2014.

1 Quel devoir du citoyen est abordé dans les deux documents ?

2 Donnez une raison pour laquelle la mairie de Besançon a organisé cette campagne.

3 Relevez un argument donné par Sophie (document 2) pour expliquer son nouvel intérêt pour la vie politique.

4 « Ça ne sert à rien d'aller voter ! » dit un élève. Quels arguments pouvez-vous avancer afin de le convaincre d'aller voter ? Développez votre argumentation en quelques lignes.

PAR ÉTAPES

BIEN COMPRENDRE LES QUESTIONS

Question 1

- Le devoir du citoyen abordé dans les documents est le **thème général** de ces documents. Vous avez étudié ce devoir en classe.

Question 2

- Cette consigne porte uniquement sur le document 1. Regardez bien le **texte en bas de l'affiche**.

Question 3

- Pour cette consigne, vous devez vous appuyer sur le **document 2**. Sophie donne plusieurs arguments pour expliquer son nouvel intérêt pour la vie politique. Il faut en relever **un seul**. N'oubliez pas de mettre des guillemets pour montrer que c'est une citation.

Question 4

- Vous avez le **choix** de la forme de votre argumentation. Vous pouvez imaginer un débat, un dialogue ou simplement rédiger un paragraphe. N'oubliez pas d'exposer **plusieurs arguments** car la consigne est au pluriel. Vous pouvez vous aider du témoignage de Sophie, mais c'est votre **avis personnel** que l'on attend.

BIEN DÉFINIR LES MOTS-CLÉS

- **Vote :** choisir un représentant du peuple ou un dirigeant
- **Devoir :** obligation de faire quelque chose soit parce que la loi l'exige (payer ses impôts) soit parce que la morale l'exige car on se sent redevable (voter, SNU).
- **Citoyen :** personne qui jouit des droits civils et politiques à l'intérieur d'un État.
- **Abstention :** fait de ne pas voter.
- **Listes électorales :** listes des personnes pouvant voter constituées par les mairies.

- **Carte électorale :** carte distribuée par les mairies à chaque électeur et qui doit être présentée au bureau de vote en même temps que la carte d'identité.
- **Élections municipales :** élections qui permettent d'élire le conseil municipal d'une commune. Elles ont lieu tous les 6 ans.

CORRIGÉ 35

Comprendre le corrigé

1 Le devoir du citoyen abordé dans ces deux documents est le vote.

2 La mairie de Besançon a organisé cette campagne pour inciter les citoyens à s'inscrire sur les listes électorales et à aller voter en 2012. En effet, cette année-là était une année électorale très importante puisque se déroulaient les élections présidentielle et législatives.

3 Pour expliquer son nouvel intérêt pour la vie politique, Sophie affirme : « J'ai acquis une maturité qui me permet de prendre conscience de ce qui se passe dans mon pays. Avant je ne me sentais pas concernée. »

4 « Ça ne sert à rien d'aller voter ! » dit un élève.

Mais si, c'est très important d'aller voter. D'abord ça permet de s'exprimer et de ne pas laisser les autres décider à notre place. Si je ne vais pas voter et que c'est un candidat que je n'aime pas qui est élu, je ne pourrai pas me plaindre.

Dans les dictatures, les gens n'ont pas le droit de choisir leurs représentants, ni de s'exprimer et nous, nous avons la chance d'être en démocratie et de disposer du droit de vote. D'ailleurs, dans certains pays démocratiques comme en Belgique, le vote est obligatoire. Nous, on nous laisse le choix, mais si on veut que la personne élue soit représentative de la population, il ne faut pas que l'abstention soit trop forte.

Les personnes que nous élisons prennent des décisions qui nous concernent directement. Par exemple, Emmanuel Macron est en train de mettre en place un service national universel obligatoire pour les jeunes entre 16 et 18 ans.

Gagnez des points !
Pensez à regarder l'année où cette affiche a été éditée et à faire le lien avec les élections ayant eu lieu à ce moment.

L'astuce du prof
Sélectionnez bien l'extrait qui montre l'intérêt de Sophie pour la politique. Ne recopiez pas un paragraphe entier du texte.

Gagnez des points !
Ne vous contentez pas d'un seul argument. Séparez vos arguments en allant à la ligne.

SUJET 36 France métropolitaine, juin 2017 10 pts 30 min

Mobiliser des compétences relevant de l'EMC

DOC. La mobilisation des militaires auprès des populations

Au moment où le nord-ouest de la France a connu fin mai 2016 des pluies torrentielles et des débordements de nombreux cours d'eau qui ont généré d'importantes perturbations dans les transports, 10 camions de l'armée de terre ont été déployés, le 2 juin, à la demande du préfet du Loiret pour permettre le transport de plusieurs centaines de personnes bloquées sur les axes routiers vers des zones d'hébergement d'urgence communales. Au total, ce sont 250 militaires qui sont mobilisés depuis un peu plus d'une semaine pour lutter contre les intempéries.

Cette mission de soutien est donc l'occasion de faire un bilan de la participation des forces armées du ministère de la Défense à la lutte contre les intempéries et les feux de forêts sur le territoire national et d'en tirer des conclusions, surtout dans le contexte de resserrement budgétaire et d'état d'urgence dans lequel vit la France.

Fondation iFRAP (Fondation pour la recherche sur les administrations et les politiques publiques), page consultée le 6 juin 2016.

1 Expliquez quelle est la mission confiée aux forces de l'armée de terre dans le document.

2 Citez une autre mission confiée aux forces armées sur le territoire national ou à l'extérieur.

3 Vous avez été choisi(e) pour représenter la France au prochain sommet de l'Union européenne. Vous êtes chargé(e) de réaliser une note pour présenter une mission des militaires français sur le territoire national ou à l'étranger.

Montrez en quelques lignes que l'armée française est au service des valeurs de la République et de l'Union européenne.

PAR ÉTAPES

BIEN COMPRENDRE LES QUESTIONS

Question 1

- Vous pouvez trouver la réponse à cette question dans le **premier paragraphe** du document. Ne vous contentez pas de citer le but général de la mission. **Expliquez** le plus précisément possible ce que les militaires français ont dû faire lors de cette mission.

Question 2

- Pour cette question, vous avez besoin de **connaissances personnelles**. Choisissez une mission abordée en classe. Sur le territoire national et à l'extérieur, les missions de l'armée française sont en général très différentes : en France, il s'agit plutôt de **défendre le territoire national et sa population** ; à l'extérieur, ce sont souvent **des missions humanitaires ou de défense de la paix internationale**.

Question 3

- Dans cette consigne, vous êtes un représentant de la France au sommet de l'UE. Vous allez donc vous adresser à des personnes qui ne sont pas françaises et vous allez devoir leur expliquer en quoi le rôle de l'armée française est au service des valeurs de la République et de l'Union européenne. Il ne s'agit donc pas seulement de décrire une mission comme dans la question 2, mais **de montrer que le but de la France n'est pas de conquérir des territoires ou de s'ingérer dans les affaires de pays étrangers**. Vous devez donc montrer que la mission que vous **décrivez est une mission de paix et de défense de la population**.

BIEN DÉFINIR LES MOTS-CLÉS

- **Défense nationale :** ensemble des mesures mises en place pour défendre le territoire national et sa population.
- **Armée de terre :** armée qui combat sur terre.
- **État d'urgence :** situation exceptionnelle (attentats, crise sanitaire, guerre…) qui permet aux autorités de prendre des mesures restreignant les libertés individuelles.
- **Union européenne :** alliance économique et politique comptant aujourd'hui 27 États.
- **Territoire national :** territoire qui appartient à la France donc le territoire métropolitain et les territoires d'outre-mer.
- **Valeurs de la République :** valeurs inscrites dans la constitution de la Ve République qui servent de référence à toutes les lois et les règles votées par les institutions de cette république.

CORRIGÉ 36

Comprendre le corrigé

1 Dans le document, la mission confiée aux forces de l'armée de terre consiste à « lutter contre les intempéries » pour secourir et protéger la population civile. En effet, fin mai 2016, des pluies torrentielles se sont abattues sur le nord-ouest de la France et plusieurs centaines de personnes sont restées coincées sur les routes. Il a donc fallu les secourir et les amener vers des zones d'hébergement d'urgence dans les villes et villages alentours.

Gagnez des points !

Détaillez bien ce pour quoi les militaires sont mobilisés et pas seulement le but général de leur mission.

2 Les forces armées françaises ont de nombreuses missions. Sur le territoire national, elles participent par exemple au plan Vigipirate destiné à protéger la population contre de possibles attaques terroristes dans les lieux les plus fréquentés comme les gares, les aéroports ou les lieux touristiques.

3 Note pour le sommet de l'Union européenne

L'armée française est au service des valeurs de la République et de l'Union européenne.

Elle est chargée de défendre la démocratie et les droits de l'homme sur son territoire, en Europe et dans le monde, tout en assurant la défense de sa population et de la population européenne en général.

L'astuce du prof

Faites bien le lien entre les valeurs (démocratie, défense de la population civile…) et l'opération que vous choisissez.

C'est à ce titre que l'armée française intervient au Sahel dans le cadre de l'opération Barkhane. Cette opération vise à lutter contre les groupes armés terroristes présents au Sahel en partenariat avec les États du G5 Sahel (Burkina Faso, Mali, Mauritanie, Niger et Tchad). Le but est d'aider les pays du G5 Sahel à lutter contre les terroristes, mais aussi d'empêcher que des terroristes entraînés dans cette zone ne rejoignent ensuite l'Europe pour y commettre des attentats. Cette opération vise à échanger des informations avec les pays du G5 Sahel, à coopérer avec leurs armées pour trouver des terroristes et des caches d'armes, à les aider à assurer seuls leur sécurité face aux terroristes et à aider les populations dans les zones occupées par les combattants djihadistes.

SUJET 37 Centres étrangers, juin 2019 10 pts 30 min

Mobiliser des compétences relevant de l'EMC

DOC. 1 Des violences à caractère raciste

Quatre supporters anglais ont été jugés coupables de violence à caractère raciste en réunion dans l'espace public et ont été condamnés à de la prison avec sursis mardi en fin d'après-midi. Des peines allant de six à douze mois avec sursis, assorties de dommages et intérêts ont été prononcées.

Seuls deux des quatre prévenus étaient présents. En marge du match PSG-Chelsea, ils avaient empêché un homme noir de monter dans la rame du métro dans laquelle ils se trouvaient en 2015, avant d'entonner un chant raciste. [...] Les images avaient fait le tour des chaînes d'information et couler beaucoup d'encre.

Extrait d'un article de R. Goument, *www.liberation.fr*, 3 janvier 2017.

DOC. 2 L'égalité contre le racisme

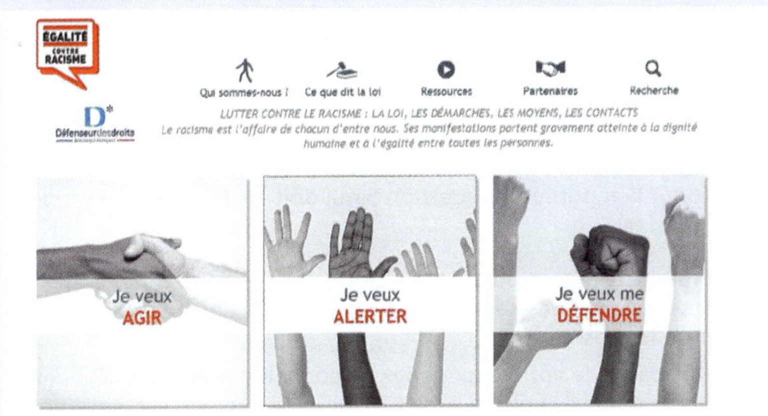

www.egalitecontreleracisme.fr.

* Le Défenseur des droits est une institution de l'État créée en 2011 ayant pour mission de défendre les personnes dont les droits ne sont pas respectés.

1 Pourquoi quatre supporters anglais ont-ils été condamnés ?

2 Relevez les trois types d'actions proposées par le site *egalitecontreleracisme.fr*.

3 Expliquez pourquoi ce site propose un lien internet vers celui du Défenseur des droits.

4 Expliquez la phrase « Le racisme est l'affaire de chacun d'entre nous ».

5 La semaine d'éducation et d'action contre le racisme et l'antisémitisme est organisée au mois de mars dans votre collège. À cette occasion, vous êtes chargé(e) de rédiger un texte pour convaincre vos camarades de s'engager dans un projet de lutte contre le racisme dans votre établissement. Quels sont vos arguments ? *Votre réponse ne comportera aucune information d'identité ou de signature.*

PAR ÉTAPES

BIEN COMPRENDRE LES QUESTIONS

Question 1

- La réponse à la question 1 se trouve dans le document 1. Racontez ce qu'il s'est passé, dans **quel contexte** et pour **quelles raisons**.

Question 2

- Les trois actions **correspondent aux trois images** proposées dans le document 2.

Question 3

- Vous pouvez trouver la réponse à la question 3 dans le document 2. Cela revient à **expliquer quel est le rôle du Défenseur des droits**.

Question 4

- La phrase se trouve dans le document 2. Demandez-vous **pourquoi est-ce que chacun d'entre nous est concerné par le racisme et comment on peut agir pour lutter contre**. Ne détaillez pas trop votre réponse, car vous devez garder des arguments pour la réponse à la question 5 qui doit être la plus développée.

Question 5

- C'est la consigne la plus importante de ce sujet. Vous devez **trouver des arguments pour convaincre vos camarades de classe** de s'engager dans un projet de lutte contre le racisme.
- Vous pouvez partir de **votre expérience personnelle** : avez-vous déjà entendu parler ou participé à ce type de projet ? Que diriez-vous à vos amis pour les convaincre d'y participer ? Au nom de quelles valeurs est-il nécessaire de s'engager contre le racisme ?
- Votre réponse peut prendre la forme d'un discours, d'un exposé ou d'un texte dans lequel vous vous adressez à vos camarades.

BIEN DÉFINIR LES MOTS-CLÉS

- **Civisme :** respect d'autrui et de la vie en collectivité.
- **Racisme :** attitude de ceux qui méprisent des personnes en raison de leur origine, de leur appartenance à une « race » supposée.

- **Peine avec sursis:** peine qui sera appliquée seulement si une nouvelle infraction est commise.
- **Égalité:** principe républicain qui signifie que tous les citoyens ont les mêmes droits devant la loi.
- **Défenseur de droits:** institution qui veille au respect des droits et des libertés de chacun dans la République. Par exemple on peut s'adresser à elle si on est victime de discriminations.

CORRIGÉ 37

Comprendre le corrigé

1 Quatre supporters anglais ont été condamnés par la justice en 2017 car ils avaient empêché un homme noir de monter dans le métro, en marge d'un match de football opposant Chelsea au PSG en 2015, avant d'entonner un chant raciste. Ils ont donc été jugés coupables de « violence à caractère raciste en réunion dans l'espace public ».

Gagnez des points! Relevez la cause retenue par la justice pour condamner les supporters.

2 Le site *egalitecontreleracisme.fr* propose trois types d'actions: « agir », « alerter » et « se défendre ».

3 Ce site propose un lien internet vers celui du Défenseur des droits, car c'est l'institution de l'État ayant pour mission de défendre les personnes dont les droits n'ont pas été respectés, notamment les victimes de racisme.

L'astuce du prof La définition du Défenseur des droits se trouve sous le document 2.

4 La phrase « Le racisme est l'affaire de chacun d'entre nous » signifie à la fois que chacun d'entre nous peut être victime de racisme mais surtout, que chacun d'entre nous peut agir et se mobiliser pour dénoncer les comportements et paroles racistes. En effet, ceux-ci sont nombreux et touchent toutes les minorités ethniques. Ils sont considérés comme des délits mais sont rarement punis, du fait de leur fréquence et de la difficulté à pouvoir présenter des preuves. Tout le monde doit donc se mobiliser pour faire reculer le racisme.

5 Bonjour à tous,

Avec certains camarades de la classe, nous en avons assez que des insultes racistes soient souvent utilisées dans la cour, dans les couloirs, en classe et sur les réseaux sociaux. Quand on fait la remarque aux élèves qui utilisent ces insultes racistes, ils répondent toujours que c'est pour rire et qu'ils ne sont pas vraiment racistes. Pourtant, quand on est concerné par ces insultes, on trouve ça beaucoup moins drôle et cela finit souvent en bagarre.

Chacun d'entre nous est concerné par ce problème. Ces insultes peuvent toucher n'importe qui. Le racisme s'attaque à ce que nous sommes et nous empêche de nous sentir à l'aise, avec nos différences, dans le collège comme en dehors. Il porte ainsi atteinte à la dignité humaine. Nous avons la chance de vivre dans un pays multiculturel, qui accepte toutes les religions et toutes les cultures. Nous devons ainsi faire respecter la devise de notre République : « Liberté, Égalité, Fraternité ». L'égalité, cela signifie qu'au collège comme partout, il ne doit pas y avoir de différences entre nous, selon notre couleur de peau, notre pays d'origine ou notre religion. Et la fraternité nous oblige à être solidaires de ceux qui sont victimes de discrimination raciste.

C'est pourquoi nous vous proposons d'organiser un grand concours contre le racisme. Chaque classe doit trouver des slogans. Les meilleurs seront sélectionnés par un jury constitué d'élèves, de professeurs et de personnels du collège pour être affichés dans le hall de l'établissement.

Gagnez des points !

Même si l'énoncé ne l'impose pas, imaginez un projet précis de lutte contre le racisme qui pourrait être mis en place dans votre collège.

SUJET 38 Antilles-Guyane, juin 2017 — 10 pts — 30 min

Mobiliser des compétences relevant de l'EMC

DOC. 1 **Campagne 2014 pour le service civique**

Source : *www.service-civique.gouv.fr*

DOC. 2 Témoignage de Loïc Frohn, 18 ans, en mission à Unis-Cité[1] en Île-de-France (recueilli en juillet 2016)

Titulaire d'un bac, et d'une première expérience professionnelle, et en quête de faire quelque chose qui avait du sens: « J'avais besoin de me sentir utile et j'avais aussi envie de consacrer un peu de mon temps à la citoyenneté et à la société ». Venant tout juste de terminer son service civique, sa mission consistait à aller principalement dans les établissements scolaires afin de diffuser un film [...] et proposer un débat animé autour d'un thème tiré du film.

« Cette mission m'a beaucoup apporté en termes d'enrichissement et en termes de rencontres, j'ai énormément appris lors de cette mission extraordinaire. J'ai récemment été choisi comme ambassadeur pour représenter Unis-Cité et ses volontaires et porter leurs valeurs ». « C'est aussi la raison pour laquelle j'ai choisi de participer au défilé du 14 juillet, afin de représenter les volontaires engagés à Unis-Cités, j'ai aussi des messages à porter: le message de la diversité, de l'union, de la solidarité mais j'ai aussi envie de montrer à tous que le service civique est une chance pour chaque jeune de montrer qu'il est capable de faire des choses bien, peu importe qui on est et d'où l'on vient... »

« Loïc Frohn, 18 ans », *www.service-civique.gouv.fr*, 11 juillet 2016.

---

1. Association en charge de promouvoir le service civique.

1 Indiquez, d'après les documents, dans quels « domaines d'action » se sont engagés ces volontaires du service civique.

2 Identifiez, à l'aide des documents, la valeur de la République que le service civique met en œuvre.

3 Relevez, dans le document 2, deux motivations de Loïc Frohn pour s'engager dans le service civique.

4 « En rendant service, on se rend service », affirme le slogan du document 1. Expliquez pourquoi à partir du témoignage de Loïc Frohn.

5 Vous décidez d'effectuer un service civique. En quelques lignes, présentez le domaine d'action dans lequel vous souhaiteriez vous impliquer et expliquez pourquoi.

PAR ÉTAPES

BIEN COMPRENDRE LES QUESTIONS

Question 1

- Vous pouvez trouver **plusieurs domaines d'action** sur l'affiche du document et un autre dans le témoignage du document 2. Ne vous limitez pas à deux domaines, mais essayez de tous les citer.

Question 2

- La valeur n'est pas directement citée dans les documents, mais vous pouvez la déduire facilement des informations qui vous sont données. Pensez à **la devise de la République** pour retrouver ses valeurs.

Question 3

- Vous pouvez trouver les **deux motivations** de Loïc dans le premier paragraphe du document 2. Citez-le, en n'oubliant pas de mettre des **guillemets**.

Question 4

- Vous devez à la fois montrer que le service civique de Loïc **rend service à la société, mais aussi qu'il lui a été utile**, qu'il lui a apporté de nombreuses satisfactions et des perspectives d'avenir.

Question 5

- Cette consigne vous donne toute liberté pour inventer les motivations de votre personnage, du moment que votre service civique est utile à la société. N'oubliez pas, comme vous le demande la consigne, de citer le domaine dans lequel vous vous engagez. Attention, la consigne vous demande de mettre en avant **vos motivations** et non de décrire en détail ce que vous allez faire.

BIEN DÉFINIR LES MOTS-CLÉS

- **Citoyenneté :** fait d'être citoyen, lié à des droits et des devoirs.
- **Engagement :** capacité à devenir acteurs de ses choix et à les défendre au sein de la société, de son établissement ou de sa ville par des actions collectives.
- **Service civique :** ouvert aux jeunes de 16 à 25 ans et qui leur permet de s'engager et de se rendre utile à la nation.
- **Solidarité :** aider quelqu'un, s'entraider.
- **Valeurs :** ce à quoi on accorde le plus d'importance.

CORRIGÉ 38

1 Les domaines d'actions cités par les documents pour le service civique sont : la solidarité, la santé, le sport, la culture et l'éducation.

2 La valeur de la République mise en œuvre par le service civique est la fraternité. En effet, il permet de développer la solidarité dans la société.

3 Loïc a pour motivation l'envie de se « sentir utile à la société » et de « consacrer un peu de (son) temps à la société et à la citoyenneté ».

4 Le slogan affirme qu'« en rendant service, on se rend service ». En effet, Loïc a rendu service à la société en étant bénévole dans les écoles au sein de l'association Unis-Cités. En retour, cette mission lui a beaucoup apporté « en termes d'enrichissement et en termes de rencontres ». Il ajoute d'ailleurs qu'il a beaucoup appris.

5 « Bonjour, je m'appelle Antoine. J'ai envie d'être utile à la société, mais je ne sais pas encore très bien dans quel domaine.

J'ai décidé d'effectuer un service civique pour découvrir si travailler avec des jeunes me plaisait. J'ai été me renseigner auprès d'associations que je connaissais, mais ils avaient déjà de nombreux jeunes en service civique. Alors, je suis allé à la mairie et ils m'ont donné une liste d'associations qui en prenaient. Le travail de l'une d'elles m'a tout de suite plu : il s'agit d'aider les jeunes collégiens à faire leurs devoirs, mais aussi d'organiser des animations sportives et culturelles avec eux. Comme j'aime le sport et que j'aime bien rendre service, je suis sûr que ça va marcher et que je vais pouvoir aider des collégiens qui décrochent. »

Comprendre le corrigé

L'astuce du prof

Utilisez bien les deux documents.

L'astuce du prof

Les valeurs de la République sont « Liberté, Égalité, Fraternité ». Demandez-vous celle qui correspond le plus à la solidarité mise en avant par les documents.

L'astuce du prof

Mettez-vous dans la peau du jeune qui veut faire son service civique et inventez une association qui vous plaît.

CORRIGÉS Contrôler ses connaissances

Civils et militaires pendant la Première Guerre mondiale p. 35

QCM **1.** b – **2.** c – **3.** a – **4.** a – **5.** b – **6.** c

Démocraties fragilisés et expériences totalitaires dans l'Europe de l'entre-deux-guerres p. 47

QCM **1.** a – **2.** b

La Seconde Guerre mondiale, une guerre d'anéantissement (1939-1945) p. 53

QCM **1.** c – **2.** c – **3.** b – **4.** a – **5.** a – **6.** c

La France défaite et occupée. Régime de Vichy, collaboration, Résistance p. 65

QCM **1.** b – **2.** a et c – **3.** a – **4.** a et b – **5.** a – **6.** b

Un monde bipolaire au temps de la guerre froide p. 75

QCM **1.** a – **2.** b – **3.** b – **4.** c – **5.** a – **6.** c

Indépendances et construction de nouveaux États p. 85

QCM **1.** a – **2.** b – **3.** b – **4.** a – **5.** a – **6.** b

Affirmation et mise en œuvre du projet européen p. 91

QCM **1.** a – **2.** b – **3.** a – **4.** c – **5.** a – **6.** b

Enjeux et conflits dans le monde après 1989 p. 101

QCM **1.** a – **2.** a – **3.** b – **4.** c – **5.** a – **6.** b

1944-1947 : refonder la République, redéfinir la démocratie p. 109

QCM **1.** a – **2.** a – **3.** a – **4.** a – **5.** b – **6.** c – **7.** c – **8.** b – **9.** a – **10.** a, b et c

La Ve République, de la République gaullienne à l'alternance et à la cohabitation p. 115

QCM **1.** a – **2.** c – **3.** b – **4.** a – **5.** c – **6.** a

Femmes et hommes dans la société des années 1950 aux années 1980 : nouveaux enjeux sociaux et culturels, réponses politiques p. 121

QCM **1.** b – **2.** c – **3.** b – **4.** a – **5.** c – **6.** a

Les aires urbaines, une nouvelle géographie d'une France modernisée p. 129

QCM **1.** a – **2.** b – **3.** b – **4.** b

Les espaces productifs et leurs évolutions p. 139

QCM **1.** b – **2.** a – **3.** a – **4.** a

Les espaces de faible densité et leurs atouts p. 151

QCM **1.** a – **2.** b – **3.** b – **4.** a

Aménager pour répondre aux inégalités entre territoires français, à toutes les échelles p. 163

QCM **1.** a – **2.** a – **3.** c – **4.** a

Les territoires ultra-marins français : un problème spécifique p. 169

QCM **1.** a – **2.** a – **3.** b – **4.** b – **5.** a et b – **6.** b – **7.** a – **8.** a et c

L'Union européenne, un nouveau territoire de référence et d'appartenance p. 175

QCM **1.** a et b – **2.** a – **3.** c – **4.** a – **5.** c – **6.** a

La France et l'Europe dans le monde p. 181

QCM **1.** a – **2.** a et b – **3.** c – **4.** a

Enseignement moral et civique p. 191

QCM **1.** b – **2.** b et c – **3.** b et c – **4.** a – **5.** b – **6.** a

Sujets comme à l'examen

SUJET COMPLET 1 France métropolitaine, juillet 2024 50 pts 2h

Exercice 1 20 pts 45 min

Analyser et comprendre des documents

corrigés p. 236

Histoire La Deuxième Guerre mondiale, une guerre d'anéantissement

DOC. 1 Témoignage d'une rescapée du camp d'Auschwitz-Birkenau en Pologne

Ginette Kolinka est née en 1925 dans une famille juive. Le 13 mars 1944, la Gestapo[1] l'arrête en France ainsi que son père, son petit frère de 12 ans et son neveu. Elle est déportée à Auschwitz-Birkenau. Elle est la seule de sa famille à revenir vivante de déportation.

Le soir, pour rejoindre nos baraques, nous défilons devant une rangée d'officiers, la tête tournée vers eux mais les yeux baissés. C'est la partie dangereuse. Ils sont à droite et, sur la gauche, se tient l'orchestre de femmes qui joue des airs entraînants pour le départ et le retour du travail. La musique militaire nous force à garder la cadence, même épuisées, à rester impeccablement alignées. Si l'une d'entre nous défaille ou sort du rang, du rythme, elle est frappée. Le passage en revue terminé, nous pouvons à nouveau nous traîner jusqu'aux baraques pour l'appel du soir, le pire de la journée. Il faut compter tout le monde, c'est-à-dire l'ensemble de Birkenau et pas seulement notre baraque. Combien sommes-nous ? 10 000 ? 15 000 ? Il faut recommencer, encore et encore. Des heures au garde-à-vous, gelées, tremblantes, épuisées. Je voudrais m'asseoir, m'écrouler, dormir, mais non : il faut rester debout et se tenir droite. Parfois, il y en a une qui tombe de fatigue ou de fièvre, son corps lourd comme un tronc manque de nous assommer. Vite se relever.

Dès que la kapo[2] est passée, je glisse mes mains sous les aisselles de la fille devant moi, pour me réchauffer.

Est-ce que le compte est bon ? Est-ce qu'ils se lassent ? On ne saura jamais.

Prenez un pain de mie, coupez-le en cinq, vous obtenez une tranche de pain de quelques centimètres d'épaisseur par personne. Ajouter une petite plaque de margarine. C'est le repas du soir, de tous les jours, de tout le monde. Pour certaines, les très malades, les presque mortes, c'est le maximum qu'elles peuvent avaler. Pour d'autres, c'est le minimum vital.

Ginette Kolinka, *Retour à Birkenau*, Grasset, 2020, pages 32-33

1. Gestapo : police politique nazie.
2. Kapo : personne déportée choisie pour faire régner l'ordre dans le camp.

DOC. 2 Sélection des déportés par les SS[1] à l'arrivée au camp d'Auschwitz-Birkenau

Photographie prise par des SS en mai-juin 1944 au moment de l'arrivée des juifs de Hongrie au camp d'Auschwitz-Birkenau.

T. Bruttmann, S. Hördler, C. Kreutmüller, *Un album d'Auschwitz. Comment les nazis ont photographié leurs crimes*, Paris, Seuil, 2023, 304 pages

1. SS : Organisation nazie, ici chargée de la police à l'intérieur des camps et des centres de mise à mort.

Document 1

1 Identifiez la nature et l'auteur de ce document.

2 Relevez trois passages du texte qui montrent différentes formes de violence que subissent les déportées.

3 Précisez à qui est confiée la surveillance des déportées dans le camp.

Document 2

4 Décrivez, à partir de la photographie, le processus de sélection des déportés à leur arrivée au camp.

Documents 1 et 2

5 Expliquez, à partir de l'exemple du camp d'Auschwitz-Birkenau, que les juifs sont victimes d'un génocide.

Exercice 2 20 pts 45 min

Maîtriser différents langages

corrigés p. 238

Géographie La France et l'Union européenne : La France et l'Europe dans le monde

1 Rédigez un développement construit d'une vingtaine de lignes montrant la place et l'influence culturelle, géopolitique et économique de la France et de l'Europe dans le monde.

2 Sur la carte :

a. Nommez trois pays membres de l'Union européenne de votre choix.

b. Nommez trois métropoles européennes de votre choix.

c. À l'aide du figuré de la légende, situez et nommez une métropole siège d'une institution de l'Union européenne de votre choix.

d. Dans la légende, réalisez un figuré correspondant à la mégalopole européenne.

e. Sur la carte, à l'aide du figuré choisi, localisez la mégalopole européenne.

◇ **Métropole siège d'une institution de l'Union européenne**

● **Mégalopole européenne**

Exercice 3 10 pts 30 min

Enseignement moral et civique

corrigés p. 240

L'engagement dans le Service Civique

DOC. 1 Page d'accueil du site du Service Civique

* Les 10 domaines du Service Civique sont la solidarité, la santé, l'éducation pour tous, la culture et les loisirs, le sport, l'environnement, la mémoire et la citoyenneté, le développement international et l'action humanitaire, l'intervention d'urgence en cas de crise et la citoyenneté européenne.

Site officiel du Service Civique

DOC. 2 Témoignage d'un volontaire du Service Civique

À 21 ans, après un parcours difficile à l'adolescence, Bastien s'engage dans une mission de Service Civique. Rencontre avec le 200 000e volontaire.

Agence du Service Civique : Pourquoi vous engager dans une mission de Service Civique ?

Alors que j'étais bénévole aux Restos du Cœur, on m'a parlé du Service Civique. J'ai donc effectué des recherches sur Internet et j'ai découvert sur le site du Service Civique la grande variété des missions proposées. J'ai tout de suite été séduit par la démarche d'utilité publique et d'intérêt général. J'ai choisi précisément cette mission parce qu'elle traitait de l'environnement et de l'écologie.

En quoi va consister votre mission et qu'attendez-vous ?

Il s'agit d'une mission dans les parcs de la commune d'Avignon, avec un large volet de prévention et de sensibilisation des usagers à l'environnement. L'idée est de développer l'action citoyenne dans les espaces verts de la ville. Nous allons à la rencontre des usagers des parcs pour les sensibiliser sur les questions d'environnement, le respect de la propreté, les conditions de sécurité… Nous avons peu d'espaces verts sur la commune d'Avignon, il me semble donc très important d'agir pour les préserver. Dans l'avenir, j'aimerais continuer à travailler dans le domaine environnemental et écologique. Cette mission peut donc être une excellente opportunité pour gagner en compétences, en expérience, et m'orienter par la suite dans ce domaine.

D'après le site officiel du Service Civique

Document 1

1 Relevez deux avantages pour un jeune qui s'engage dans le Service Civique.

Document 2

2 Identifiez les deux expériences d'engagement de Bastien.

3 Précisez une valeur de la République à laquelle l'engagement de Bastien peut être associé.

Documents 1 et 2

4 Bastien vient témoigner dans votre collège. À la suite de son témoignage, choisissez un des dix domaines du Service Civique et présentez une action que vous souhaiteriez mener en montrant les liens avec les valeurs de la République.

CORRIGÉ SUJET COMPLET 1

Exercice 1

1 Ce document est le témoignage d'une rescapée, c'est-à-dire d'une survivante du camp d'Auschwitz-Birkenau en Pologne, Ginette Kolinka. Arrêtée, parce que juive, par la Gestapo en France le 13 mars 1944, elle est déportée dans ce camp. Comme elle a 19 ans à son arrivée, elle est sélectionnée pour le travail et réussit à survivre tandis que sa famille, son père, son frère et son neveu sont tués.

2 La première forme de violence qui apparait dans ce témoignage est le défilé en musique devant les officiers « pour le retour du travail ». Alors que les détenues sont fatiguées, « la musique militaire nous force à garder la cadence, même épuisées, à rester impeccablement alignées. Si l'une d'entre nous défaille ou sort du rang, du rythme, elle est frappée ».

Une autre forme de violence, plus grande encore, est « l'appel du soir, le pire de la journée ». En effet, après la journée de travail, parfois à l'extérieur du camp, « il faut compter tout le monde ». Cet appel est interminable, c'est une longue torture physique et psychologique : « Des heures au garde à vous, gelées, tremblantes, épuisées [...] parfois il y en a une qui tombe de fatigue ou de fièvre ».

Gagnez des points !

Valorisez votre réponse en développant, grâce aux informations données, la biographie de Ginette Kolinka en insistant sur le fait qu'elle est une des rares survivantes du camp d'Auschwitz-Birkenau.

Gagnez des points !

Ne vous contentez pas de citer trois passages du texte, il faut accompagner ces passages d'explications qui montrent vos connaissances personnelles.

Enfin, la dernière forme de violence subie par les déportées est la torture de la faim. Les détenues, alors qu'elles travaillent toute la journée, sont à peine nourries. « Prenez un pain de mie coupez-le en cinq [...] c'est le repas du soir, de tous les jours, de tout le monde ».

3 La surveillance des déportées dans le camp est confiée à des « kapos ». Les « kapos » sont des détenues qui, en échange d'un meilleur traitement, ont accepté de collaborer avec les nazis. Elles sont chargées de surveiller, d'espionner et de dénoncer les détenues qui contournent les règles ou essayent d'organiser une révolte.

Gagnez des points !
Réinvestissez vos connaissances de la leçon pour bien décrire le rôle et le statut des kapos dans les camps de concentration nazis.

4 La photographie a été prise par les officiers SS eux-mêmes en mai juin 1944, au moment de l'arrivée des juifs de Hongrie au camp d'Auschwitz-Birkenau. Cette photographie montre le processus de sélection des déportés à leur arrivée dans le camp. En effet, on voit à l'arrière-plan l'entrée du camp et, tout autour, les voies de chemin de fer qui permettent de déporter les juifs de toute l'Europe jusqu'à Auschwitz en Pologne. Au premier plan à gauche, on voit le toit du train qui a déporté les prisonniers sur le quai. Au centre de la photographie, on voit que ces prisonniers ont été divisés en deux groupes. Un groupe, à droite, est composé d'hommes et on remarque sur les vestes les étoiles jaunes. Dans l'autre groupe, à gauche, on a rassemblé les femmes.

Il faut bien sûr critiquer cette photographie : prise par les SS, elle semble montrer une scène très calme, presque paisible. On voit les officiers SS, au premier plan, qui discutent tranquillement sans aucune trace de violence ou d'agitation. Or, d'après nos connaissances, nous savons que la sélection était un moment terrible pour les déportés. Ils étaient séparés les uns des autres avec une très grande brutalité sous la menace de chiens et d'armes. Certains déportés, qui refusaient d'être séparés de leurs proches, étaient abattus pour l'exemple devant tout le monde. Ainsi, cette photographie ne permet pas de décrire le processus de sélection tel qu'il se passait réellement.

Méthode
Il faut montrer vos compétences dans l'analyse d'un document. En confrontant le document à ce que vous connaissez par ailleurs sur le sujet, vous devez être capable de porter sur lui un regard critique et d'expliquer ce que le document ne montre pas.

5 Le double camp d'Auschwitz-Birkenau en Pologne était le centre de mise à mort principal des juifs d'Europe mis en place par les Nazis. Plus d'un million de juifs y sont morts. Il a donc joué un rôle majeur dans le génocide des juifs d'Europe, la Shoah, qui a fait plus de 6 millions de victimes. Un génocide est la destruction physique, systématique et programmée d'une population en raison de ses origines ethniques ou religieuses.

Le camp d'Auschwitz-Birkenau, comme on le voit sur la photo, est relié au reste de l'Europe par le

Gagnez des points !
Cette réponse est une réponse longue qui nécessite d'organiser votre propos. Il faut d'abord définir le mot génocide et apporter des connaissances personnelles précises (chiffres, vocabulaire, génocide des Tsiganes, organisation du camp...) pour développer votre réponse au-delà de ce que disent les documents.

réseau de chemin de fer. Cela permet aux nazis, avec l'aide parfois de gouvernements alliés comme ceux de la Hongrie ou de la France, d'organiser la déportation systématique des juifs arrêtés dans toute l'Europe.

Ce camp est un double camp. C'est un camp de travail forcé qui utilise les déportés juifs qui peuvent travailler pour l'effort de guerre nazi. Dans ce camp, comme en témoigne Ginette Kolinka, c'est « une mort lente » qui attend les détenus, par la faim, l'épuisement, la maladie et les mauvais traitements. À partir de 1942, ce camp se double d'un centre de mise à mort de tous les détenus juifs qui ne peuvent pas travailler, avec l'installation de chambres à gaz pour les assassiner et de fours crématoires pour brûler leur corps. Ce centre de mise à mort est aussi utilisé pour le génocide des Tsiganes qui est un autre groupe visé par les Nazis comme étant des « sous-hommes ».

Exercice 2

1 L'Union européenne, en construction depuis les traités de Rome en 1957, est devenue une puissance, c'est-à-dire qu'elle dispose d'une influence culturelle, géopolitique et économique à l'échelle mondiale. La France, membre fondateur de cette union, dispose, elle aussi, d'une forte capacité d'influence à l'échelle mondiale. Quelles sont la place et l'influence culturelle, géopolitique et économique de la France et de l'Europe dans le monde ?

Gagnez des points !
Il faut organiser votre développement construit : on attend de vous un texte cohérent et ordonné où les connaissances et les exemples sont reliés par des connecteurs logiques et rassemblés dans des paragraphes thématiques (économie, culture...).

Le rayonnement de la France et de l'Union européenne à l'échelle mondiale repose d'abord sur son influence culturelle. En effet, riche d'un patrimoine littéraire, artistique, architectural et gastronomique exceptionnel, la France est, comme l'Europe, au premier rang des destinations touristiques majeures. La France rayonne également par sa langue, la francophonie permet en effet de réunir plus de 320 millions de locuteurs dans 112 pays, ce qui est en fait la 5e langue la plus parlée dans le monde. Le cinéma reste un moyen important de diffusion de la culture française car la France est le pays d'Europe qui produit le plus de films.

L'influence de la France est également importante dans le domaine géopolitique. En effet, elle possède un siège au conseil de sécurité de l'ONU, elle est membre de l'OTAN et elle dispose de l'arme nucléaire et de la première armée européenne. De plus, la France possède des territoires outre-mer, les DROM-COM, qui lui permettent d'être présente sur tous les continents. Ainsi, elle joue un rôle majeur dans les relations internationales. L'influence de l'Union européenne dans ce domaine est moindre car elle ne dispose toujours pas d'une armée et d'une politique de défense communes comme la guerre en Ukraine l'a montré. L'Union européenne se divise sur les questions internationales, ce qui limite son influence géopolitique.

Astuce du prof
La France et l'UE n'ont pas le même rayonnement dans le monde. Il faut nuancer dans chaque paragraphe la place de leur influence respective.

Enfin, la France, et surtout l'Union européenne, possèdent une réelle influence économique à l'échelle mondiale. Avec plus de 500 millions d'habitants, l'UE est un marché de riches consommateurs, unis dans un vaste espace de libre échange et de libre circulation. Elle concentre ainsi 30 % du commerce mondial et produit 28 % du PIB mondial. La France dispose, elle aussi, d'une influence économique non négligeable. C'est la septième puissance économique mondiale et la deuxième de l'Union européenne derrière l'Allemagne. Son économie est largement ouverte sur le monde grâce de grandes FTN (firmes transnationales) dans le domaine du luxe par exemple (LVMH, Kering) ou de la grande distribution (Carrefour). Mais cette influence économique reste limitée. La France est avant tout une puissance économique régionale car elle est très dépendante de ses importations, notamment en matières premières.

Ainsi, la France a une influence culturelle et géopolitique majeure dans le monde tandis que l'UE rayonne avant tout par son influence économique et culturelle.

2

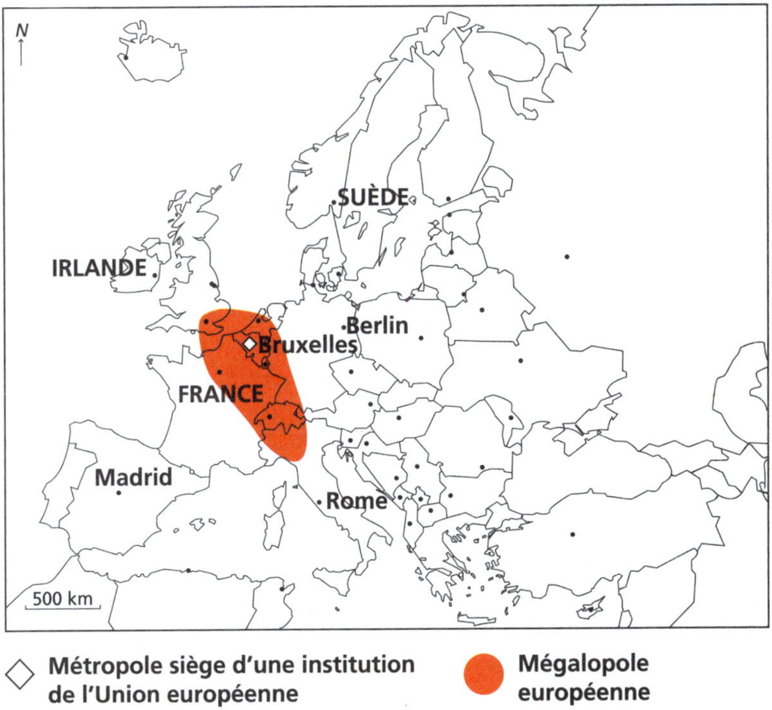

Astuce du prof

Le sujet porte à confusion : il mentionne l'Europe (pour les métropoles) et l'Union européenne (pour les pays et les capitales). Il vaut mieux rester dans la thématique de la leçon et aborder uniquement des repères de l'Union européenne.

Exercice 3

1 Un des avantages, pour un jeune qui s'engage dans le Service Civique, c'est de découvrir de nouveaux horizons ou au contraire d'approfondir ses centres d'intérêts grâce aux dix domaines concernés par l'engagement citoyen : la santé, l'éducation, le sport, la culture... De plus, il peut réaliser cet engagement en France mais aussi à l'étranger.

Un autre avantage du Service Civique, c'est qu'il est indemnisé à hauteur de 601 euros par mois, ce qui permet à un jeune de gagner en autonomie dès 18 ans.

2 Les deux expériences d'engagement de Bastien sont d'abord son bénévolat aux Restos du Cœur, association qui distribue des repas aux plus démunis. Puis, de là, il entend parler du Service Civique et il s'engage alors dans ce dispositif.

3 L'engagement de Bastien peut être associé à la fraternité comme valeur de la République.

4 J'ai bien écouté le témoignage de Bastien et il m'a donné envie de m'engager à mon tour. Je suis allé(e) sur le site du Service Civique et j'ai choisi comme domaine l'éducation.

Je souhaite m'engager dans une association qui aide les jeunes à faire leurs devoirs et qui les accompagne dans leur orientation et dans leurs stages. En effet, cela permettrait d'établir plus d'égalité entre les élèves qui n'ont pas tous la possibilité d'être encadré par leurs parents à la maison pour faire leurs devoirs.

Dans cette association, nous allons accueillir les élèves du collège après les cours et pendant les vacances, pour faire et approfondir leurs devoirs, mais aussi pour des sorties culturelles : musées, cinéma, patrimoine local... Ainsi, ils vont bénéficier d'une meilleure culture générale pour réussir leurs études. Je m'engage ainsi pour que chacun puisse réaliser ses rêves.

Gagnez des points !

Montrez que des valeurs ou des principes républicains guident vos choix et que vous souhaitez vous engager pour cela dans le Service Civique.

SUJET COMPLET 2 France métropolitaine, juin 2023 50 pts 2h

Exercice 1 20 pts 45 min

Analyser et comprendre des documents

corrigés p. 245

Histoire Les civils dans la Première Guerre mondiale

DOC. 1 Témoignage d'une enfant pendant la Première Guerre mondiale

En 1914, Juliette Eychenne-Bareil a sept ans et vit dans le sud de la France, à Carcassonne.

Lorsque la guerre a été déclarée, ma sœur m'emmenait avec d'autres jeunes filles à la gare voir passer les soldats qui partaient pour le front. Quel enthousiasme ! Ils chantaient joyeux : « Tous à Berlin ! » Tout le monde s'embrassait.

Quelques temps après, ce n'était plus la même chose.

Nous allions voir arriver les trains de blessés, c'était bien triste. Les écoles étaient transformées en hôpitaux militaires : Saint-Stanislas, André Chénier, l'École Normale de Garçons et d'autres locaux. On manquait de beaucoup de choses malgré le dévouement des dames de la Croix-Rouge.

Les hommes étant partis, ceci explique qu'on ait utilisé les femmes dans les usines pour faire des obus. L'usine Plancard était une fonderie qui se consacra à la fabrication des obus grâce aux femmes qui considéraient ce genre de travail comme un acte patriotique ; mais c'était très pénible. Beaucoup de femmes confectionnaient des vêtements militaires à domicile ; tout cela était peu payé, ma mère travaillait tous les jours, mais malgré tous ses efforts, c'était quand même la misère.

Pour la nourriture, on a surtout manqué de pain. Les pommes de terre étaient rares, il fallait faire des queues interminables pour avoir 2 kg par personne : j'accompagnais ma mère qui me donnait un sac et je passais et repassais.

Années cruelles. 1914-1918, Atelier du Gué, coll. Terres d'Aude, 1983

DOC. 2 Affiche française de 1918 appelant les civils à poursuivre l'effort de guerre en participant au quatrième emprunt

Raoul Cabrol, 1918, Gallica-Bibliothèque nationale de France

Document 1

1 Identifiez la nature de ce document.

2 Relevez trois extraits montrant les souffrances des civils.

3 Montrez ce qu'apporte ce document par rapport au point de vue d'un soldat de la Première Guerre mondiale.

Document 2

4 Décrivez l'affiche en montrant comment les personnages représentent le front et l'arrière.

5 Expliquez l'objectif de cette affiche.

Documents 1 et 2

6 Montrez comment les civils participent à l'effort de guerre entre 1914 et 1918.

Exercice 2 20 pts 45 min

Maîtriser différents langages

corrigés p. 246

Géographie Les espaces de faible densité

1 En vous appuyant sur un exemple de votre choix, rédigez un développement construit d'environ vingt lignes qui présente les atouts et les dynamiques des espaces de faible densité en France.

2 L'organisation d'une aire urbaine en France :

a. Nommez dans la légende les trois espaces qui composent une aire urbaine (schéma 1).

b. Complétez le schéma 1 et sa légende en indiquant les mobilités avec un figuré adapté.

c. Sur le fond de carte (schéma 2), localisez et nommez six aires urbaines de votre choix.

Schéma 1

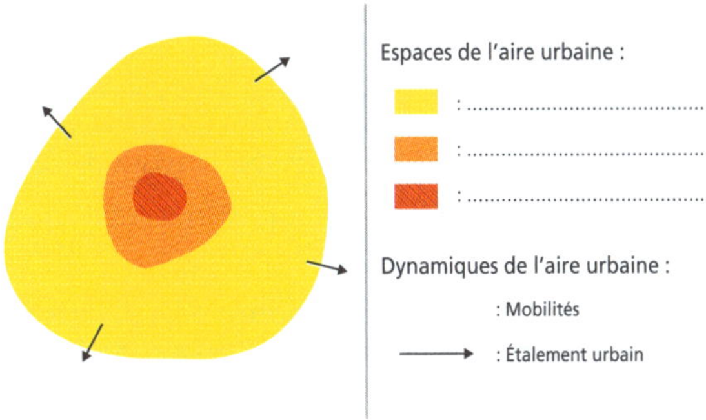

Schéma 2

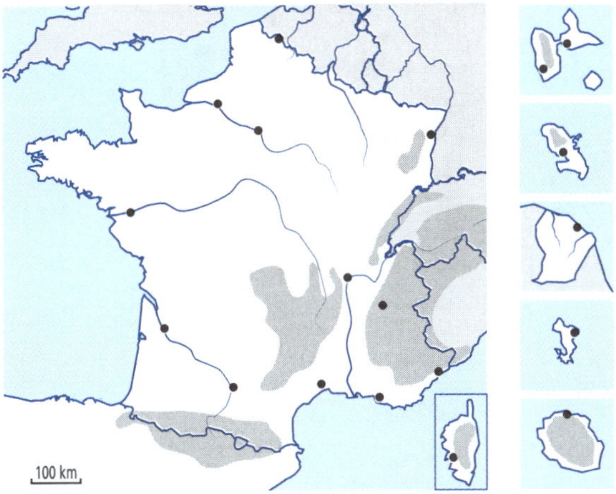

Exercice 3 10 pts 30 min

Enseignement moral et civique

corrigés p. 248

L'engagement citoyen des jeunes

DOC. 1 Le conseil municipal des jeunes de Reims (département de la Marne, région Grand Est)

Le conseil municipal des jeunes est ouvert à tous les collégiens qui habitent à Reims ou qui y sont scolarisés. Dès la sixième et jusqu'à la troisième, chaque jeune peut ainsi devenir acteur au sein de sa ville.

Accompagnés tout au long de l'année scolaire, les jeunes conseillers ont pour objectif de développer leurs propres idées en matière de citoyenneté autour de thématiques variées : environnement, culture, sports/loisirs, solidarité, santé… Ponctuellement, ils participent également à des actions solidaires et durables portées par la ville de Reims ou différents partenaires associatifs.

Les réunions de travail ont lieu les mercredis après-midi (hors vacances scolaires) à la direction de la Jeunesse. C'est lors de ces temps privilégiés que les jeunes échangent sur leurs idées qui pourront, pour certaines, devenir de véritables projets.

Site internet de la mairie de Reims, 2022

DOC. 2 Affiche pour le conseil municipal des jeunes de Margencel (département de la Haute-Savoie, région Auvergne-Rhône-Alpes)

Site internet de la mairie de Margencel

Document 1

1 Indiquez deux conditions qui permettent de participer au conseil municipal des jeunes de la ville de Reims.

2 Citez deux thématiques dans lesquelles les actions du conseil municipal des jeunes de la ville de Reims doivent s'inscrire.

Document 2

3 « Présente-toi ou vote pour élire tes représentants » : montrez que ce slogan fait du conseil municipal des jeunes une instance démocratique.

Documents 1 et 2

4 Vous décidez de candidater pour devenir membre du conseil municipal des jeunes de votre commune. Rédigez un discours dans lequel vous présentez vos motivations et vous développez une proposition d'action citoyenne qui vous tient à cœur.

CORRIGÉ SUJET COMPLET 1

Exercice 1

1 Ce document est un témoignage de Juliette Eychenne-Bareil qui avait 7 ans en 1914 et qui vivait dans le Sud de la France à Carcassonne. Ce témoignage a été recueilli en 1983, soit 69 ans plus tard, dans un livre sur la Première Guerre mondiale: *Années cruelles 1914-1918*.

> **Gagnez des points!**
> Calculez le nombre d'années qui sépare ce qui est raconté du moment où le récit est recueilli.

2 Trois extraits, au moins, nous montrent les souffrances des civils: d'abord, par exemple, « Nous allions voir arriver les trains des blessés c'était bien triste. Les écoles étaient transformées en hôpitaux militaires ». Puis « Beaucoup de femmes confectionnaient des vêtements militaires à domicile, tout cela était peu payé. » Et enfin « Pour la nourriture on a surtout manqué de pain. Les pommes de terre étaient rares, il fallait faire des queues interminables. »

> **Gagnez des points!**
> Sélectionnez des souffrances qui ont des causes différentes dans plusieurs endroits du texte pour montrer que vous l'avez bien compris.

3 Ce document nous apporte le point de vue de l'arrière, notamment ce qui est rare, celui d'une enfant qui vit loin des combats, à Carcassonne. Si, dans un premier temps, la petite fille se réjouit de la guerre et participe à l'enthousiasme général, très vite elle constate un changement d'atmosphère radicale avec les premiers blessés, les premières pénuries, les souffrances de sa mère et le rationnement. On voit que toute sa vie quotidienne est bouleversée.

4 En haut de l'affiche on voit un soldat, « un poilu », en première ligne avec son fusil. Il tend la main derrière lui pour prendre des munitions tout en surveillant l'ennemi, il est prêt à combattre. Il représente le front. Au pied du soldat, derrière lui, un homme riche et plus âgé lui passe une caisse de munitions. À côté de lui, une petite fille, très bien habillée, très élégante, lui passe une grenade. Ces deux personnages représentent l'arrière. Le front et l'arrière sont donc solidaires et unis dans l'effort de guerre, le soldat s'appuie sur l'aide active de l'arrière pour combattre et remporter la victoire.

> **Gagnez des points!**
> Ne vous contentez pas de décrire les personnages mais insistez aussi sur leurs relations complémentaires.

5 Cette affiche est une affiche de propagande du gouvernement qui a pour objectif d'inciter les Français à donner leur argent pour participer à l'effort de guerre. En effet cette affiche date de 1918 et il s'agit du quatrième emprunt, c'est pourquoi le slogan promet: « l'emprunt des dernières cartouches, Français encore un effort… ! ». Pour les Français la guerre s'éternise, une lassitude s'est installée c'est pourquoi l'affiche fait espérer une fin prochaine.

6 Les civils participent à l'effort de guerre, entre 1914 et 1918, de plusieurs manières:

D'une part, ils remplacent au travail les hommes partis au front. Dans l'industrie, dans l'agriculture les femmes, mais aussi une main d'œuvre venue des colonies, remplacent les soldats. C'est « un acte patriotique » comme le dit le document 1 : les salaires sont faibles et les conditions de travail épuisantes notamment pour les « munitionnettes » les femmes qui fabriquent des munitions comme le document 1 en témoigne.

D'autre part, les civils contribuent aussi à l'effort de guerre en le finançant. Pour cela, ils participent à plusieurs emprunts lancés par le gouvernement. Les civils sont incités à utiliser leurs économies, leur or ou encore leurs bijoux pour prêter de l'argent à l'État qui n'arrive plus à soutenir seul le coût de cette guerre industrielle.

Méthode
Rédigez votre réponse en organisant bien vos informations comme dans un développement construit.

Enfin, les civils participent à l'effort de guerre en soutenant les soldats. Dans le document 1 on les voit se mobiliser pour accueillir les blessés. On les voit supporter de nombreuses pénuries et le rationnement afin de laisser la nourriture et le matériel en priorité aux armées. Ce soutien est aussi le résultat d'une propagande incessante du gouvernement qui incite l'arrière à rester mobilisé avec les soldats et qui interdit toute critique sous peine d'être un traitre et de causer la défaite.

Exercice 2

1 La France est le pays le plus peuplé d'Europe après l'Allemagne cependant 40 % de son territoire est constitué d'espaces de faible densité c'est-à-dire d'espaces comptant moins de 30 habitants au km². Ces espaces connaissent de fortes contraintes mais possèdent aussi de nombreux atouts. Quels sont les atouts et les dynamiques des espaces de faible densité ?

Gagnez des points !
Faites une introduction qui s'appuie sur les termes importants du sujet et posez la problématique sous forme de question.

Les espaces de faible densité ont d'abord comme atout principal leur riche patrimoine naturel et culturel. Ainsi le Gers ou la Lozère attirent de nombreux touristes à la recherche d'activités proches de la nature dans le cadre d'un tourisme vert et/ou sportif mais aussi curieux de découvrir un patrimoine local original. Ces espaces sont en effet des espaces ruraux qui valorisent souvent des savoirs faire et des produits de qualité reconnus par des labels type AOC ou AOP et une agriculture biologique.

De plus les espaces de faible densité étant souvent des espaces de montagnes, comme les Pyrénées, les Cévennes ou les Alpes, ils permettent l'aménagement de parcs naturels régionaux ou nationaux qui attirent touristes ou résidents, séduits par ces projets de préservation de la nature et de la biodiversité.

Gagnez des points !
Localisez précisément votre exemple en montrant que vous savez situer en France les différents types d'espace de faible densité. Préciser s'il appartient à la diagonale du vide par exemple.

Enfin, ces espaces, avec leur environnement naturel préservé, leur faible coût de l'immobilier, attirent de nouveaux habitants venus des métropoles, les « néoruraux ». En effet, grâce aux nouvelles technologies comme le télétravail ou à l'amélioration des transports, ceux-ci peuvent concilier travail urbain et résidence rurale. Les espaces de faible densité permettent aussi aux urbains de changer de vie et de se reconvertir dans l'agriculture ou dans l'artisanat notamment.

Grâce à tous ces atouts, les espaces de faible densité sont des espaces dynamiques qui voient leur population et leurs emplois augmenter, en particulier depuis la pandémie du coronavirus en 2019.

2

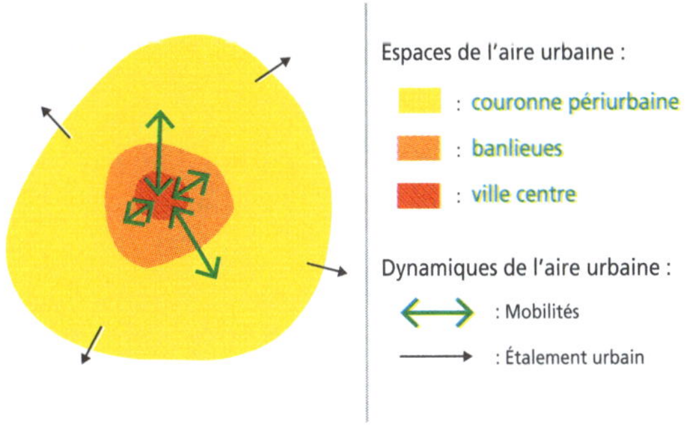

L'astuce du prof

Rappelez-vous que les mobilités sont toujours indiquées à l'aide du même type de figuré.

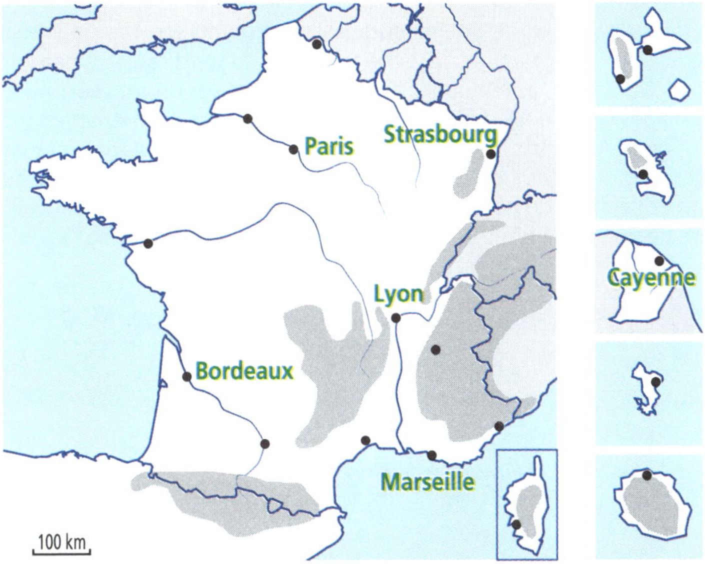

Exercice 3

1 Pour participer au conseil municipal des jeunes de la ville de Reims il faut habiter à Reims et/ou y être scolarisés de la 6e à la 3e.

2 Les actions du conseil municipal des jeunes peuvent s'inscrire autour de la thématique de l'environnement ou des sports/loisirs par exemple.

3 Le conseil municipal des jeunes de Margencel est une instance démocratique car il permet aux jeunes de se présenter (« Présente-toi ») ou d'être représenté par un autre jeune, grâce au vote : « vote pour élire tes représentants ». Nous sommes bien dans le cadre de la démocratie représentative.

4 Bonjour,

J'ai décidé de présenter ma candidature pour devenir membre du conseil municipal des jeunes.

J'habite dans la commune depuis ma naissance et j'y ai fait toute ma scolarité de la maternelle au collège. Je suis maintenant en classe de 3e.

Je connais donc très bien notre commune et ce qui m'a motivé à me présenter devant vous c'est ma passion pour le sport.

En effet, j'ai pratiqué plusieurs sports depuis l'école primaire et je trouve que la commune manque d'équipements sportifs. Pour beaucoup de jeunes que je connais cela signifie renoncer à faire du sport car leurs parents n'ont pas toujours le temps de les emmener ailleurs pour trouver un club ou une association. Aussi, si vous votez pour moi, je proposerai de nombreux aménagements pour pouvoir pratiquer des sports individuels (skate, vélo cross, musculation…) mais aussi collectifs (terrains de basket, de handball…) dans la commune. J'insisterai aussi sur la formation et l'emploi de nombreux animateurs pour encadrer ces nouvelles activités et faire découvrir de nombreux sports aux enfants des écoles de la commune.

Merci de m'avoir écouté ! Votez pour moi ! Vive le sport !

L'astuce du prof

Pour enrichir votre discours et le rendre plus authentique, choisissez un domaine d'action qui vous plaît. Vous pourrez ainsi plus facilement trouver des exemples de projet à mettre en œuvre.

SUJET COMPLET 3 Centres étrangers, juin 2023 50 pts 2h

Exercice 1 20 pts 45 min

Analyser et comprendre des documents

corrigés p. 253

Géographie Les espaces de faible densité et leurs atouts

DOC. 1 Affiche du conseil départemental de la Lozère (2019)

Site du Pays du Gévaudan-Lozère, http://www.pays-gevaudan-lozere.fr, consulté le 22 novembre 2020

DOC. 2 Enquête sur les campagnes françaises

D'apparence simple et définitivement tranchée, la question du rural offre pourtant d'étonnants paradoxes[1]. Car les campagnes, par de nombreux aspects, vont bien ! Ces vingt dernières années, les territoires peu denses ont en moyenne connu la croissance démographique la plus favorable. Un puissant mouvement de mobilité des villes vers les campagnes est à l'œuvre, et il ne concerne pas que les retraités : les actifs, et notamment les cadres, effectuent le même voyage. […] Si on constate certes le recul des services publics en milieu rural, la situation de ces territoires reste confortable, mieux dotés en argent public que les villes proportionnellement au nombre d'habitants. Enfin, les territoires ruraux sont nombreux à créer des emplois, de la valeur ajoutée et des activités économiques innovantes. De ce point de vue, le potentiel du rural est supérieur à celui des métropoles, largement exploitées et congestionnées[2].

Vincent Grimault, *La reconnaissance des campagnes. Enquête dans une France qui se réinvente*, Éditions du Seuil, 2020, p. 2.

1. *Paradoxe* : idées contraires.
2. *Congestionnées* : l'occupation de l'espace y est déjà très forte.

Document 1

1 Identifiez l'auteur et le destinataire de cette affiche.

2 Que propose cette affiche et dans quel but ?

3 Que viennent chercher les familles qui acceptent cette offre ?

Document 2

4 Relevez au moins trois arguments du texte qui permettent de justifier la phrase soulignée.

Documents 1 et 2

5 En prenant appui sur les documents et sur vos connaissances, montrez que les espaces de faible densité possèdent des atouts qui peuvent être valorisés.

Exercice 2 20 pts 45 min

Maîtriser différents langages

corrigés p. 254

Histoire Françaises et Français dans une république repensée

1 Sous la forme d'un développement construit d'une vingtaine de lignes et à partir d'exemples concrets vus en classe, décrivez les transformations de la société française des années 1950 aux années 1980.

2 a. Indiquez sous chaque image numérotée l'année du repère historique représenté.

b. Puis reportez les numéros de ces repères sur la frise.

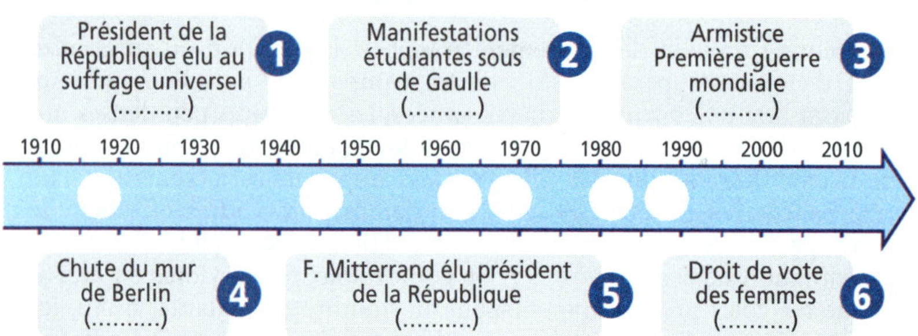

Exercice 3 10 pts 30 min

Enseignement moral et civique

corrigés p. 255

Faire vivre la démocratie française

DOC. 1 Le droit de vote en France

Le droit de vote permet aux citoyens d'exprimer leur volonté à l'occasion d'un scrutin. Il fonde la légitimité des élus (président de la République, députés, maires...).

Établi en France par la Déclaration des droits de l'homme et du citoyen de 1789, le droit de vote n'a été effectif pour l'ensemble de la population qu'en 1944, avec la reconnaissance du droit de vote des femmes. [...] **Le droit de vote permet aux citoyens d'exprimer leur volonté.** Ils peuvent ainsi élire leurs représentants (parlementaires à l'Assemblée nationale et au Sénat) et leurs gouvernants (président de la République, maires...), et participer directement à la prise de décision politique lorsqu'un texte est présenté à leur approbation par la voie du référendum. [...]

En France, le droit de vote est un droit et non une obligation. Certains pays comme la Belgique l'imposent, mais transformer ce devoir en obligation pourrait être contre-productif. [...]

En France, le droit de vote est un devoir pour les citoyens, comme le rappelle l'inscription figurant sur les cartes électorales : « Voter est un droit, c'est aussi un devoir civique ».

La question de rendre le vote obligatoire a souvent été débattue mais n'a jamais été envisagée sérieusement :

- le **vote n'est pas obligatoire par principe**. Si le vote est un droit, on peut, comme tout autre droit (liberté de réunion ou d'association, par exemple), ne pas l'exercer. Il pourrait sembler paradoxal de transformer un droit aussi essentiel en contrainte ;
- obliger les citoyens à voter impose de vérifier que cette règle sera suivie. Il faudrait créer une sanction pénale efficace, faute de quoi la nouvelle obligation demeurerait lettre morte ;
- forcer les citoyens à participer aux élections pourrait avoir un impact sur les résultats (augmentation des votes blancs ou nuls, par exemple).

Fiche thématique extrait du site viepublique.fr, dernière modification du 12 octobre 2021.

DOC. 2 Affiche de la ville de Fontenay-Sous-Bois contre l'abstention

Affiche provenant d'un article du site leparisien.fr, écrit par Sylvain Deleuze, daté du 15 février 2022.

Note : Pour inciter les jeunes à s'inscrire sur les listes électorales, la mairie de Fontenay-sous-Bois a lancé une campagne d'affichage originale avec le rappeur Drake ou, comme ici, l'internaute Khaby Lame.

Document 1

1 Pourquoi peut-on dire que le droit de vote permet aux citoyens d'exprimer leur volonté ? Deux éléments de réponse sont attendus.

2 Relevez deux arguments qui expliquent que le droit de vote n'est pas rendu obligatoire en France.

Document 2

3 Expliquez pourquoi la mairie de Fontenay-sous-Bois a lancé cette campagne d'affichage.

4 Quels moyens la mairie de Fontenay-sous-Bois utilise-t-elle pour convaincre de s'inscrire sur les listes électorales ? Deux éléments de réponse sont attendus.

Documents 1 et 2

5 L'un de vos amis hésite à aller voter et vous décidez de le convaincre de le faire. Comment lui expliquez-vous que, si voter est un droit, c'est aussi un devoir civique ?

CORRIGÉ SUJET COMPLET 3

Exercice 1

1 L'auteur de ce document est le conseil départemental de la Lozère, un département du Massif central. Le destinataire de ce document est une personne ou une famille qui souhaite s'installer en Lozère ou découvrir la Lozère.

À savoir
Attention le document est très riche : il comporte de nombreux encadrés, essayez de rassembler un maximum d'informations pour formuler votre réponse

2 Cette affiche propose de rencontrer pendant deux jours, le 17 et le 18 octobre des élus et des entreprises de la Lozère pour construire un projet autour de l'artisanat, de l'agriculture ou encore du tourisme. Le but de ces rencontres est de permettre à des personnes de s'installer en Lozère et d'y commencer une « nouvelle vie ».

3 Les familles qui acceptent cette offre viennent chercher « une nouvelle vie » en Lozère, l'expression est répétée au moins trois fois sur l'affiche. Cette nouvelle vie est illustrée par la photo au centre : on y voit au premier plan une famille de quatre personnes, une famille heureuse et dynamique et à l'arrière-plan une étendue d'eau et des collines avec un troupeau qui broute. La Lozère met ainsi en avant son environnement naturel préservé comme le souligne le slogan « s'installer en Lozère naturellement ».

Gagnez des points !
Même si les informations sont nombreuses sur l'affiche, n'oubliez pas la photo pour rédiger votre réponse. Vous devez montrer que vous savez décrire une photo à l'aide des différents plans.

4 La phrase « car les campagnes, par de nombreux aspects vont bien » est justifiée par les trois arguments suivants : d'abord, premier argument : « les territoires peu denses ont en moyenne connu la croissance démographique la plus favorable » ; ensuite « la situation de ces territoires reste confortable, mieux dotés en argent public ». Enfin, dernier argument : « les territoires ruraux sont nombreux à créer des emplois, de la valeur ajoutée et des activités économiques innovantes ».

5 Les espaces de faible densité, définis comme étant les espaces comptant moins de 30 hab/km² et qui couvrent 40 % du territoire français, possèdent de nombreux atouts.

Ce sont des espaces en devenir à l'inverse des métropoles « largement exploitées et congestionnées ». En effet ils proposent un cadre de vie préservé proche de la nature où les prix de l'immobilier restent abordables pour une famille. Ils offrent ainsi une qualité de vie réelle quand ils disposent d'un minimum de services publics à proximité. Déjà attractifs pour les touristes, les résidents secondaires et les retraités, ces espaces attirent désormais « les actifs et notamment les cadres » particulièrement depuis la pandémie du coronavirus en 2019.

De plus ces espaces de faible densité sont le plus souvent des espaces ruraux disposant de savoirs faire et de productions qui leurs sont propres et qui peuvent être valorisés. Ils permettent ainsi à des urbains de changer de vie, de se reconvertir dans des métiers liés à l'agriculture et à l'artisanat et de fonder de nouvelles entreprises. Cependant, de mieux en mieux reliés par les réseaux 4G et par des moyens de transports performants, ils peuvent aussi permettre à des urbains de garder leur emploi grâce au télétravail. Ainsi comme le dit le document 2 : « le potentiel du rural est supérieur à celui des métropoles ».

Gagnez des points !
Commencez par définir les espaces de faible densité pour montrer vos connaissances précises de la leçon.

Exercice 2

1 La forte croissance économique des Trente Glorieuses et la stabilité politique de la Vème République permettent à la France de connaitre d'importantes transformations économiques, sociales et culturelles de 1950 à 1980. Quelles sont les transformations de la société française de 1950 à 1980 ?

L'astuce du prof
Appuyez-vous sur des lois importantes pour développer des exemples précis de transformations sociales.

D'abord, au cours de ces années, la France connait des transformations démographiques importantes. En effet, jusqu'en 1965, on constate en France un fort taux de natalité : c'est le baby-boom. Il fait augmenter rapidement la population et surtout provoque une irruption de la jeunesse et de ses revendications dans la vie politique, sociale et culturelle française à partir des années 60. En mai 68, la jeunesse se révolte et obtient un meilleur accès à l'éducation, à l'enseignement supérieur et à la culture. En 1974, l'âge légal de la majorité passe de 21 ans à 18 ans pour garantir notamment une meilleure représentation des jeunes dans la vie politique.

Mai 68 est aussi un moment important pour les revendications féministes qui se font entendre fortement à ce moment-là et qui vont s'amplifier dans les années 70 grâce au travail de nombreuses associations féministes comme le MLF (mouvement de libération des femmes). Cela permet le vote de lois importantes dans le domaine de l'égalité conjugale par exemple. Si, dès 1965, une femme avait le droit de travailler sans l'accord de son mari, en 1970 l'autorité paternelle devient l'autorité parentale et en 1975 une loi sur le divorce par consentement mutuel est enfin adoptée. L'égalité sexuelle progresse aussi à cette époque grâce à l'application de la loi Neuwirth qui autorise la contraception à partir de 1972 et à la loi Veil qui légalise l'avortement (IVG) en 1974.

Méthode
Chaque paragraphe doit commencer par des mots de liaison pour bien construire votre développement : d'abord, ensuite, aussi, enfin, pour finir...

Enfin la société française se transforme car, entre 1950 et 1980, elle connait une immigration très importante. Si la France est un pays d'immigration depuis le XIXe siècle, le besoin de main d'œuvre est tel pendant les Trente Glorieuses qu'il provoque des flux migratoires très importants. Cette immigration est très diversifiée. Elle provient du Sud de l'Europe (Italie, Espagne, Portugal) mais aussi de l'Afrique du Nord et de l'Afrique sub-saharienne. L'année 1974 marque cependant un tournant considérable : la fin de la croissance économique et la montée du chômage provoquent des restrictions importantes à l'immigration qui diminue. La France doit, dans les années 80, faire face à une nouvelle problématique qui est celle de l'intégration de ces populations immigrées dans une société devenue multiculturelle.

Ainsi, de 1950 à 1980, la société française a connu des transformations majeures donnant une place nouvelle à ses minorités : les jeunes, les femmes ou encore les immigrés. Ces transformations continuent aujourd'hui portées par de nouvelles revendications.

2

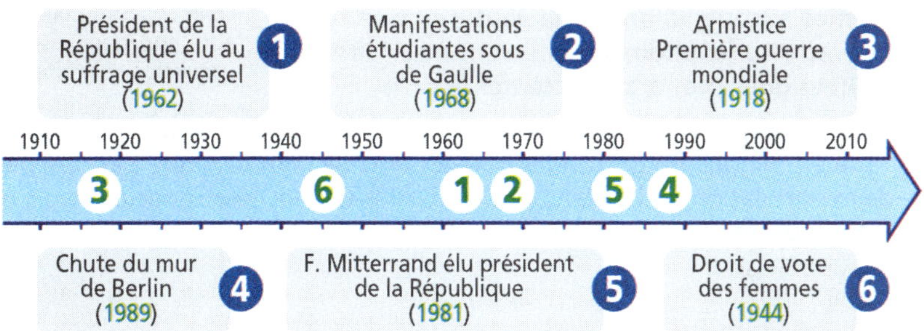

Exercice 3

1 Le droit de vote permet aux citoyens d'exprimer leur volonté. En effet, il leur permet d'élire « leurs représentants… et leurs gouvernants » mais aussi de « participer directement à la prise de décision politique… par la voie du référendum ».

À savoir

Ne vous fiez pas aux phrases soulignées, cela provient de la mise en page originale du site officiel vie-publique.fr.

2 Le droit de vote n'est pas rendu obligatoire en France car « si le vote est un droit on peut, comme tout autre droit, ne pas l'exercer ». De plus pour obliger les citoyens à voter « il faudrait créer une sanction pénale efficace » pour ceux qui ne le feraient pas.

3 La mairie de Fontenay-sous-Bois a lancé cette campagne d'affichage pour lutter contre l'abstention des jeunes lors des élections présidentielles. Pour cela, elle les incite à s'inscrire sur les listes électorales, « le meilleur geste barrière » contre l'abstention.

4 Pour convaincre les jeunes de s'inscrire sur les listes électorales, la mairie de Fontenay-sous-Bois appuie sa communication sur des personnalités connues et appréciées des jeunes comme le tiktokeur Khaby Lame ou le rappeur Drake qui vont être plus écoutés que des responsables politiques. De plus, elle utilise des moyens de communication qui reposent sur l'usage du téléphone portable : smiley et QR code à flasher qui paraissent plus simples d'accès que des démarches à faire en mairie.

5 Premièrement, voter est un droit qui a été difficilement acquis par l'ensemble de la population en France. Il est revendiqué en 1789 par la Déclaration des droits de l'homme et du citoyen mais il n'a été « effectif pour l'ensemble de la population qu'en 1944 ». De nombreuses personnes se sont battues en France pendant des siècles pour pouvoir voter, tu dois donc aller voter par devoir, par hommage à ces combattants.

Deuxièmement, tu dois aller voter car tu dois donner ton avis sur les choix politiques importants qui vont engager notre génération pour de longues années. Si tu n'exprimes aucune volonté cela veut dire que tu es d'accord avec tous les choix qui pourront être faits par d'autres. Tu es donc prêt à tout accepter ?

Enfin, si tu ne vas pas voter, si tu n'accomplis pas ton devoir de citoyen, tu mets la démocratie en danger. En effet si les gouvernants ne sont élus que par une petite partie de la population, ils perdent leur légitimité et donc leur capacité à agir, et la démocratie représentative ne fonctionne alors plus.

Méthode

Toutes les réponses seront valorisées du moment qu'elles exposent clairement des arguments pour inciter un jeune à aller voter. Vous pouvez bien sûr vous inspirer des arguments des documents mais il ne faut pas les recopier. Utilisez surtout vos connaissances mais aussi pourquoi pas vos convictions personnelles.

SUJET COMPLET 4 Amérique du Nord, juin 2022 50 pts 2h

Exercice 1 20 pts 45 min

Analyser et comprendre des documents

corrigés p. 261

Histoire Françaises et Français dans une République repensée

DOC. 1 Discours d'investiture de Charles de Gaulle, président du Conseil[1], à l'Assemblée nationale, le 1er juin 1958

La dégradation de l'État qui va se précipitant. L'unité française immédiatement menacée. L'Algérie plongée dans la tempête des épreuves et des émotions. […] Telle est la situation du pays. […] Elle se trouve menacée de dislocation[2], et peut-être, de guerre civile.

C'est dans ces conditions que je me suis proposé pour tenter de conduire, une fois de plus au salut le pays, l'État, la République et que, désigné par le chef de l'État, je me trouve amené à demander à l'Assemblée nationale de m'investir pour un lourd devoir.

[…] Mais ce ne serait rien que de remédier[3] provisoirement, tant bien que mal, à un état de choses désastreux, si nous ne nous décidions pas à en finir avec la cause profonde de nos épreuves. Cette cause – l'Assemblée le sait et la Nation en est convaincue –, c'est la confusion et par là même l'impuissance des pouvoirs. Le Gouvernement que je vais former, moyennant votre confiance, vous saisira sans délai d'un projet de réforme […] de la Constitution, de telle sorte que l'Assemblée nationale donne mandat au Gouvernement d'élaborer, puis de proposer au pays, par la voie du référendum, les changements indispensables. […] Le Gouvernement précisera les trois principes qui doivent être, en France, la base du régime républicain et auquel il prend l'engagement de conformer son projet. Le suffrage universel est la source de tout pouvoir. Le pouvoir exécutif et le pouvoir législatif doivent être effectivement séparés, de façon que le Gouvernement et le Parlement assument, chacun pour sa part et sous sa responsabilité, la plénitude de ses attributions. Le Gouvernement doit être responsable vis-à-vis du Parlement.

Les grands discours parlementaires de la Quatrième République, de Pierre Mendès France à Charles de Gaulle, textes présentés par Sabine Jansen, Armand Colin, Collection d'histoire parlementaire, 2006.

1. Le 15 mai 1958, Charles de Gaulle se dit prêt à assurer les pouvoirs de la République. René Coty, président de la République, le nomme président du Conseil (équivalent aujourd'hui du poste de premier ministre).

2. *Dislocation* : séparation violente.

3. *Remédier* : arranger.

DOC. 2 Les résultats du référendum de 1962 sur l'élection de président de la République au suffrage universel direct

DIX-NEUVIÈME ANNÉE — N° 5531 ★ ★ 24 PAGES — DERNIÈRE ÉDITION MARDI 30 OCTOBRE 1962

Le Monde

LE NUMÉRO : 0,30 NF

Rédaction, Administration : 5, r. des Italiens, Paris-IX. — Directeur : Hubert BEUVE-MÉRY

LE RÉFÉRENDUM SUR L'ÉLECTION DU CHEF DE L'ÉTAT AU SUFFRAGE UNIVERSEL

• **Le « oui » obtient 61,75 % des suffrages exprimés**

• **Le « non » l'emporte dans quatorze départements**

Le Monde, 30 octobre 1962.

Document 1

1 Présentez le document en précisant le rôle historique de l'auteur auquel il est fait référence dans le deuxième paragraphe.

2 Quelle est, selon l'auteur, la situation politique de la France en juin 1958 ? Quelle peut être, selon lui, la conséquence de cette situation ?

3 À quel événement la phrase suivante fait-elle référence : « L'Algérie plongée dans la tempête » ? Expliquez cet événement.

4 Quels sont les principes sur lesquels s'appuierait la nouvelle République souhaitée par Charles de Gaulle (deux principes sont attendus) ?

Documents 1 et 2

5 Quelle modification constitutionnelle le référendum de 1962 décide-t-il ? Citez la phrase du document 1 correspondant à cette modification.

Exercice 2 20 pts 45 min

Maîtriser différents langages

corrigés p. 262

Géographie Pourquoi et comment aménager le territoire ?

1 Rédigez un développement construit d'environ vingt lignes dans lequel vous montrerez que les territoires ultra-marins sont faiblement intégrés dans leur espace régional mais mettent en œuvre des aménagements qui les valorisent. Vous pouvez vous appuyer sur des exemples précis vus en classe.

2 L'aménagement du territoire métropolitain français :

a. Sur la carte, écrivez le nom :

– du pays limitrophe de la France

– d'une région française
– des zones industrialo-portuaires et
– de la métropole régionale

b. Dans la légende, complétez les éléments et figurés manquants.

c. Sur la carte, tracez l'axe majeur de transport français et dessinez deux façades maritimes en reportant les figurés utilisés dans la légende.

Quelques aspects de l'aménagement du territoire métropolitain français

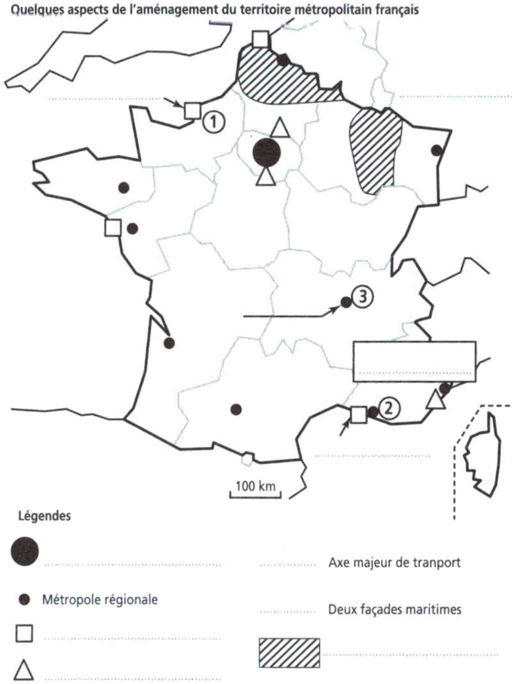

Exercice 3 10 pts 30 min

Enseignement moral et civique

corrigés p. 264

L'engagement individuel ou collectif des citoyens dans une démocratie

DOC. La réunion du conseil du quartier Turones à Tours en Indre-et-Loire

Le 13 octobre, dans la salle polyvalente, s'est tenu le conseil de quartier Turones. Une quinzaine de personnes regroupées dans cette vaste salle, échangeant difficilement avec leur masque. La municipalité était représentée par Anne Bluteau, adjointe du quartier Tours-Est, sa suppléante, Betsabée Haas et Annaëlle Schaller, adjointe en charge de la démocratie permanente qui ont effectué une présentation générale du conseil.

Cette instance de démocratie locale est rendue obligatoire par la loi pour mettre en place des projets de proximité mais aussi parler de la vie locale. La municipalité souhaite en faire une instance de consultation des projets municipaux. […]

Les doléances[1] et propositions d'amélioration des habitants et associations représentées ont été récoltées puis évoquées en public. Les sujets de mécontentement sont récurrents[2] : nuisances dans le Vieux-Tours et la rue Colbert (insécurité, bruit, collecte des cartons et ordures, insalubrité…). Issu du quartier Blanqui, le projet « Musique pour tous », porté par Playtime 37 qui développe un lieu non scolaire pour l'enseignement de la musique, suscite une attention particulière de la part des élues.

Il suffit d'un groupe de cinq personnes pour mettre en place un atelier thématique avec le soutien logistique d'Antoine Cavalier, coordonnateur des conseils de quartier. Actuellement deux ateliers fonctionnent : Propreté/déchets qui demande la propreté du quartier par les citoyens, remise en fonction des sanisettes[3], distribuer des cendriers de poche… Mais aussi l'atelier mise en valeur du patrimoine et embellissement qui rencontre le service des espaces verts et permet la restauration et la réinstallation de la sculpture Ecce Homo. Il propose aussi l'aménagement du rond-point des Tanneurs, le réaménagement de la place Payon, la végétalisation de la rue Delpérier, repenser la place Beaune-Semblançay, retravailler sur le chemin boueux derrière la faculté des Tanneurs.

Un binôme sera contact relais avec la mairie pour le bon fonctionnement du conseil de quartier […].

www.lanouvellerepublique.fr, 20 octobre 2020.

---

1. *Doléances* : plaintes ou réclamations.
2. *Récurrents* : qui réapparaissent fréquemment.
3. *Sanisettes* : toilettes publiques.

1 Qui sont les membres d'un conseil de quartier ? Qu'est-ce qui rend la tenue de ce conseil obligatoire ?

2 Citez deux domaines d'action dans lesquels le conseil de quartier intervient.

3 Qu'est-ce que la « démocratie locale » selon le texte ? Comment le texte justifie-t-il son utilité ?

4 En tant que futurs citoyens, vous êtes amenés à participer à la vie démocratique du pays. En vous appuyant sur le document mais aussi sur vos connaissances, présentez en quelques lignes les différentes formes d'engagement du citoyen et montrez qu'elles sont essentielles en démocratie.

CORRIGÉ SUJET COMPLET 4

Exercice 1

1 Ce document est un extrait du discours d'investiture de Charles de Gaulle à l'Assemblée nationale le 1er juin 1958 alors qu'il vient d'être nommé président du Conseil par le président de la République René Coty. Ce document provient d'un livre: Les grands discours parlementaires de la Quatrième République, de Pierre Mendès France à Charles de Gaulle, recueillis par Sabine Jansen et édités chez Armand Colin en 2006.

Le rôle historique de Charles de Gaulle est évoqué dans le deuxième paragraphe: «je me suis proposé pour tenter de conduire, une fois de plus au salut du pays, l'État, la République.» En effet, Charles de Gaulle a déjà «sauvé» la France en juin 1940 en s'opposant à l'armistice signée par le maréchal Pétain avec les Allemands et en appelant à une résistance militaire depuis Londres. Il a ainsi permis à la France de figurer aux côtés des vainqueurs à la fin de la Seconde Guerre mondiale.

> **Gagnez des points!**
> Citez le passage qui fait référence au rôle historique de l'auteur et utilisez vos connaissances sur la Résistance pour développer votre réponse.

2 La situation politique de la France en juin 1958 est selon l'auteur très dégradée: «l'unité française immédiatement menacée. [...] Elle se trouve menacée de dislocation.» Cette situation pourrait avoir comme conséquence une «guerre civile» selon de Gaulle.

> **Gagnez des points!**
> Il faut citer ici le texte, n'utilisez pas vos connaissances, il faut prélever les informations dans le document.

3 Selon de Gaulle, l'Algérie est «plongée dans la tempête». En effet, depuis novembre 1954, l'Algérie est plongée dans une guerre, une guerre d'indépendance. Elle oppose les combattants algériens du FLN à l'armée française. Cependant, en 1958, la IVe République commence à envisager des négociations pour sortir de ce conflit qui s'enlise. Cela déclenche, le 13 mai à Alger, une tentative de coup d'État des généraux Massu et Salan soutenus par les Français d'Algérie (les «pieds noirs») qui veulent que l'Algérie reste française. La «tempête» en Algérie menace directement la République.

> **Gagnez des points!**
> Utilisez vos connaissances sur la guerre d'Algérie pour développer au maximum votre réponse, vous ne pouvez pas vous appuyer sur le texte pour répondre.

4 La nouvelle République souhaitée par Charles de Gaulle s'appuierait sur deux principes: Le premier est que le suffrage universel «est la source de tout pouvoir». Le deuxième principe est que le pouvoir exécutif et le pouvoir législatif «doivent être effectivement séparés, de façon que le Gouvernement et le Parlement assument, chacun pour sa part et sous sa responsabilité, la plénitude de ses attributions».

5 La modification constitutionnelle décidée par le référendum de 1962 est que désormais le président de la République sera élu au suffrage universel.

Le « oui » l'a emporté à 61,75 % des suffrages exprimés. Cette modification est déjà annoncée dans le discours de 1958 quand Charles de Gaulle dit : « le suffrage universel est la source de tout pouvoir ».

Gagnez des points !
Attention pour une réponse complète il faut utiliser les deux documents pour rédiger votre réponse.

Exercice 2

1 Les territoires ultra-marins français, les DROM-COM, sont des territoires éloignés de la France mais aussi faiblement intégrés dans leur espace régional. Pourquoi sont-ils faiblement intégrés dans leur espace régional et quels sont les aménagements qui les valorisent malgré ces contraintes ?

Les territoires ultra-marins français sont faiblement intégrés à leur espace régional. En effet, ces territoires ultra-marins, sauf la Guyane, sont des îles se trouvant dans la zone intertropicale ou dans les régions polaires. Elles subissent donc un fort isolement lié à leur insularité. La Guyane en souffre aussi car bordée d'un côté par l'océan Atlantique et de l'autre par la forêt amazonienne, elle est aussi très isolée du reste du continent américain.

Astuce du prof
Tout au long du développement construit, utilisez des mots de liaisons : en effet, de plus, par ailleurs… en début de chaque paragraphe pour bien organisé vos connaissances.

De plus, leur climat tropical ou au contraire polaire (Saint-Pierre-et-Miquelon) peut les couper de toutes communications avec leur espace régional : saison des cyclones dans les Antilles ou encore saison des pluies dans l'océan Indien (la Réunion).

Par ailleurs, les DROM-COM n'ont pas développé de liens économiques privilégiés avec les pays qui leurs sont proches, ainsi droits de douanes, contrôles, frontières plus ou moins fermées gênent les relations et l'intégration de ces territoires à l'échelle de leurs régions. En effet, ces pays ont souvent un niveau de développement et de salaires inférieurs à ceux des DROM-COM (par exemple les Comores par rapport à Mayotte) ce qui nécessite de maintenir des contrôles aux frontières et créent des tensions et des relations difficiles, par exemple entre la Guyane et le Brésil à propos de l'immigration.

Gagnez des points !
Dans cette partie aussi citez des exemples précis pour montrer que vous connaissez les différents DROM COM et que vous savez les localiser.

Cependant ces territoires sont aménagés pour les valoriser.

Ainsi l'État français, les collectivités territoriales et l'UE ont construit des aéroports et des ports à conteneurs qui permettent de mieux relier les DROM entre eux mais aussi à leur espace régional ainsi qu'à la métropole.

De plus, d'importants aménagements sont réalisés pour améliorer la circulation et les liaisons dans ces territoires où les espaces montagneux et forestiers sont nombreux. Ainsi la nouvelle route du littoral, sur l'île de la Réunion, est un projet colossal qui nécessite la construction de digues et d'un viaduc sur l'océan mais qui permettra de relier plus facilement la capitale régionale Saint-Denis avec les principales infrastructures portuaires de l'île.

Gagnez des points !
Développer l'exemple d'un aménagement vu en classe mais aborder aussi rapidement d'autres types d'aménagement.

Enfin, les littoraux sont aussi aménagés pour y développer un tourisme durable à l'échelle régionale mais aussi mondiale : Bora Bora en Polynésie devient ainsi une destination touristique privilégiée dans le Pacifique pour les touristes australiens mais aussi européens et américains grâce à des « resorts », des villages de vacances proposant de multiples activités de détente et de bien-être.

Les territoires ultra-marins sont donc marqués par un fort isolement mais de nombreux aménagements tentent de surmonter cette contrainte.

2 L'aménagement du territoire métropolitain français.

Quelques aspects de l'aménagement du territoire métropolitain français

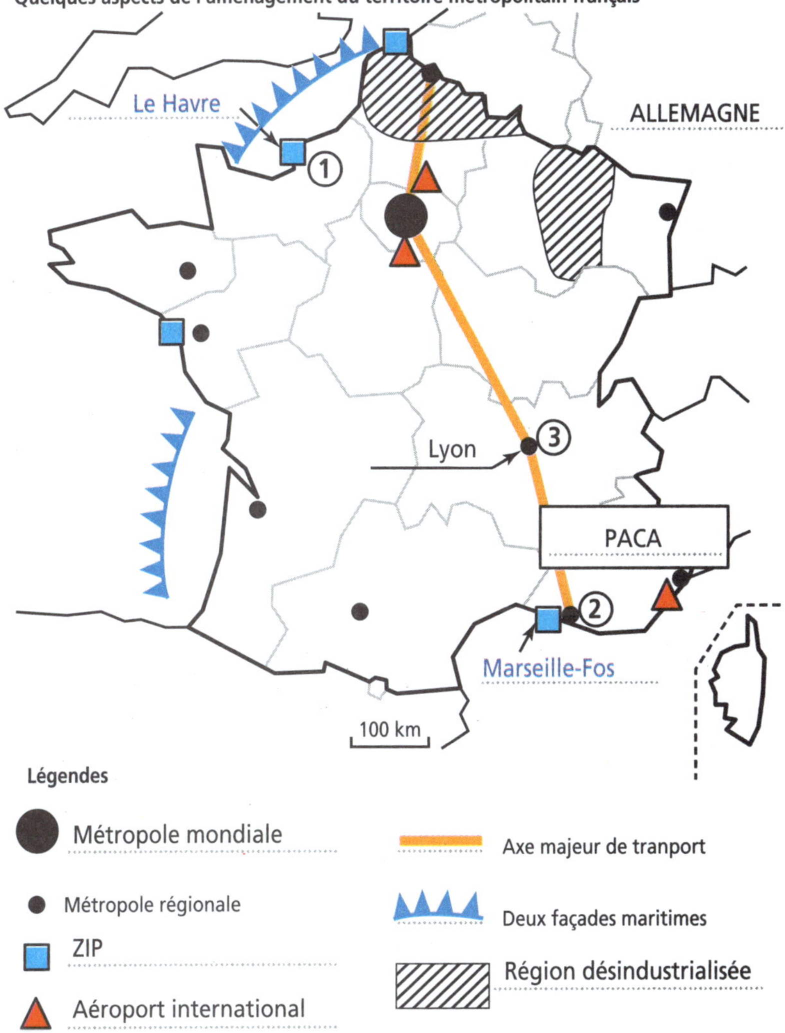

Exercice 3

1 Les membres d'un conseil de quartier sont des représentants de la municipalité et d'associations du quartier ainsi que des habitants du quartier. C'est la loi qui rend obligatoire la tenue de ce conseil.

2 Le conseil de quartier intervient « pour mettre en place des projets de proximité mais aussi parler de la vie locale ».

3 La « démocratie locale » selon le texte c'est d'abord, pour la municipalité, écouter les plaintes des habitants du quartier. Par exemple ils se plaignent de l'insécurité et du bruit ainsi que des ordures. C'est aussi récolter les propositions des habitants et des associations et mettre en place avec eux des projets. Ainsi la municipalité porte « une attention particulière » au projet « Musique pour tous » proposé par l'association Playtime 37. Ou encore elle soutient la mise en place d'ateliers thématiques par les habitants comme celui sur la « mise en valeur du patrimoine et l'embellissement » du quartier qui propose de nombreux réaménagements.

4 Le citoyen peut s'engager de différentes manières pour faire fonctionner ou progresser la démocratie dans son pays.

Il peut s'engager d'abord en allant voter lors des différentes élections mais aussi en s'engageant dans un parti politique qui défend ses idées et ses valeurs. Ainsi il participe au fonctionnement de la démocratie représentative qui repose sur le pluralisme politique.

Ensuite, il peut s'engager aussi à travers des associations qui défendent une cause qu'il soutient ou qui organisent des activités qui lui plaisent. Le citoyen peut ainsi devenir bénévole pour s'impliquer dans le travail d'une association. Il peut aussi soutenir une cause, mettre en place des actions à travers les réseaux sociaux qui permettent aujourd'hui aux citoyens de se mobiliser directement. Ils construisent alors par leurs actions une démocratie participative.

Enfin, le citoyen peut s'engager aussi dans la démocratie locale et participer à la vie de son quartier en faisant partie d'un conseil de quartier. Il peut ainsi proposer des idées d'aménagements ou d'actions comme lutter pour la propreté et la gestion des déchets dans les rues de son voisinage.

Astuce du prof

Lisez d'abord attentivement tout le document avant de répondre à la question afin de retrouver tous les participants à un conseil de quartier.

Gagnez des points !

Citez différents types d'exemple de démocratie locale pour montrer que vous avez bien compris le texte. Attention cependant à ne pas recopier le document !

Gagnez des points !

Ne vous appuyez pas uniquement sur les informations du document pour rédiger votre présentation, vous devez réinvestir des notions et le vocabulaire vus en EMC sur la démocratie.

SUJET COMPLET 5 France métropolitaine, juillet 2022 50 pts 2h

Exercice 1 20 pts 45 min

Analyser et comprendre des documents

corrigés p. 269

Géographie La France et l'Union européenne

DOC. 1 La coopération entre les États de l'Union européenne

La Politique de Cohésion, qui vise à réduire les écarts de développement entre les régions, est la principale politique de l'Union européenne en matière territoriale. […]

L'intégration européenne passe par le développement de la coopération entre les États membres. Cette coopération prend des formes très diverses et se situe à différents niveaux institutionnels. En matière de sécurité, les États sont amenés à coopérer autour d'une politique commune de défense et d'accords de police (Europol). En matière d'éducation, […] c'est notamment le cas du programme Erasmus[1]. Toutefois, l'Union européenne promeut surtout la coopération interrégionale, c'est-à-dire l'interaction directe entre régions appartenant à des pays membres différents autour d'un projet commun.

Éloïse Libourel, *Géographie de la France*, 2017.

1. *Erasmus* : programme d'échanges d'étudiants entre des établissements d'enseignement.

DOC. 2 Un exemple de coopération transfrontalière entre la France et l'Espagne

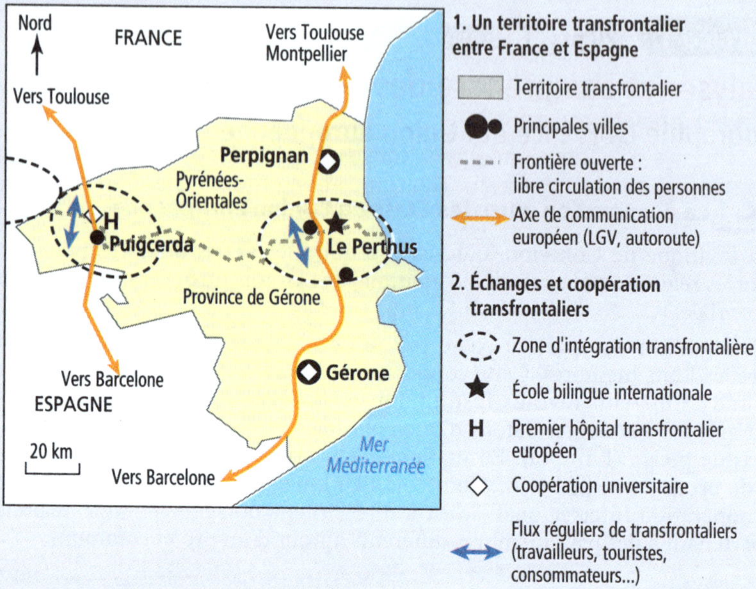

Source : D'après www.eurodistricte.cat
et *L'espace « transcatalan » en question*, David Giband.

Document 1

1 Quel est l'objectif de la Politique de Cohésion de l'Union européenne ?

2 Quelles sont les deux échelles de coopérations évoquées par le document ?

Document 2

3 Citez deux éléments qui favorisent les flux entre la France et l'Espagne.

4 Quels aménagements ou équipements ont été réalisés dans le cadre de la coopération entre la France et l'Espagne ?

Documents 1 et 2

5 En vous appuyant sur des exemples précis, montrez que l'Union européenne favorise aux échelles nationale, régionale et locale, les échanges et la coopération.

Exercice 2 — 20 pts — 45 min

Maîtriser différents langages

corrigés p. 269

Histoire L'Europe, un théâtre majeur des guerres totales (1914-1945)

1 Développement construit

Sous la forme d'un développement construit d'une vingtaine de lignes, présentez les principales caractéristiques du régime mis en place en Allemagne entre 1933 et 1945. Vous illustrerez chaque caractéristique par un exemple de votre choix.

2 Comprendre et pratiquer un autre langage ; utiliser des repères

Datez les trois événements ou périodes ci-dessous à l'emplacement des pointillés prévus à cet effet.

a. Avec la Révolution russe, les bolcheviks dirigés par Lénine s'emparent du pouvoir en Russie. Un régime fondé sur les idées communistes est mis en place. Indiquez la date de cet événement : ....

b. La Deuxième Guerre mondiale débute par l'invasion de la Pologne par l'Allemagne. C'est une guerre d'anéantissement au bilan très lourd : plus de 50 millions de victimes. Elle se termine par la capitulation de l'Allemagne suivie de celle du Japon quelques mois plus tard. Indiquez les dates de début et fin de la Deuxième Guerre mondiale : .... et ....

c. Le Front populaire est une union des trois partis de gauche. Cette union gagne les élections législatives et fait adopter des lois sociales en France. Parmi ces mesures, il y a notamment la semaine de travail de 40 heures ou encore les 14 jours de congés payés. Indiquez la date de la victoire électorale du Front populaire : ....

3 Sur la frise ci-dessous, placez, en utilisant des figurés adaptés, les trois événements ou périodes présentés à la question 2.

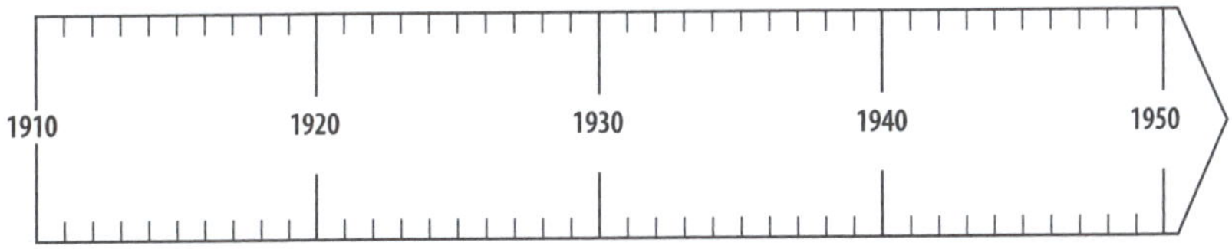

Exercice 3 10 pts 30 min

Enseignement moral et civique

corrigés p. 271

Respecter autrui

DOC. 1 Créer un média par établissement scolaire

Hélène Paumier, professeure de français, explique l'importance pour elle d'apprendre aux élèves à produire et à publier des contenus médiatiques.

C'est en produisant des contenus médiatiques (qu'ils aient pour support la radio, la presse écrite, la vidéo ou le web) qu'on devient un lecteur, un auditeur, un téléspectateur averti[1]. Qui a fait de la radio une fois ne l'écoute plus jamais de la même oreille : il sait qu'un micro-trottoir est le résultat d'un choix, d'un angle, que les recherches doivent être sérieuses, validées et que l'information se vérifie et se replace dans son contexte.

Et cette leçon s'étend à d'autres situations : elle permet de comprendre qu'on ne doit pas, sur les réseaux sociaux, répercuter sans vérifier, s'indigner sans savoir qui parle.

Hélène Paumier, article extrait du journal *Le Monde*, publié le 21 février 2019.

1. *Averti* : un citoyen informé qui fait preuve d'un esprit critique face à l'information.

DOC. 2 Extrait de la Déclaration des droits de l'Homme et du Citoyen de 1789.

Article 11. La libre communication des pensées et des opinions est un des droits les plus précieux de l'Homme : tout Citoyen peut donc parler, écrire, imprimer librement, sauf à répondre de l'abus de cette liberté dans les cas déterminés par la Loi.

Document 1

1 Indiquez deux raisons pour lesquelles la professeure pense qu'une éducation aux médias est nécessaire pour les collégiens.

2 Expliquez le passage souligné.

Document 2

3 Nommez la valeur de la République à laquelle fait référence l'article 11 de la Déclaration des droits de l'Homme et du Citoyen et précisez par quoi elle est limitée dans ce même article.

Documents 1 et 2

4 Vous êtes membre du conseil de la vie collégienne (CVC) et vous avez décidé avec des camarades de créer un média pour le collège. Vous rédigez un texte expliquant ce que l'on doit respecter quand on produit ou diffuse des informations pour ce média, au moment où les réseaux sociaux sont de plus en plus utilisés.

CORRIGÉ SUJET COMPLET 5

Exercice 1

1 L'objectif de la Politique de Cohésion de l'Union européenne est « de réduire les écarts de développement entre les régions » des différents États de l'Union.

2 Les deux échelles de coopération évoquées par le document sont l'échelle nationale : **« l'intégration européenne passe par le développement de la coopération entre les États membres »** et l'échelle régionale : **« l'Union européenne promeut surtout la coopération interrégionale ».**

3 Les flux entre l'Espagne et la France sont favorisés par, d'une part, une frontière ouverte qui permet la libre circulation des personnes et des biens et, d'autre part, par la création de zones d'intégration transfrontalière autour du Perthus et de Puigcerdá.

4 Les aménagements ou équipements réalisés dans le cadre de la coopération entre la France et l'Espagne sont d'abord des infrastructures de transports : LGV et autoroute mais aussi des équipements comme une école bilingue internationale ou encore un hôpital transfrontalier européen.

5 L'Union européenne favorise les échanges et la coopération à toutes les échelles.

– À l'échelle nationale, elle favorise la coopération en matière de sécurité avec Europol ou encore en matière d'éducation avec le programme Erasmus.

– À l'échelle régionale, elle soutient la coopération transfrontalière entre l'Espagne et la France ce qui développe les échanges et les flux transfrontaliers dans la région de la frontière.

– À l'échelle locale, elle permet la création de zones d'intégration transfrontalière qui financent des équipements, par exemple un hôpital ou encore une école bilingue, dans les villes le long de la frontière.

> **Astuce du prof**
> **Citez précisément le texte** en fonction de chaque échelle, c'est-à-dire de chaque zone concernée. Il existe 4 échelles en géographie : locale (la ville), régionale (la région), nationale (le pays) et internationale (le continent ou le monde).

> **Gagnez des points !**
> Il faut trouver ici les actions de l'UE pour développer les flux entre les deux pays et non pas des aménagements ou équipements.

> **Astuce du prof**
> Organisez votre réponse selon les 3 échelles pour répondre le plus précisément possible à la question. Distinguez bien l'échelle locale de l'échelle régionale.

Exercice 2

1 En 1933, Adolf Hitler arrive au pouvoir en Allemagne et met en place un **régime totalitaire** jusqu'en 1945. Quelles sont les principales caractéristiques de ce régime totalitaire ?

Une des principales caractéristiques du régime instauré par Adolf Hitler est la dictature. En effet, arrivé

> **Astuce du prof**
> Le sujet fait exprès de ne pas le mentionner mais dès l'introduction le terme totalitaire doit être posé car c'est la principale caractéristique de ce régime.

au pouvoir légalement en remportant les élections législatives de mars 1933, Hitler ne tarde pas à prendre les pleins pouvoirs. Il en profite pour interdire tous les partis politiques afin de faire du parti nazi un parti unique. De plus, il met fin à toutes les libertés individuelles et collectives. Ainsi en 1934, l'Allemagne devient le IIIe Reich et Hitler se proclame « Reichsfürher ». Il est « un guide » pour son peuple et s'appuie désormais sur le culte de la personnalité pour renforcer sa dictature personnelle.

Ensuite le régime nazi se caractérise aussi par son aspect totalitaire. Dès 1934, toute la société allemande est encadrée et doit participer au nouveau régime. Les jeunes sont embrigadés dans les jeunesses hitlériennes et les adultes dans le parti nazi qui devient un parti de masse. Le régime organise sans cesse de grands rassemblements pour mobiliser la nation allemande derrière lui et utilise une propagande incessante à travers la presse, le cinéma ou encore la radio sévèrement contrôlés et censurés.

Gagnez des points !
Les notions autour du totalitarisme doivent être utilisées tout au long du développement : culte de la personnalité, propagande, encadrement, embrigadement...

Enfin l'aspect totalitaire du régime se caractérise aussi par son idéologie qu'il veut imposer à tous. C'est une idéologie raciste et belliciste. En effet, Hitler est persuadé que les Allemands font partie d'une humanité supérieure, « les Aryens », qui doit retrouver sa grandeur en s'attaquant aux « races inférieures ». Ainsi dès 1935, se met en place une législation pour « protéger le sang et l'honneur allemands », ce sont les lois de Nuremberg. Elles permettent d'exclure de la société les Allemands d'origine juive et les étrangers. De plus, pour retrouver « son espace vital », l'Allemagne nazie se prépare à la guerre et, à partir de 1936, annexe des territoires voisins. La terreur s'abat sur tous ceux qui s'opposent à cette idéologie : une police politique, la Gestapo, les traquent et les déportent dans des camps de travail forcé, les camps de concentration.

Gagnez des points !
Construisez un plan thématique en fonction des principales caractéristiques du totalitarisme, plusieurs plans sont possibles mais n'oubliez pas l'idéologie.

Le régime politique nazi mis en place par Adolf Hitler a donc bien toutes les caractéristiques d'un régime totalitaire. En 1945, celui-ci s'effondre vaincu par les Alliés lors de la Seconde Guerre mondiale.

2 **a.** 1917.

b. 1939 et 1945.

c. 1936.

3

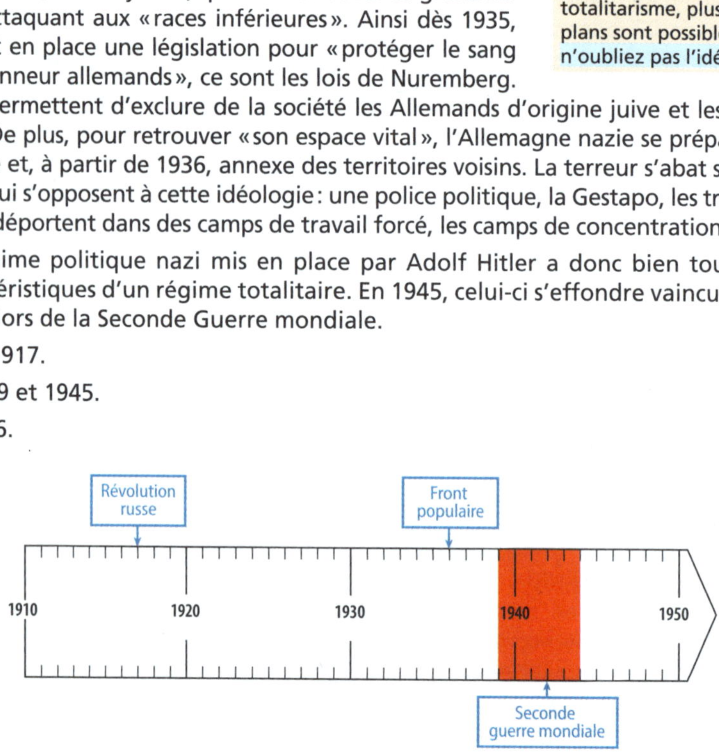

Exercice 3

1 La professeure pense qu'une éducation aux médias des collégiens est nécessaire pour deux raisons. La première est que cela fait d'eux des citoyens « avertis », c'est-à-dire **« faisant preuve d'esprit critique face à l'information »**. La deuxième, c'est qu'elle permet ensuite aux collégiens de mieux utiliser les réseaux sociaux : ne plus **« répercuter sans vérifier, s'indigner sans savoir qui parle »**.

> **Gagnez des points !**
> Attention à la paraphrase, citez des passages précis du document 1 pour bien répondre à la question.

2 Le passage souligné « l'information se vérifie et se replace dans son contexte » signifie que l'éducation aux médias doit apprendre aux collégiens comment se fabrique l'information. Ainsi, un collégien apprend qu'une information valable est une information dont on a la source précise permettant de la vérifier. Il apprend aussi qu'une information doit être replacée dans son contexte (temps, lieu, circonstances, acteurs) pour être mieux comprise.

3 La valeur de la République à laquelle fait référence l'article 11 de la Déclaration des droits de l'Homme et du Citoyen est la liberté. Elle est limitée par « l'abus de cette liberté dans les cas déterminés par la loi ».

4 Nous, membres du CVC, avons décidé de créer une web radio dans le collège.

Nous nous engageons à respecter plusieurs règles.

D'abord, toujours vérifier les informations données auprès de plusieurs sources et citer nos sources d'information.

Ensuite, toujours replacer nos informations dans leur contexte pour ne pas provoquer de malentendu ou d'incompréhension de la part de nos auditeurs.

> **Astuce du prof**
> Utilisez vos connaissances sur les limites à la liberté d'expression. Vous pouvez développer des cas précis dont vous avez été témoins ou victime sur les réseaux sociaux comme les rumeurs ou le harcèlement.

Enfin, ne pas commettre d'abus en insultant des personnes ou en les diffamant c'est-à-dire en donnant de fausses informations qui pourraient leur nuire. Nous nous engageons aussi, bien sûr, à ne pas tenir de propos racistes, sexistes ou homophobes à l'antenne. Au contraire, nous nous proposons de lutter contre ces abus qui se développent de plus en plus sur les réseaux sociaux, en faisant des émissions spéciales sur ce problème qui nous touche tous.

Annexes

Repères de la 3e

Repères chronologiques

Date	Repère	Description
1914-1918	La Première Guerre mondiale	Guerre caractérisée par la violence de masse : guerre de tranchées, violences contre les civils (génocide des Arméniens).
		1916 : Bataille de Verdun. Attaque allemande de la France sur le front de l'ouest. Verdun est le symbole de la guerre totale : guerre de tranchées, guerre industrielle, mobilisation de l'arrière, très lourdes pertes.
		11 novembre 1918 : Armistice signé par la France et l'Allemagne, qui met fin aux combats et à la Première Guerre mondiale.
1917	La Révolution russe	Coup d'État bolchevique organisé par Lénine et Trotski. Mise en place par Lénine du régime communiste en Russie, le premier dans l'histoire.
1924-1953	Staline au pouvoir	Staline succède à Lénine à la tête de l'URSS. Il organise la collectivisation des terres et met en place un régime totalitaire.
1933-1945	Hitler au pouvoir	Chef du parti nazi, Hitler met en place un régime totalitaire fondé sur le culte du chef, la supériorité de la race aryenne, l'antisémitisme et la conquête de l'espace vital, qui mène à la Seconde Guerre mondiale.
1936	Victoire électorale et lois sociales du Front populaire	Les mesures prises par le gouvernement du Front populaire font progresser la démocratie sociale : reconnaissance du droit syndical, semaine de 40 heures, 14 jours de congés payés.
1939-1945	La Seconde Guerre mondiale	Guerre d'anéantissement. Elle se déroule sur tous les continents et son bilan humain est très lourd (50 millions de victimes, génocide des Juifs et des Tziganes). Sa fin est marquée par la capitulation de l'Allemagne le 8 mai 1945 en Europe et par la capitulation du Japon, après l'explosion des bombes atomiques sur Hiroshima et Nagasaki en août 1945.
18 juin 1940	Appel du général de Gaulle	Acte de naissance de la Résistance française. De Gaulle prononce depuis la radio de Londres un appel aux Français pour refuser l'armistice demandé par Pétain.
1940-1944	Le régime de Vichy	Régime de dictature mis en place par le maréchal Pétain, qui mène une politique de collaboration avec l'Allemagne nazie.

Date	Repère	Description
1944-1945	Libération de la France	Libération par les armées alliées qui débarquent en France et par la Résistance intérieure.
	Rétablissement de la République (la IVe)	Le Gouvernement provisoire de la République française rétablit la République et fait progresser la démocratie : droit de vote accordé aux femmes (1944), sécurité sociale pour tous (1945).
1947-1962	Principale phase de décolonisation	Indépendance de la plupart des colonies des États européens, par la négociation (Inde) ou par la guerre (Algérie).
1961-1989	Le Mur de Berlin	**1961** : contexte de guerre froide. Construction par la RDA, soutenue par l'URSS, d'un mur qui isole Berlin Ouest (RFA), et empêche les Allemands de l'Est de migrer vers l'Allemagne de l'Ouest, soutenue par les États-Unis.
		1989 : destruction du mur de Berlin par les Berlinois de l'Est. Fin de la guerre froide.
1957	Les traités de Rome	Signés en 1957 entre six États européens, ils créent la Communauté économique européenne (CEE).
1958-1969	Les années de Gaulle	Retour au pouvoir du général de Gaulle en 1958 : il fonde la Ve République, dont la Constitution accorde un pouvoir fort au président de la République.
1981-1995	Les années Mitterrand	Pour la première fois sous la Ve République, arrivée de la gauche au pouvoir avec l'élection du socialiste François Mitterrand à la présidence de la République. L'alternance politique est ensuite à l'origine de deux cohabitations.
1992	Le traité de Maastricht	Ce traité marque la création de l'Union européenne (28 États en 2015), grand marché intérieur où circulent librement les marchandises, les services et les personnes. Les citoyens des États membres disposent de la citoyenneté européenne.
1995-2007	Les années Chirac	Retour de la droite au pouvoir avec l'élection de Jacques Chirac à la présidence de la République, mais cohabitation de cinq années avec la gauche.
2002	L'euro, monnaie européenne	Monnaie commune qui remplace les monnaies nationales dans 19 États de l'UE, dont la France.

Repères spatiaux

Repère	Description	Carte-repère	Voir sujet
Dynamiques territoriales de la France contemporaine	Une dizaine d'aires urbaines françaises parmi les plus peuplées. La distribution de la population, les principaux espaces fortement peuplés. Des exemples d'aires urbaines dynamiques, de métropoles et d'espaces insérés dans la mondialisation. Des points d'entrée du territoire comme des ports et des aéroports, des interfaces frontalières, des façades maritimes. Des grands repères physiques : massifs montagneux et forestiers, grandes vallées et grands fleuves, domaines bioclimatiques en lien avec l'étude des dynamiques spatiales de la population.	→ 2 → 5 → 6 → 7 → 9 → 10	→ sujet 18 → sujet 19 → sujet 20 → sujet 21 → sujet 22 → sujet 23
Pourquoi et comment aménager le territoire ?	La nouvelle région administrative du collège ; les 13 régions métropolitaines ; les axes de transport ; les grands traits de l'organisation du territoire national ; les territoires ultra-marins parmi lesquels les 5 DROM.	→ 1 → 8 → 9 → 10 → 11 → 12	→ sujet 24 → sujet 25
La France et l'Union européenne	La carte des États membres de l'UE ; l'UE sur un planisphère montrant les grands pôles économiques mondiaux ; les principales métropoles européennes et les sièges des institutions européennes ; la mégalopole européenne et les grands axes de l'espace européen ; l'exemple de la région transfrontalière étudiée. Les façades maritimes européennes et quelques fleuves principaux ; le territoire français ultramarin ; quelques États francophones dans le monde.	→ 3 → 4 → 9 → 10 → 11 → 12	→ sujet 26 → sujet 27 → sujet 28

Cartes-repères du collège

1 - Les régions de France

ROYAUME-UNI
BELGIQUE
LUX.
ALLEMAGNE
SUISSE
ITALIE
ESPAGNE
N
Manche
Seine
Loire
Saône
Rhin
Garonne
Rhône
Océan Atlantique
Mer Méditerranée
VOSGES
JURA
ALPES
MASSIF CENTRAL
PYRÉNÉES
0 100 km
Climat océanique
Climat continental
Climat montagnard
Climat méditerranéen
Les façades maritimes
Les grands fleuves
ALPES Les montagnes

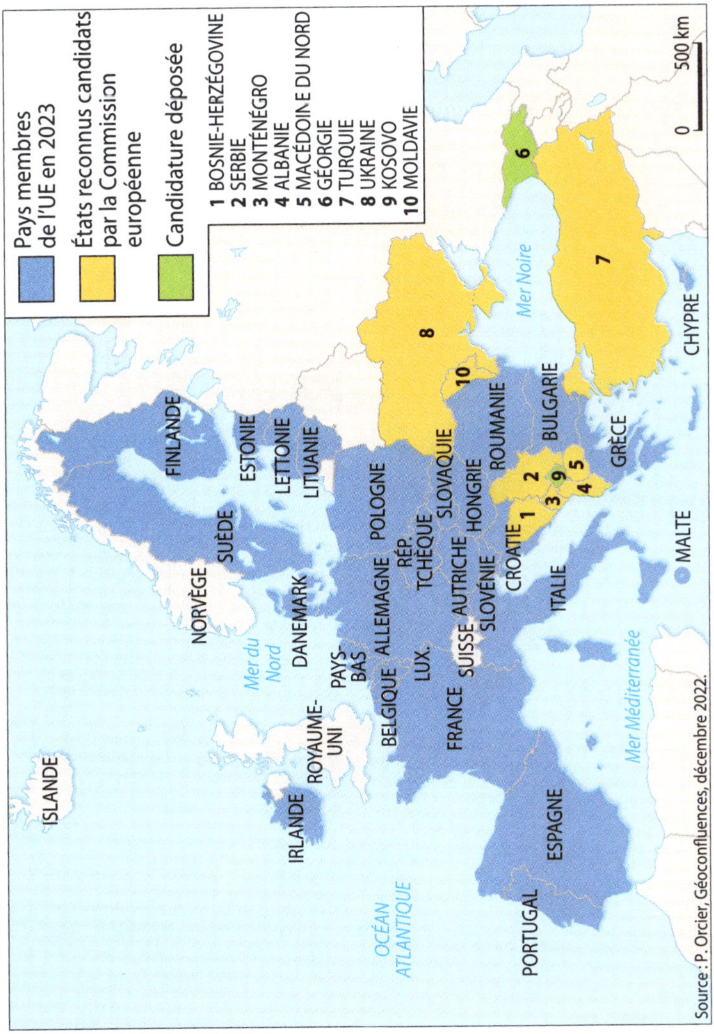

Source : P. Orcier, Géoconfluences, décembre 2022.

4 - L'espace Schengen et la zone euro

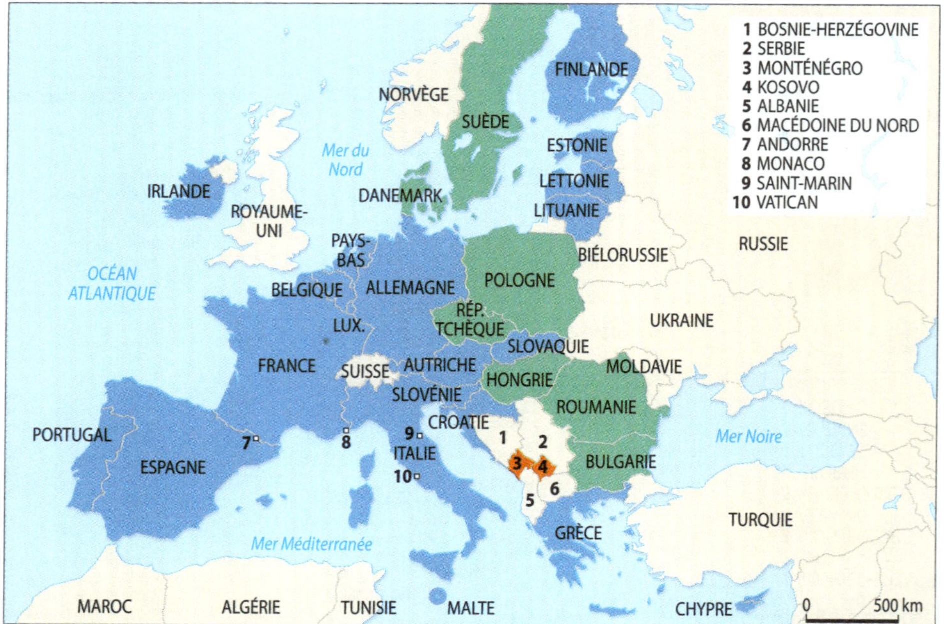

Zone euro

- Membre de l'UE et de la zone euro*
- Membre de l'UE, non membre de la zone euro
- Utilisation de l'euro hors zone euro et UE**

*** dont régions ultrapériphériques membres de l'UE et de la zone euro :**
France : La Réunion, Guyane, Martinique, Guadeloupe, Mayotte, Saint-Martin
Portugal : Açores, Madère
Espagne : Îles Canaries

**** dont Pays et territoires d'outre-mer :** France : Saint-Barthélemy, Saint-Pierre-et-Miquelon

**** et États hors zone euro et UE :** Andorre, Saint-Marin, Monaco, Vatican

Source : www.touteleurope.eu

5 - Les principales aires urbaines en France

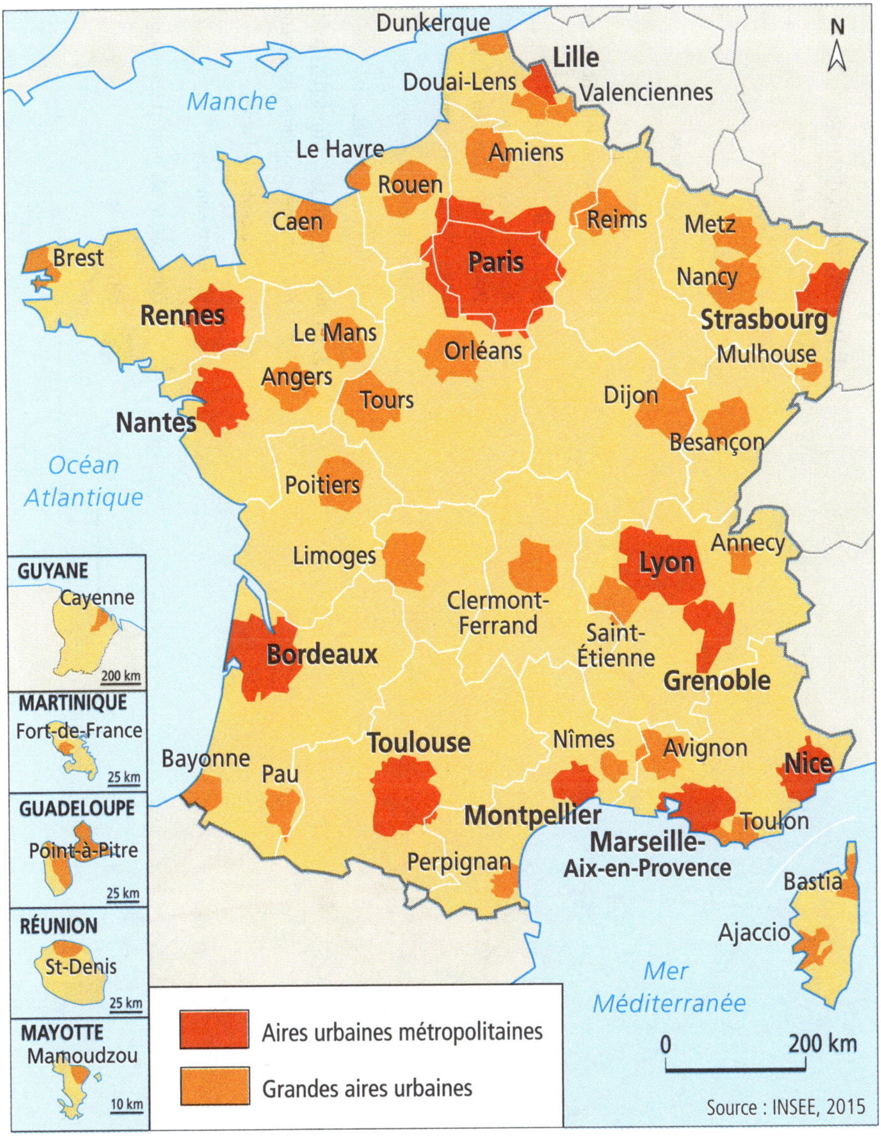

6 - Le territoire des aires urbaines métropolitaines

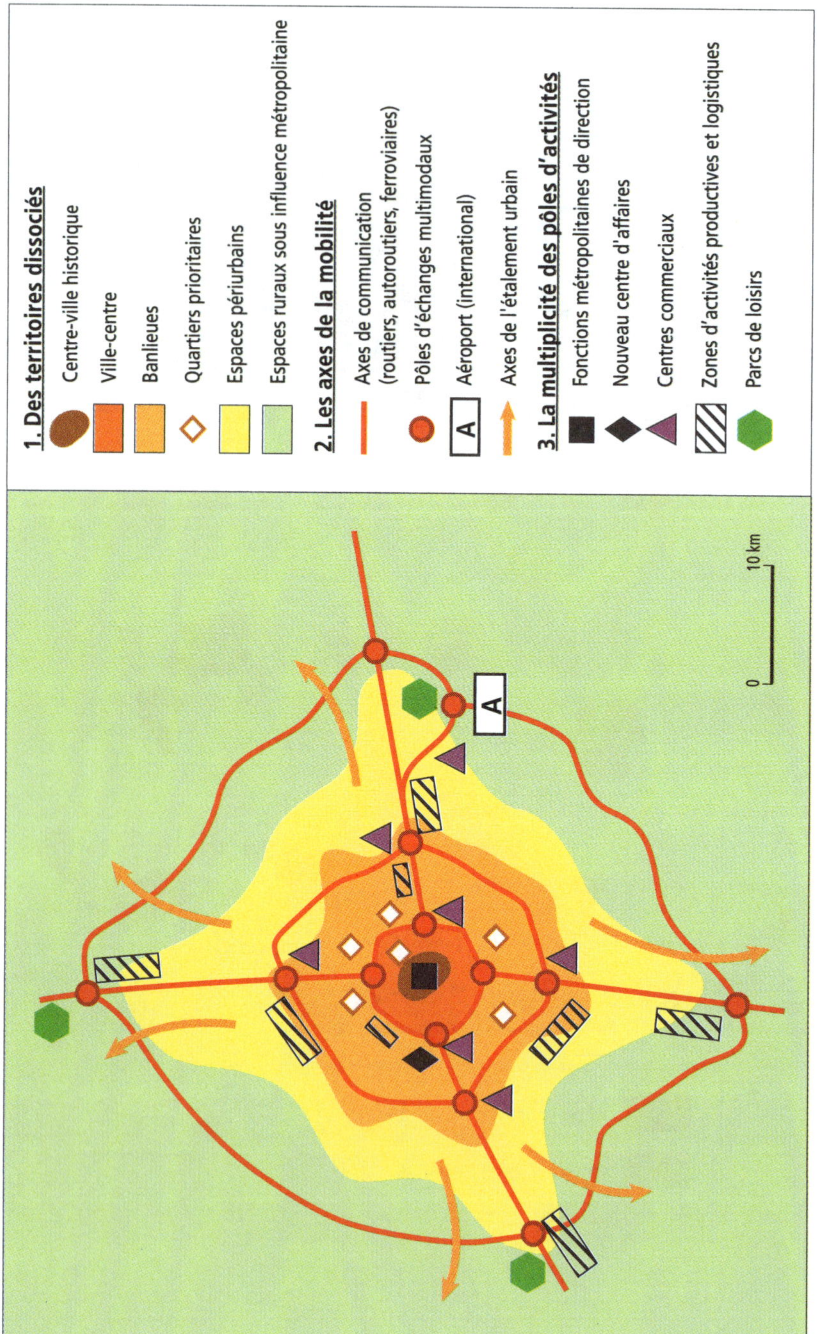

7 - Peuplement et principales aires urbaines en France

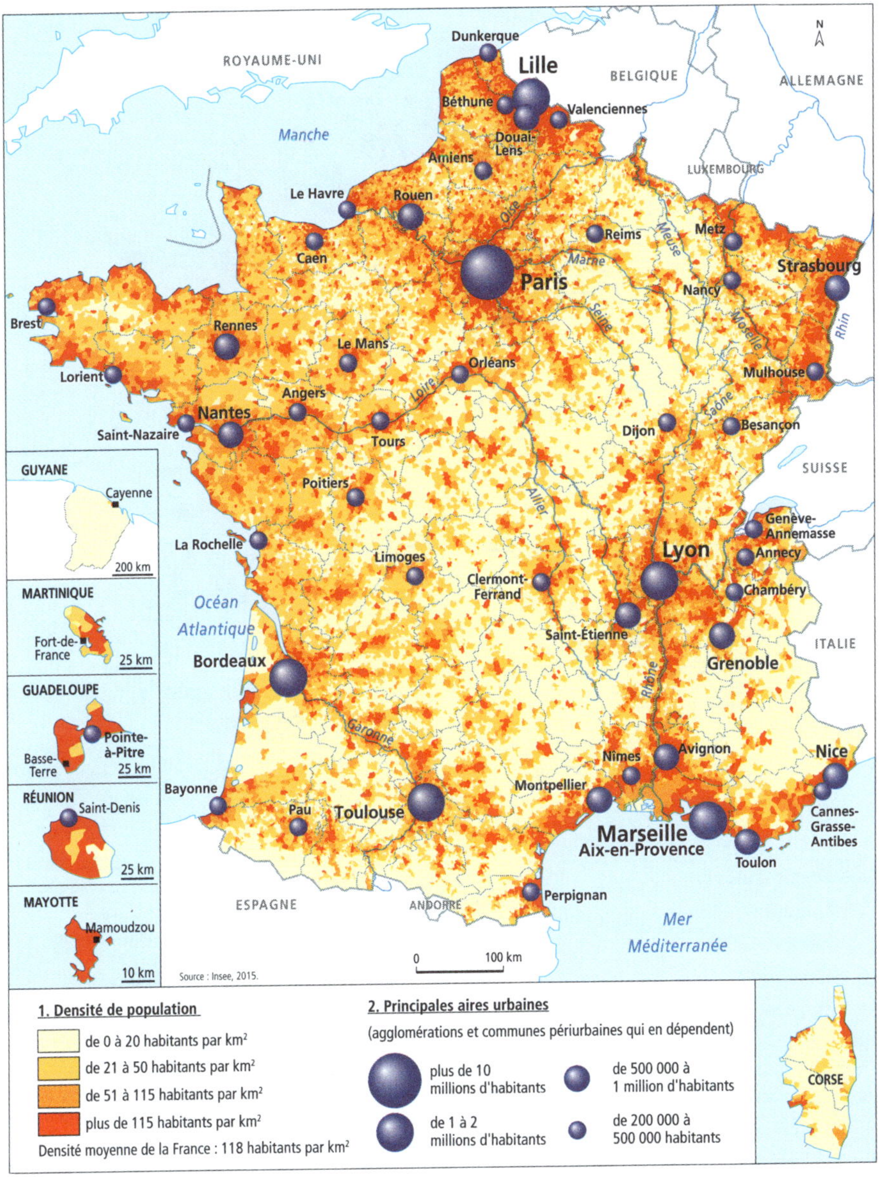

8 - La diversité des politiques d'aménagement du territoire

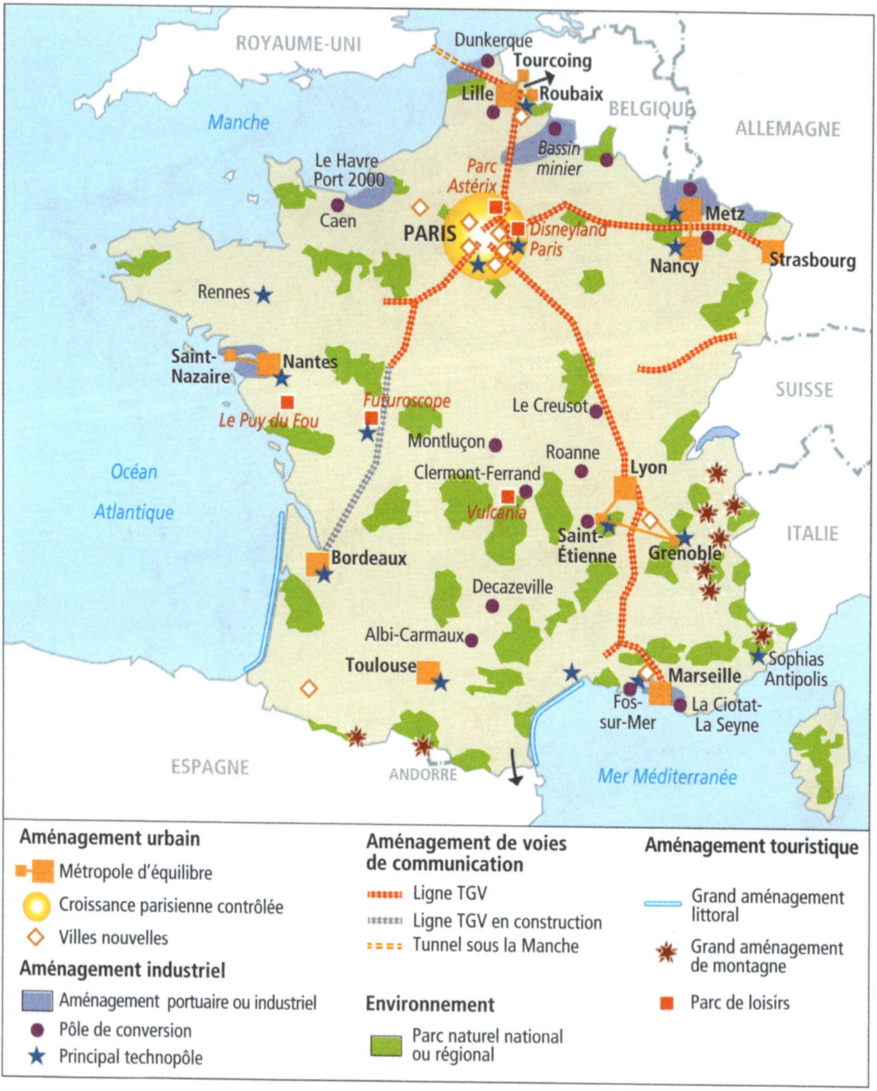

Aménagement urbain
- Métropole d'équilibre
- Croissance parisienne contrôlée
- Villes nouvelles

Aménagement industriel
- Aménagement portuaire ou industriel
- Pôle de conversion
- Principal technopôle

Aménagement de voies de communication
- Ligne TGV
- Ligne TGV en construction
- Tunnel sous la Manche

Environnement
- Parc naturel national ou régional

Aménagement touristique
- Grand aménagement littoral
- Grand aménagement de montagne
- Parc de loisirs

9 - L'organisation de l'espace européen

1. Des espaces inégalement intégrés

- Mégalopole, centre de l'UE
- Périphéries dynamiques intégrées au centre
- Périphéries en développement
- Périphéries à développer

2. Les réseaux et les villes

- Métropole de rang mondial
- Métropole de rang européen
- Principaux axes terrestres
- Principaux axes maritimes

3. Un espace attractif

- Flux migratoires
- Flux d'investissement étrangers

10 - La situation de la France en Europe

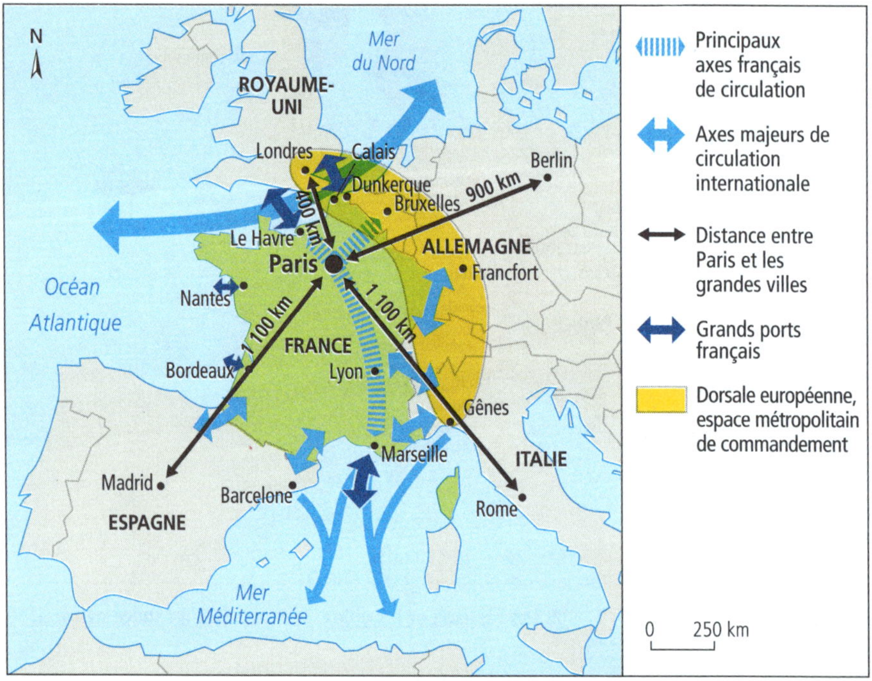